高职高专“十一五”规划教材

★生物技术系列

基础化学实验指导

陆 旋 张星海 主编

JICHU HUAXUE SHIYAN ZHIDAO

化学工业出版社

·北京·

本书共分为三个部分。第一部分为预备知识，重点介绍化学实验的基本要求、实验室的管理规则、注意事项以及化学实验基础知识及操作技术，便于学生从高中到大学知识层次的自然过渡。第二部分为实验教学内容，是本书的核心部分，分5个单元共计55个实验；除却经典的常规实验，本书还引入了一些应用及影响面广、内容较新颖的应用技术类实验，以满足不同学校、不同专业的教学要求，方便根据需要自行选择。第三部分为附录，提供了较为丰富的化学实验数据及资料，便于师生查阅。

本书可作为高职高专相关专业的化学实验教材，也可供从事化学实验操作的人员和医学技术人员参考。

图书在版编目（CIP）数据

基础化学实验指导/陆旋，张星海主编．—北京：化学工业出版社，2007.7（2024.9重印）
高职高专“十一五”规划教材★生物技术系列
ISBN 978-7-122-00562-5

Ⅰ．基…　Ⅱ．①陆…②张…　Ⅲ．化学实验-高等学校：技术学院-教学参考资料　Ⅳ．06-3

中国版本图书馆CIP数据核字（2007）第097782号

责任编辑：李植峰　梁静丽　郎红旗　　文字编辑：陈　雨
责任校对：宋　玮　　装帧设计：张　辉

出版发行：化学工业出版社（北京市东城区青年湖南街13号　邮政编码100011）
印　　装：北京虎彩文化传播有限公司
787mm×1092mm　1/16　印张 $11\frac{3}{4}$　字数284千字　　2024年9月北京第1版第8次印刷

购书咨询：010-64518888　　售后服务：010-64518899
网　　址：http://www.cip.com.cn
凡购买本书，如有缺损质量问题，本社销售中心负责调换。

定　　价：20.00元　

高职高专生物技术类“十一五”规划教材
建设委员会委员名单

高职高专生物技术类“十一五”规划教材
编审委员会委员名单

高职高专生物技术类“十一五”规划教材
建设单位名单

（按汉语拼音排序）

安徽第一轻工业学校
安徽万博科技职业学院
安徽芜湖职业技术学院
安徽医学高等专科学校
北京城市学院
北京电子科技职业学院
北京吉利大学
北京协和医学院
北京医药器械学校
重庆工贸职业技术学院
重庆三峡职业学院
甘肃农业职业技术学院
广东科贸职业学院
广西职业技术学院
广州城市职业学院
贵州轻工职业技术学院
河北承德民族师范专科学校
河北承德职业技术学院
河北旅游职业学院
河南安阳工学院
河南工业大学
河南科技学院
河南漯河职业技术学院
河南濮阳职业技术学院
河南三门峡职业技术学院
河南信阳农业高等专科学校
黑龙江农业职业技术学院
呼和浩特职业学院
湖北大学知行学院
湖北恩施职业技术学院
湖北黄冈职业技术学院
湖北荆门职业技术学院
湖北荆州职业技术学院
湖北三峡职业技术学院
湖北生态工程职业技术学院
湖北十堰职业技术学院
湖北咸宁职业技术学院
湖北中医学院
湖南省药品检验所
湖南永州职业技术学院
华中农业大学
江苏常州工程职业技术学院
江西景德镇高等专科学校
江西应用技术职业学院
开封大学
山东滨州职业技术学院
山东博士伦福瑞达制药有限公司
山东东营职业学院
陕西杨凌职业技术学院
上海工程技术大学
四川工商职业技术学院
苏州农业职业技术学院
武汉工交职业技术学院
武汉马应龙药业有限公司
武汉生物工程学院
浙江大学
浙江金华职业技术学院
浙江经贸职业技术学院
浙江医药高等专科学校
郑州牧业工程高等专科学校
郑州职业技术学院
中国食品工业（集团）公司

《基础化学实验指导》编写人员

主　　编　陆旋（浙江经贸职业技术学院）
　　　　　　张星海（浙江经贸职业技术学院）

副 主 编　赵鄰（浙江经贸职业技术学院）
　　　　　　徐启红（漯河职业技术学院）
　　　　　　陶令霞（河南濮阳职业技术学院）

编写人员（按姓氏笔画排序）
　　　　　　王爱荣（河南科技学院）
　　　　　　冯武（甘肃农业职业技术学院）
　　　　　　李勤（三门峡职业技术学院）
　　　　　　李双妹（河南濮阳职业技术学院）
　　　　　　张星海（浙江经贸职业技术学院）
　　　　　　陆旋（浙江经贸职业技术学院）
　　　　　　赵鄰（浙江经贸职业技术学院）
　　　　　　徐启红（漯河职业技术学院）
　　　　　　陶令霞（河南濮阳职业技术学院）
　　　　　　龚恕（浙江经贸职业技术学院）
　　　　　　梁小婉（浙江经贸职业技术学院）
　　　　　　程春杰（郑州职业技术学院）

主　　审　杨贤强（浙江大学）

出版说明

“十五”期间，我国的高职高专教育经历了跨越式发展，高职高专教育的专业建设、改革和发展思路进一步明晰，教育研究和教学实践都取得了丰硕成果。但我们也清醒地认识到，高职高专教育的人才培养效果与市场需求之间还存在着一定的偏差，课程改革和教材建设的相对滞后是导致这一偏差的两大直接原因。虽然“十五”期间各级教育主管部门、高职高专院校以及各类出版社对高职高专教材建设给予了较大的支持和投入，出版了一些特色教材，但由于整个高职高专教育尚未进入成熟期，教育改革尚处于探索阶段，故而现行的一些教材难免存在一定程度的不足。如某些教材仅仅注重内容上的增减变化，过分强调知识的系统性，没有真正反映出高职高专教育的特征与要求；编写人员缺少对生产实际的调查研究和深入了解，缺乏对职业岗位所需的专业知识和专项能力的科学分析，教材的内容脱离生产经营实际，针对性不强，新技术、新工艺、新案例、新材料不能及时反映到教材中来，与高职高专教育应紧密联系行业实际的要求不相适应；专业课程教材的编写缺少规划性，同一专业的各门课程所使用的教材缺乏内在的沟通衔接等。为适应高职高专教学的需要，在总结“十五”期间高职高专教学改革成果的基础上，组织编写一批突出高职高专教育特色，以培养适应行业需要的高级技能型人才为目标的高质量的教材不仅十分必要，而且十分迫切。

“十一五”期间，教育部将深化教学内容和课程体系改革作为工作重点，大力推进教材向合理化、规范化方向发展。2006年，教育部不仅首次成立了高职高专40个专业类别的“教育部高等学校教学指导委员会”，加强了对高职高专教学改革和教材建设的直接指导，还组织了普通高等教育“十一五”国家级规划教材的申报工作。化学工业出版社申报的200余本教材经教育部专家评审，被列选为普通高等教育“十一五”国家级规划教材，为高等教育的发展做出了积极贡献。依照教育部的部署和要求，2006年化学工业出版社与生物技术应用专业教育部教改试点高职院校联合，邀请50余家高职高专院校和生物技术相关企业作为教材建设单位，共同研讨开发生物技术类高职高专“十一五”规划教材，成立了“高职高专生物技术类‘十一五’规划教材建设委员会”和“高职高专生物技术类‘十一五’规划教材编审委员会”，拟在“十一五”期间组织相关院校的一线教师和相关企业的技术人员，在深入调研、整体规划的基础上，编写出版一套生物技术相关专业基础课及专门课的教材——“高职高专‘十一五’规划教材★生物技术系列”。该批教材将涵盖各类高职高专院校的生物技术及应用专业、生物化工工艺专业、生物实验技术专业、微生物技术及应用专业、生物科学专业、生物制药技术专业、生化制药技术专业、发酵技术专业等专业的核心课程，从而形成优化配套的高职高专教材体系。目前，该套教材的首批编写计划已顺利实施。首批编写的教材中，《化学》、《细胞培养技术》和《药品质量管理》已列选为“普通高等教育‘十一五’国家级规划教材”。

该套教材的建设宗旨是从根本上体现以应用型职业岗位需求为中心，以素质教育、创新教育为基础，以学生能力培养为本位的教育理念，满足高职高专教学改革的需要和人才培养的需求。编写中主要遵循以下原则：①理论教材和实训教材中的理论内容遵循“必需”、“够用”、“管用”的原则；②依据企业对人才的知识、能力、素质的要求，贯彻职业需求导向的原则；③坚持职业能力培养为主线的原则，多加入实际案例、技术路线、操作技能的论述，教材内容采用模块化形式组织，具有一定的可剪裁性和可拼接性，可根据不同的培养目标将内容模块剪裁、拼接成不同类型的知识体系；④考虑多岗位需求和学生继续学习的要求，在职业岗位现实需要的基础上，注重学生的全面发展，以常规技术为基础，关键技术为重点，先进技术为导向，体现与时俱进的原则；⑤围绕各种具体专业，制订统一、全面、规范性的教材建设标准，以协调同一专业相关课程教材间的衔接，形成有机整体，体现整套教材的系统性和规划性。同时，结合目前行业发展和教学模式的变化，吸纳并鼓励编写特色课程教材，以适应新的教学要求；并注重开发实验实训教材、电子教案、多媒体课件、网络教学资源等配套教学资源，方便教师教学和学生学习，满足现代化教学模式和课程改革的需要。

在该套教材的组织建设和使用过程中，欢迎高职高专院校的广大师生提出宝贵意见，也欢迎相关行业的管理人员、技术人员与社会各界关注高职高专教育和人才培养的有识之士提出中肯的建议，以便我们进一步做好该套教材的建设工作；更盼望有更多的高职高专院校教师和相关行业的管理人员、技术人员参加到教材的建设工作和编审工作中来，与我们共同努力，编写和出版更多高质量的教材。

化学工业出版社　教育分社

前　言

21 世纪是社会、经济、科技和文化迎来巨大发展的时代，直接带动了我国高等职业教育的蓬勃发展，高等职业教育的改革也随之越来越引起人们的关注。2006 年 7 月，全国开设生物技术及应用专业的 30 余所高职高专学校在北京召开了“高职高专生物技术及应用专业人才培养研讨会”，与会代表就高职高专生物技术及应用专业人才培养方案、课程设置、教学改革、教材建设等问题进行了研讨。会议上，如何进行基础课程的改革是大家共同关注的问题。各学校教师在充分交流与研讨的基础上达成共识，拟在“高职高专生物技术类‘十一五’规划教材建设委员会”的指导下，根据教育部有关高职高专教材建设的文件精神和“高职高专生物技术类‘十一五’规划教材编审委员会”的具体要求，共同编写符合生物技术及应用专业教学改革要求的《基础化学》和与之配套的《基础化学实验指导》教材。

化学被认为是一门“中心科学”，它是以实验为基础的科学。化学实验是进行科学探究的重要手段，学生具备基本的化学实验技能是学习化学和进行探究活动的基础和保证。根据高职高专的教育特点和人才培养目标，课程安排应以着力培养具有宽广知识基础和基本技能，适应未来社会发展需要的应用型人才为宗旨；教学内容应着眼于以学生今后的就业为前提。这就要求化学实验的作用不仅是验证理论课学习的理论和知识，更重要的是通过本课程的教学活动，使学生掌握科学实验的方法和技能，学会对实验现象进行观察、分析、联想思维和归纳总结，培养学生独立工作和分析问题、解决问题的能力。本课程以介绍化学实验原理、方法、手段及实验操作技能为主要内容，同时注重开拓学生智能，培养学生严肃、严谨、严格的科学态度和良好的实验素养，提高学生的动手能力和独立工作能力，并为后续课程和专业学习、研究打下坚实的基础。

本书共分为三个部分。第一部分为化学实验预备知识，为同学们从高中阶段向大学学习的过渡提供了一个较好的衔接链条。第二部分为实验教学内容，亦为本书的核心部分：5 个单元分别涉及基础操作实验、参数及常数测定实验、定量与定性分析实验、制备型实验和综合设计型实验。第三部分为附录，主要收录了常用试剂的配制方法和化学化工数据等相关资料。参加本书编写的单位和人员有浙江经贸职业技术学院（陆旋、张星海、赵鄰、龚恕、梁小婉），河南科技学院（王爱荣），三门峡职业技术学院（李勤），郑州职业技术学院（程春杰），甘肃农业职业技术学院（冯武），漯河职业技术学院（徐启红），河南濮阳职业技术学院（陶令霞、李双妹），另外，在编写过程中浙江经贸职业技术学院应用工程系的叶素丹、阙斐老师等也给予了很大帮助，本书由浙江大学博士生导师杨贤强教授主审，在此一并表示感谢。

编者

2007 年 6 月

目　录

预备知识

教学内容

附　录

预 备 知 识

1 绪　　论

1.1 化学实验的目的和学习要求

基础化学是一门以实验为主的基础课程。实验是培养学生独立操作、观察记录、分析归纳、撰写报告等多方面能力的重要环节，其主要目的列举如下。

① 使课堂教授的重要理论和概念得到验证、巩固和提高，并适当地扩大知识面。

② 培养学生正确地掌握一定的实验操作技能。

③ 培养学生独立思考和独立操作能力。

④ 培养学生的科学工作态度和习惯。

为达到上述教学要求的目标，学生必须树立如下正确的学习态度和方法。

① 实验前应认真预习，查阅有关原料和产物的物理常数，明确实验目的，了解实验原理、实验内容和注意事项，做到心中有数。

② 预习时，应根据实验内容先写好实验报告的部分内容，画好表格，绘好实验装置图。以便实验时及时、准确地记录实验现象和有关数据，并进行数据处理。

③ 实验开始前先清点仪器设备，如发现缺损，应立即报告教师（或实验室工作人员），并按规定手续向实验员补领。实验中如有仪器破损，应及时报告并按规定手续向实验员换取新仪器。

④ 实验时应保持安静，集中精力，认真操作，仔细观察实验现象，如实记录实验结果，积极思考问题，并运用所学理论解释实验现象，研究实验中出现的问题。

⑤ 实验时应保持实验室和桌面的整洁。实验中的废弃物应倒入废液缸中，严禁投入或倒入水槽内，以防水槽和下水管堵塞或腐蚀。

⑥ 实验时要爱护国家财产，注意节约水、电、试剂。按照化学实验基本操作规定的方法取用试剂。必须严格按照操作规程使用精密仪器，如发现仪器有故障，应立即停止使用，并及时报告指导教师。

⑦ 实验室内的一切物品（仪器、试剂和产品）均不得带出实验室。

⑧ 实验完毕，将玻璃仪器洗涤干净，放回原处。整理桌面，打扫水槽和地面卫生。

⑨ 实验结束，认真地写好实验报告，对于实验中出现的现象和问题进行认真讨论。

1.2 化学实验的学习方法

为了做好化学实验，学生不仅需要有正确的学习态度，即明确化学实验的重要性，高度重视实验课的学习，自觉、认真地做好每个实验，而且还需要有一个好的学习方法。现归纳如下几个方面，供学生学习时参考。

1.2.1 认真预习，做好预习报告

实验前务必做好预习，通过深入、仔细地学习本书的有关章节，参阅有关教科书或参考资料，达到明了本实验的目的要求，弄懂、弄通实验原理和注意事项，熟悉实验内容和步

骤，了解该实验所涉及的基本操作和仪器的使用方法，掌握实验数据的处理方法，解答思考题等。

预习报告是学生在预习中，通过自己的思维，把学习心得、体会，用自己的语言简明而又清楚地书写在实验专用的预习本（一般也是实验的记录本）上，切忌抄书或草率应付，尽可能用方框、符号、箭号、表格形式归纳概括表达。报告内容应包括实验基本原理及注意事项，实验方法、步骤，记录现象或数据的图、表，预习中不够清楚需问老师的问题等。

1.2.2 积极参加实验课堂讨论，注意倾听老师的实验讲解

在实验之前或实验之后，指导老师经常组织学生进行课堂讨论，学生应认真准备，踊跃发言，将自己在预习中的心得、体会，在实验中对现象的观察、思考，对实验结果的分析、判断，对整体实验的评说、建议等进行交流。这不仅是自己对实验的进一步学习和提高，而且是对自己口头交流、表达甚至是讲演能力的极好训练。

实验课上，指导老师也经常对实验内容进行讲解、操作示范或总结、讲评，学生必须认真听讲和领会，对一些重点、要点和注意事项还应做好笔记，对不理解的问题及时发问，还可以对实验的内容、安排或其他问题提出意见或建议。

1.2.3 实验态度要认真，操作规范做到“四勤”

实验中应该认真务实，按预先安排好的顺序有条不紊地进行，要做到“四勤”。

“勤动手”：独立动手做实验，对于一些基本操作要反复练习，做到操作准确、熟练自如，对实验中异常或有疑问的现象应重做或进行空白对照、标准对照。实验中应胆大、心细，做到既不急于求成，匆忙做完实验了事，又不能磨蹭拖拉，完不成实验。

“勤观测”：要集中精力，仔细观察实验现象及测量数据，诸如物态、颜色、温度、压力、流量等的变化或演变过程，善于捕捉某些细微的、瞬间的现象，寻找实验的“闪光点”，触发头脑的“灵感区”。

“勤思考”：实验过程中要积极开动脑筋，手脑并用，要善于思考实验中所观察到的现象，特别是那些与预期不相同的现象，更应深入地分析，寻找产生的原因，提出解决的办法。对于综合设计和研究性实验应该既有敢想敢做的思想，又有科学分析的态度，开拓思路。

“勤记录”：要及时、正确地把实验现象和数据记录在专用的实验记录本或原始数据记录表上，要书写端正，养成严谨、工整的习惯。不用铅笔记录，不记在草稿纸或其他纸片上，原始数据不得涂改或用橡皮擦拭，如有记错应在原数据上划一道杠，再于旁边写上正确值。

1.2.4 实验后要及时、认真、独立完成实验报告

实验报告是实验的结晶，并把直接的感性认识上升为理性认识。写好实验报告是培养学生思维能力、书写能力和总结能力的有效方法。实验报告要求格式统一，简明扼要，表达清楚，字迹端正，条理清晰，数据表达及处理采用图、表的形式。

实验报告的内容一般包括如下几个方面。

① 实验名称、日期。

② 实验目的、要求。

③ 实验基本原理。包括理论依据、实验重要条件、反应方程式等。

④ 实验方法、步骤。用箭头、符号、方框、表格等形式简洁明了地表达实验进程。

⑤ 实验记录及数据处理。尽可能用表、图形式表达。定量分析及常数测定的数据记录及结果处理（包括结果运算表示、误差或偏差统计分析等）一律用表格表示。

⑥ 实验讨论。对实验现象，尤其是异常现象或疑难问题进行分析，提出见解；对实验

结果进行判断，评价其可靠性和合理性；对定量分析及常数测定中的误差、偏差进行分析，寻找产生的原因；对实验方法、内容等发表看法、意见，提出创新建议等。

1.2.5 化学实验的成绩评定

学生实验成绩的评定是对学生实验综合素质和能力全面考查的结果，主要依据如下几个方面。

① 对实验基础知识和基本原理理解和掌握的情况，主要从学生的预习报告，实验课的讨论、提问，以及最后的实验报告中考查。

② 对实验方法、实验基本操作技能的掌握和熟练情况，主要从实验过程及专门的操作考查中体现。

③ 实验结果，包括对实验现象及原始数据的记录，数据记录的正确性及实验结果的准确性，同时包含运算技能、有效数字、图表等的考查等。

④ 思维能力和创新精神，体现在实验过程及报告中观察问题、分析问题和解决问题的能力，在设计性、研究性实验中的设计思想、创新意识及能力等。

⑤ 实验整个过程中的科学态度，包括严谨求实、勤奋认真、条理清晰、团结协作、遵守规章等。

⑥ 每学期实验结束后，进行综合的实验笔试，笔试成绩占总成绩的一部分，其比例视具体情况确定。

根据不同类型化学实验的特点，成绩评定的侧重点有所不同，但可以肯定的是，实验结果绝不会是评定最后成绩的唯一决定因素。

1.3 化学实验室规则

进行化学实验会接触许多化学试剂和仪器，其中包括一些有毒、易燃、易爆、有腐蚀性的试剂以及玻璃器皿、电气设备、加压和真空器具等。如不按照使用规则进行操作就可能发生中毒、火灾、爆炸、触电或仪器设备损坏等事故。为了实现预期的教学目标而又不造成国家财产的损失和人身健康的损害，进行化学实验必须严格遵守必要的安全规则。

① 认真学习实验室安全与防护知识，严格遵守实验室文明守则，严防触电、中毒、燃烧、爆炸、化学品伤害等安全事故的发生。

② 遵守实验纪律，不迟到，不早退，不无故缺席，实验中不得擅自离开实验岗位，提前完成实验者必须经指导老师同意方可离开实验室；保持实验室的安静，不大声喧哗或嬉笑；不得穿背心、赤脚或穿拖鞋进实验室，要注意衣冠整洁。

③ 实验中要集中精力，认真操作，仔细观察，积极动脑分析问题、解决问题。要及时、正确地把实验现象及数据记录在专用的实验记录本或原始记录表上，不得记在其他任何地方，更不得随意涂改或伪造数据。根据原始记录认真处理数据。按时做好并缴交实验报告。

④ 实验仪器、设备是国家的财产，务必小心使用，注意爱护。使用各种仪器、设备，必须严格遵守其操作规程，精密仪器必须经老师许可后方可使用，发现异常或故障，应立即停止使用，报告老师。若有严重违反操作规程造成仪器损坏者，应负担一定的赔偿责任。玻璃仪器破损时，应填写破损单并按一定比例赔偿。

⑤ 遵守实验试剂、药品的取用规则，注意爱护和节约试剂、药品，应按规定的规格、浓度、用量取用，防止试剂的混用或沾污。公用试剂、物品或仪器用毕后应立即放回原位。要注意节约水、电、煤气等。

⑥ 实验中或实验后的废物、废液、碎玻璃等应分别放入废液缸或废物桶中，有毒物质应严格放入特定的容器中，需回收的物品或药品应放入指定回收瓶中。

⑦ 要始终保持实验室的整洁，实验台上的仪器要摆放整齐、有序，台上不留水滴，不放书包或与实验无关的书籍、物品。不准往地上乱扔纸屑或其他杂物。

⑧ 每次实验结束后要按照程序关好仪器的各种旋钮、开关，仔细检查并登记后交指导老师签名。玻璃仪器应认真洗净并有序地放入柜中。清理和擦净实验台和试剂架，最后检查水、电、煤气是否关妥。

⑨ 实验室实行学生轮值制度。值日生在实验过程中，有责任协助老师维持实验室的公共秩序、卫生，搬放仪器、试剂、实验用水。实验结束后，打扫、拖洗实验室地板，整理擦拭通风橱、公用台面、试剂架和仪器，清理废液、废物，检查水、电、煤气等安全情况，最后在值日生登记本上逐项检查登记后交指导老师签注。

⑩ 存在下列情况之一者，不允许进行实验：没有预习及写好预习报告或不合格者；违反操作规程又不听老师指导，造成较严重后果者；严重违反实验室规章制度又不听老师劝导，造成不良影响者；无正当理由迟到超过规定时间者。

1.4 实验室的安全与防护

实验室安全是需要每个人都十分重视的事情。如果发生事故不仅损害个人健康，还会危及周围的人与环境，并使国家的财产受到损失，影响工作的正常进行，因此首先需要从思想上重视安全工作，绝不能麻痹大意。

1.4.1 化学实验室一般安全守则

① 必须先经过学习安全守则及安全防护知识，才准许进入实验室工作。

② 在实验室内进行每一项新操作以前，都得有针对性地了解并制定预防事故发生的措施。

③ 指导教师有责任定期地、经常地检查学生关于实验室安全知识的掌握情况。

④ 应了解实验室内各项灭火及防护设备的情况，如沙箱、灭火器、淋水龙头、急救箱等器材的安放位置，并应定期检查与演练，学会使用方法。

⑤ 在藏有爆炸物、危险物和特殊器材的地方，需要履行特别的安全制度。例如，禁止明火、禁止吸烟、禁止可能产生火花的摩擦等。

⑥ 严格遵守化学试剂的领用和管理制度。除特殊原因经有关负责人批准外，不准将化学试剂带出实验室。

⑦ 使用高压气体钢瓶时，要严格按操作规程进行操作。

⑧ 不准赤脚、穿拖鞋、穿背心进入实验室；绝对禁止在实验室进食或吸烟，不准把食品放在实验容器中，严禁试食化学药品。

⑨ 实验结束后，应该细心洗手，以防化学药品中毒。最后离开实验室的人员应仔细检查室内是否存在火灾、爆炸或漏水、漏气的隐患。例如，是否已完全熄灭火源，是否关闭水、电及各种气体开关。

⑩ 进出实验室应经指导教师或实验室工作人员的同意。

1.4.2 预防事故发生的措施

① 严格遵守各种试剂的配制和添加程序，不允许把各种化学药品随意混合以免发生意外事故。

② 加试剂时，不得俯视容器，以防飞沫溅到脸上或衣服上引起事故。稀释浓硫酸时，只能在不断搅拌下把浓硫酸慢慢地注入水中。严防因疏忽而把水倒入浓硫酸，也不能把大量浓硫酸快速倾入水中。

③ 加热试管里的液体或易爆跳的固体时，管口不得对着自己或他人，也不得俯视正在加热的液体，以免液体突然溅出引起烫伤。

④ 检验无毒害气体的气味时，应离容器稍远些，用手轻轻扇动容器口上方的空气，使带有一小部分该气体的气流飘入鼻孔。

⑤ 易燃和具有腐蚀性的药品及毒品的使用规则如下。

a. 氢气与空气的混合物遇火会发生爆炸，因此产生氢气的装置要远离明火。点燃氢气前，必须检验氢气的纯度。进行产生大量氢气的实验时，应把尾气排入通风橱，并要注意室内的通风。

b. 浓酸和浓碱具有强腐蚀性，切勿溅到皮肤或衣物上。废酸应倒入酸缸中，但不要往酸缸中倾倒碱液，以免因酸碱中和放出大量的热而发生危险。

c. 强氧化剂（如氯酸钾）和某些混合物（如氯酸钾与红磷、碳、硫等的混合物）易发生爆炸，保存及使用这些药品时，应特别注意安全。

d. 银氨溶液放久后会变成氮化银而引起爆炸，因此用剩的银氨溶液必须酸化后回收。

e. 活泼金属钾、钠等不得与水接触或暴露在空气中，应将它们保存在煤油中，使用时用镊子取用。

f. 白磷剧毒，并能灼伤皮肤，切勿让它与人体接触。白磷在空气中易自燃，应保存在水中，应在水面下进行切割，取用时，也要用镊子。

g. 有机溶剂（乙醇、乙醚、苯、丙酮等）易燃，使用时一定要远离明火。用后要把瓶塞塞紧，放在阴凉的地方。

h. 下列实验应在通风橱内进行：制备具有刺激性的、恶臭和有毒的气体或进行能产生这些气体的反应时（如硫化氢、氯气、一氧化碳、二氧化氮、三氧化硫、溴等）；使用有毒溶剂的实验；加热、蒸发或分解能产生 HF、HCl、HNO_3 等强腐蚀性气体的实验。

i. 可溶性汞盐、铅盐、铬的化合物、氮化物、锑盐、铜盐、钡盐、砷盐及其氧化物都有毒，有的还是剧毒，使用时应严防误入口内或接触伤口。氰化物遇到酸，立即反应放出极毒的 HCN，使人中毒。含氰化物废液不能倒入下水道，应统一回收并处理。金属汞易挥发，人若吸入其蒸气会引起慢性中毒。一旦汞洒落在桌面或地上，必须尽可能收集起来，然后用硫黄粉盖在洒落的地方，使汞变成不挥发的硫化汞。

⑥ 实验完毕后，应把毒品收集并处理好，熄灭灯焰，关闭水、电、气等开关后，方能离开实验室。

1.4.3 意外事故的处理

（1）失火

对易燃物保存不合理、使用不恰当，加热器发生故障，加热过程违反操作规则等原因，常会发生失火事故。失火时应及时把可燃性物品移离火区，如有防火布或耐热板可立即用于隔离火源，然后根据燃烧品的性质采取不同的灭火方法。

① 固体物品着火时，可用防火布覆盖燃烧物并撒上细沙或用水扑灭。如果火焰不是很大，使用二氧化碳灭火器最为方便。

② 液体着火时，可用防火布覆盖燃烧物并撒上细沙。应设法不使液体流散以防火焰蔓延。不溶于水、相对密度又比水小的液体（如苯、乙醚、汽油等）燃烧时，切勿用水扑灭，

因为用水不仅达不到灭火的目的，反而使燃烧的液体随水漂流，使火焰蔓延，造成更大的灾害。

③ 身上或者衣服着火时，不得惊慌失措，到处乱跑，必须迅速用厚布盖住身体，或者及时躺在地上翻滚，把火苗压灭，或者迅速脱掉着火的衣物并把火扑灭。

④ 电器着火时，应立即切断电源，并选择上述合适的方法扑灭火苗，或者使用二氧化碳灭火器或干粉灭火器，切忌用二氧化碳泡沫灭火器。

（2）灼伤

灼烧固体或加热液体时，应注意防止热物迸出容器造成烫伤，尤其是眼睛。如果由于不慎或其他原因烫伤皮肤，若伤势较轻，可用大量自来水反复冲洗，再用高锰酸钾溶液或苦味酸溶液润湿伤处，或用苏打水洗涤，然后搽上烫伤药膏或凡士林并用纱布包扎。倘若皮肤严重烫伤或眼睛受伤应立即送医院诊治。

（3）中毒

在化学实验室中，具有毒性的试剂为数不少，实验前应该熟悉实验用的毒性试剂的性状、使用规则及预防中毒的常识，实验时应严格按照规定方法使用，实验完毕必须立即收集处理，用剩的毒性试剂及有毒的废液应交给指导教师，不得随便乱放，以确保安全。实验中遭到有毒物质伤害时，应及时处理。

① 吸入有毒气体或蒸气时，应迅速将中毒者移至有新鲜空气的地方，并使其嗅闻解毒剂蒸气。

② 皮肤沾染毒物时，必须先用大量水冲洗，再用消毒剂洗涤伤处。如沾染毒物的地方有伤痕，应迅速处理并立即请医生治疗。

③ 吃进毒品危险性最大，因此在化学实验室中必须养成良好的工作习惯，实验工作要有条理，工作台应经常保持干净。使用有毒试剂要谨慎，避免毒品撒落在桌上，如偶有掉落应及时处理。实验时应确保手和衣服不沾染毒物，实验后应把手充分洗净，以免毒物引入口中。如果万一不慎发生中毒现象应立即急救，先让中毒者喝温热的水或饮服稀硫酸铜溶液，然后将手指伸入喉部，促其呕吐，随后迅速送医院诊治。

常见毒品及解毒急救方法简要列于表 1-1 中。

表 1-1 常见毒品及解毒急救方法

毒 品	解毒急救方法
氯、溴、氯化氢蒸气	吸入稀氨水与乙醇或乙醚的混合液蒸气
胂、膦	呼吸新鲜空气
硫化氢、一氧化碳、氢氰酸	呼吸氧气，施行人工呼吸
氨、苛性碱	吸入水蒸气，或服 1% 乙酸溶液，同时服吞小冰块
氰化钾、砷盐	服新沉淀的氢氧化铁悬浮液（混合 Na_2CO_3 和 $FeSO_4$ 溶液）

（4）腐蚀

溴、白磷、浓酸、浓碱对人体皮肤和眼睛具有强烈的腐蚀作用，有些固态物质（如重铬酸钾）在研磨时扬起的细尘对皮肤及视神经也有破坏作用，进行任何实验时均应注意保护眼睛，使其不受任何试剂的侵蚀。

① 受碱液腐蚀时，应立即用大量的水冲洗伤处，然后用 2% 稀乙酸溶液冲洗，必要时洗完以后加以包扎。

② 受酸液腐蚀时，应先用自来水冲洗或用甘油擦洗伤处，然后包扎。

③ 受白磷腐蚀时，伤处应立即用 1% 硝酸银溶液或 2% 硫酸铜溶液或浓高锰酸钾溶液擦

洗，然后用2%硫酸铜溶液润湿过的绷带盖敷在伤处，最后包扎。

如果眼睛受腐蚀，必须及时用大量的水冲洗，然后迅速送医院治疗。

1.4.4 灭火器简介

如果实验室内发生火灾，应根据具体情况，立即采取措施尽快扑灭。一般燃烧需要足够的氧气来维持，因此可以采用下列方法扑灭火焰。

① 移去或隔绝燃料的来源。

② 隔绝空气来源。

③ 冷却燃烧物质，使其温度降低到其着火点以下。

某些类型的灭火器就是利用②、③两种作用原理制造的。灭火器的种类很多，下面对两类常见的灭火器的构造原理和使用方法进行简单介绍。

（1）二氧化碳灭火器

常见的二氧化碳灭火器有两种。

① 泡沫灭火器。泡沫灭火器的结构如图1-1所示。

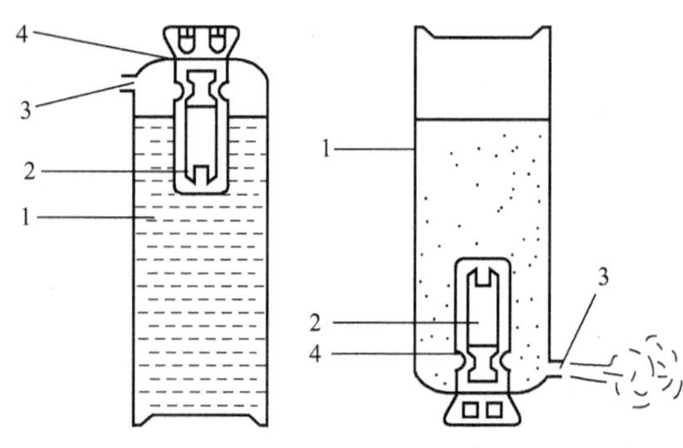

图1-1 泡沫灭火器构造简图

1—钢制圆筒；2—玻璃瓶；3—喷口；4—金属支架

钢筒内几乎装满浓的碳酸氢钠（或碳酸钠）溶液，并掺入少量能促进起泡沫的物质。钢筒的上部装有一个玻璃瓶，内装硫酸（或硫酸铝溶液）。使用时，把钢筒倒翻过来使筒底朝上，并将喷口朝向燃烧物，此时硫酸（或硫酸铝）与碳酸氢钠接触，随即作用产生二氧化碳气体。被二氧化碳所饱和的液体受到高压，掺着泡沫形成一股强烈的激流喷出，覆盖住火焰，使火焰隔绝空气；另外，由于水的蒸发使燃烧物的温度降低，因此火焰就被扑灭。泡沫灭火器用来扑灭液体的燃烧最有效，因为稳定的泡沫能将液体覆盖住使之与空气隔绝。但因为灭火时喷出的液体和泡沫是一种电的良导体，故不能用于电器失火或漏电所引起的火灾。遇到这种情况应先把电源切断，然后再使用其他灭火器灭火。

② 二氧化碳液化灭火器。将二氧化碳装在钢瓶内，使用时将喷口朝向燃烧物，旋开阀门，二氧化碳即喷出覆盖于燃烧物上，由于钢瓶喷出的二氧化碳温度很低，燃烧物温度剧烈下降，同时借二氧化碳气层把空气与燃烧物隔开，以达到灭火的目的。这一类的灭火器比泡沫式灭火器优越，因为二氧化碳蒸发后没有余留物，不会使精密仪器受到污损，而且对有电流通过的仪器也可使用。

（2）干粉灭火器

手提储压式干粉灭火器是一种新型高效的灭火器，它用磷酸铵盐（干粉）作为灭火剂，以氮气作为干粉驱动气。灭火时，手提灭火器，拔出保险销，手捏胶管，在离火面有效距离内，将喷嘴对准火焰根部，按下压把，推动喷射。此时应不断摆动喷嘴，使氮气流及载出的干粉横扫整个火焰区，可迅速把火扑灭。灭火过程中，机头应朝上，倾斜度不能过大，切勿放平或倒置使用。这种灭火器具有灭火速度快、效率高、质量轻、使用灵活方便等特点，适用于扑救固体有机物质、油漆、易燃液体、气体和电器设备的初起火灾，已在各种部门中得到广泛使用。此外，以前还常用有机物质（如四氯化碳、溴代甲烷等）灭火器，由于灭火剂有毒，遇火分解成烟和卤化氢，有时还会产生极毒的光气，所以现在已不再使用。

(3) 灭火器的维护和使用注意事项

① 应经常检查灭火器的内装药品是否变质和零件是否损坏，如药品不够应及时添加，压力不足应及时加压，尤其要经常检查喷口是否被堵塞，如果喷口被堵塞，使用时灭火器将发生严重爆炸事故。

② 灭火器应挂在固定的位置，不得随意移动。

③ 使用时不要慌张，应以正确的方法开启阀门，才能使内容物喷出。

④ 灭火器一般只适用于熄灭刚刚产生的火苗或火势较小的火灾，对于已蔓延成大火的情况，灭火器的效力不够。不要正对火焰中心喷射，以防着火物溅出使火焰蔓延，而应从火焰边缘开始喷射。

⑤ 灭火器一次使用后，可再次装药加压，以备后用。

1.5 实验室用水的规格、制备与检验

化学实验对实验用水的质量要求较高，除初洗玻璃器皿或某些仪器外，不能直接使用自来水，而应根据所做实验对水质量的要求合理选用不同规格的纯水。

1.5.1 实验室用水的规格标准

我国已建立了实验室用水规格的国家标准（GB 6682—86），GB 6682—86 中规定了实验室用水的技术指标、制造方法及检验方法。其主要指标如表 1-2 所示。

表 1-2 实验室用水的级别及主要指标

指 标 名 称	一级	二级	三级
pH 值范围(25℃)	—	—	5.0～7.5
电导率(25℃)/(μS/cm)	≤0.1	≤1.0	≤5.0
吸光度(254nm,1cm)	≤0.001	≤0.01	—
二氧化硅/(mg/L)	≤0.02	≤0.05	—

“标准”只规定了一般的技术指标，在实际工作中，有些实验对水还有特殊的要求，还要检验有关的项目，例如铁、钙、氯等离子的含量及细菌指标等。

电导率是纯水质量的综合指标。一级和二级水的电导率必须“在线”测定（即将电极装入制水设备的出水管道中）。纯水与空气接触或储存过程中，容器材料可溶解成分的引入或吸收空气中的 CO_2 等气体及其他杂质，都会引起电导率的改变。水越纯，影响越显著。水的纯度也可以用电阻率表示，电阻率是电导率的倒数。

1.5.2 纯水的制备方法

目前制备纯水的方法有蒸馏法、离子交换法和电渗析法。

蒸馏法设备成本低，操作简单，但能量消耗大，只能除去水相中挥发性杂质，不能完全除去水中溶解的气体杂质。

离子交换法去离子效果好（也称去离子水），但不能除去水中非离子型杂质，使去离子水中常含有微量的有机物。

电渗析法是在直流电场作用下，利用阴、阳离子交换膜对原水中的阴、阳离子选择性渗透的性质而除去离子型杂质。同离子交换法相似，电渗析法也不能除去非离子型杂质。

1.5.3 纯水的检验

一级水：基本上不含有溶解或胶态离子杂质及有机物，可用二级水经进一步处理制得。例如，可将二级水用石英蒸馏器进一步蒸馏、通过离子交换混合床或 0.2μm 的过滤膜的方

法制备。

二级水：可含有微量的无机、有机或胶态杂质，采用蒸馏、反渗透或去离子后再经蒸馏等方法制备。

三级水：适用于一般实验室工作（包括化学分析），可采用蒸馏、反渗透、去离子（离子交换及电渗析法）等方法制备。

三级水是最普遍使用的纯水，过去多采用蒸馏（用钢质或玻璃蒸馏装置）的方法制备，故通常称为蒸馏水。目前多改用离子交换法、电渗析法或反渗透法制备。

纯水质量的主要指标是电导率（或换算成电阻率），一般的分析化学实验可参考这项指标选择适用的纯水。测定电导率应选用适于测定高纯水的电导率仪（最小量程为 0.02μS/cm），测定一、二级水时，电导池常数为 0.01～0.1，进行“在线”测定。测定三级水时，电导池常数为 0.1～1，用烧杯接取约 300mL 水样，立即测定。如电导率仪无温度补偿功能，则应在测定电导率的同时测定水温，再换算成 20℃时的电导率。

此外，一种简易检查水中金属离子的化学方法是：取纯水 25mL，加 1 滴 0.2%铬黑 T 指示剂和 5mL pH 值为 10.0 的氨缓冲液，如水呈蓝色，说明 Fe^{2+}、Zn^{2+}、Pb^{2+}、Ca^{2+}、Mg^{2+} 等阳离子含量甚微，水质合格；如呈紫红色，说明水不合格。

1.6 实验中的环境保护及“三废”处理

在化学实验过程中，常有废液、废气、废物，即“三废”的排放。大量的有害物质会对环境造成污染，威胁人们的健康。如 SO_2、NO、Cl_2 等气体对人的呼吸道有强烈的刺激作用，对植物也有伤害作用；As、Pb 和 Hg 等化合物进入人体后，不易分解和排出，长期积累会引起胃疼、皮下出血、肾功能损伤等；氯仿、四氯化碳等能致肝癌；多环芳烃能致膀胱癌和皮肤癌；某些铬的化合物触及皮肤破伤处会引起其溃烂不止等。因此，为了保证实验人员的健康，防止环境污染，必须对实验过程中产生的毒害物质进行必要的处理后再排放。

1.6.1 常用的废液处理方法

(1) 中和法

① 酸性废液。不能直接倒入水槽中，以防腐蚀管道，将废酸液用适当浓度的碳酸钠或氢氧化钙水溶液中和后，再用大量水冲稀排放。

② 氢氧化钠、氨水。用适当浓度的盐酸溶液中和后，再用大量水冲稀排放。

(2) 萃取法

萃取法主要适用于一些含有机物质的废水液。将与水不互溶但对污染物有良好溶解性的萃取剂加入废水中，充分混合，以提取污染物，从而达到净化废水的目的。例如，含酚废水就可采用二甲苯作为萃取剂。

(3) 化学沉淀法

废液中的重金属离子如汞离子、铜离子、铅离子、镍离子、铬离子等，碱土金属离子如钙离子、镁离子，及某些非金属离子如砷离子、硫离子、硼离子等，可采用此法除之。即在废液中加入某种化学试剂，与其中的污染物发生化学反应，生成沉淀，分离除去。

① 氢氧化物沉淀法。如用 NaOH 作为沉淀剂处理含重金属离子的废水。

② 硫化物沉淀法。如用 Na_2S、H_2S 或 $(NH_4)_2S$ 等作为沉淀剂处理含汞、砷、水中溶解的有害无机物或有机物，可通过化学反应将其氧化或还原，转化成无害的新物质或易从水中分离除去的形态。常用的氧化剂主要是漂白粉，用于含氮废水、含硫废水及含酚废水等的

处理。常用的还原剂有 $FeSO_4$、Na_2S 等，用于还原 Cr（Ⅵ）。此外，还有某些金属，如铁屑、铜屑、锌粒等，可用于除去废水中的汞。

1.6.2 常用的废气处理方法

（1）溶液吸收法

溶液吸收法是指采用适当的液体吸收剂处理气体混合物，除去其中有害气体的方法。常用的液体吸收剂有水、酸性溶液、碱性溶液、氧化剂溶液和有机溶剂。它们可用于净化含有 SO_2、NO_2、HF、SiF_4、HCl、Cl_2、NH_3、HCl、汞蒸气、酸雾、沥青烟和各种含有有机物蒸气的废气。

（2）固体吸收法

固体吸收法是将废气与固体吸收剂接触，废气少的污染物吸附在固体表面即被分离出来。它主要用于废气中低浓度的污染物的净化，常用的吸附剂及处理的吸附物质见表 1-3。

表 1-3 常用吸附剂及处理的吸附物质

固体吸附剂	吸 附 物 质
活性炭	苯、甲苯、二甲苯、丙酮、乙醇、乙醚、甲醛、汽油、乙酸乙酯、苯乙烯、氯乙烯、恶臭物、H_2S、Cl_2、CO、CO_2、SO_2、NO_x、CS_2、CCl_4、$HCCl_3$、H_2CCl_2
浸渍活性炭	烯烃、胺、酸雾、硫醇、H_2S、Cl_2、HF、HCl、NH_3、Hg、HCHO、CO、CO_2、SO_2
活性氧化铝	H_2O、H_2S、SO_2、HF
浸渍活性氧化铝	酸雾、Hg、HCl、HCHO
硅胶	H_2O、NO_x、SO_2、C_2H_2
分子筛	NO_x、H_2O、CO_2、CS_2、SO_2、H_2S、NH_3、C_mH_n、CCl_4
焦炭粉粒	沥青烟
白云石粉	沥青烟

1.6.3 常用的废渣处理方法

固体废渣主要采用掩埋法处理。有毒的废渣须先经化学处理后深埋在远离居民区的指定地点，以免毒物溶于地下水而混入饮用水中；无毒废渣可直接掩埋，掩埋地点应做记录。有毒且不易分解的有机废渣（或废液）可以用专门的焚烧炉进行焚烧处理。

2　化学实验基本知识

2.1　化学实验常用玻璃仪器介绍

玻璃仪器按其用途可以分为容器类、量器类和其他常用器皿三大类；按玻璃性质的不同可以简单地分为软质玻璃仪器和硬质玻璃仪器两类。软质玻璃承受温差的性能、硬度和耐腐蚀性都比较差，但透明度比较好，一般用来制造不需要加热的仪器，如试剂瓶、漏斗、量筒、吸管等。硬质玻璃具有良好的耐受温差变化的性能，用它制造的仪器可以直接用灯火加热，这类仪器耐腐蚀性强、耐热性能以及耐冲击性能都比较好，常见的烧杯、烧瓶、试管、蒸馏器和冷凝管等都用硬质玻璃制作。

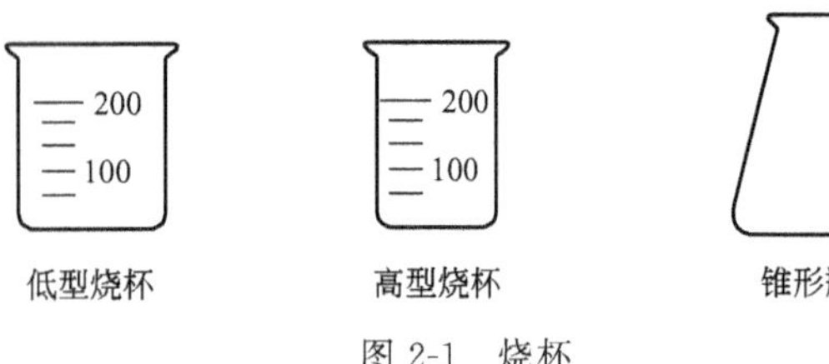

图 2-1　烧杯

(1) 烧杯

常用的烧杯有低型烧杯、高型烧杯、锥形瓶三种（图 2-1），主要用于配制、煮沸、蒸发、浓缩溶液，进行化学反应以及少量物质的制备等。烧杯用硬质玻璃制造，它可承受 500℃ 以下的温度，在火焰上可直接或隔石棉网加热，也可选用水浴、油浴或沙浴等加热方式。烧杯的规格从 25～5000mL 不等，见表 2-1。

表 2-1　烧杯的主要规格

名　　称	容量/mL	高度/mm	外径/mm
低型烧杯	50	58	46
	100	72	52
	250	94	69
	500	115	87
	1000	150	110
高型烧杯	50	67	40
	100	88	45
	250	122	60
	600	165	80
	1000	195	100
锥形瓶	125	110	34/55(口外径/底外径)
	250	135	43/70(口外径/底外径)
	500	155	53/88(口外径/底外径)

(2) 烧瓶

烧瓶用于加热煮沸，以及物质间的化学反应，主要有平底烧瓶、圆底烧瓶、锥形瓶和定碘烧瓶。平底烧瓶不能直接用火加热，圆底烧瓶可以直接用火加热，但两者都不能骤冷；通常，在热源与烧瓶之间加隔石棉网。锥形瓶也称三角烧瓶，加热时可避免液体大量蒸发，反应时便于摇动，在滴定操作中经常用它作为容器。定碘烧瓶主要用于碘法的测定中，也用于需严防液体蒸发和固体升华的实验，但加热或冷却瓶内溶液时应将瓶塞打开，以免因气体膨胀或冷却，使塞子冲出或难取下。蒸馏烧瓶是供蒸馏使用的，蒸馏常用的还有三口烧瓶和四口烧瓶。见图 2-2，主要规格见表 2-2 和表 2-3。

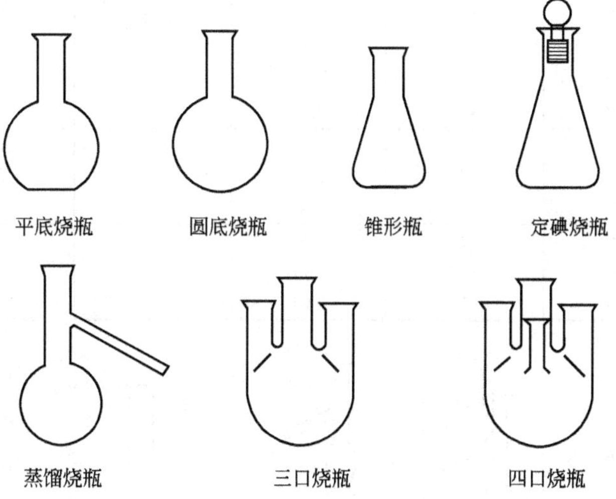

图 2-2 烧瓶

表 2-2 部分烧瓶的主要规格

名 称	容量 /mL	瓶高 /mm	球(底)外径 /mm	颈外径 /mm
平底烧瓶	50	100	53	20
	100	120	65	21
	250	160	88	25
	500	200	110	30
	1000	250	140	35
圆底烧瓶	50	100	53	20
	100	120	63	21
	250	165	88	25
	500	210	110	30
	1000	260	140	35
锥形瓶	50	90	52	20
	100	105	60	22
	150	120	69	25
	250	144	83	30
	500	195	100	35
	1000	225	128	40
定碘烧瓶	50	110	55	20
	100	114	60	20
	250	155	83	26
	500	200	98	28
	1000	220	130	33

（3）分馏管、冷凝管和接管（图 2-3）

分馏管也称分馏柱或分凝器，主要用于分馏操作。常见的分馏管有无球分馏管、一球分馏管、二球分馏管、三球分馏管、四球分馏管和刺形分馏管。规格见表 2-4。

表 2-3 蒸馏烧瓶的主要规格

名　称	容量/mL	瓶高/mm	球外径/mm	颈外径/mm	中颈外径/mm	侧颈外径/mm
蒸馏烧瓶	30	122	42	18	—	—
	60	150	57	20		
	125	190	70	23		
	250	220	88	25		
	500	270	100	30		
	1000	350	140	35		
三口烧瓶	250	140	88	—	26	20
	500	175	100		30	22
	1000	215	140		35	24
四口烧瓶	250	140	88	—	26	20
	500	175	100		30	22
	1000	215	140		35	24

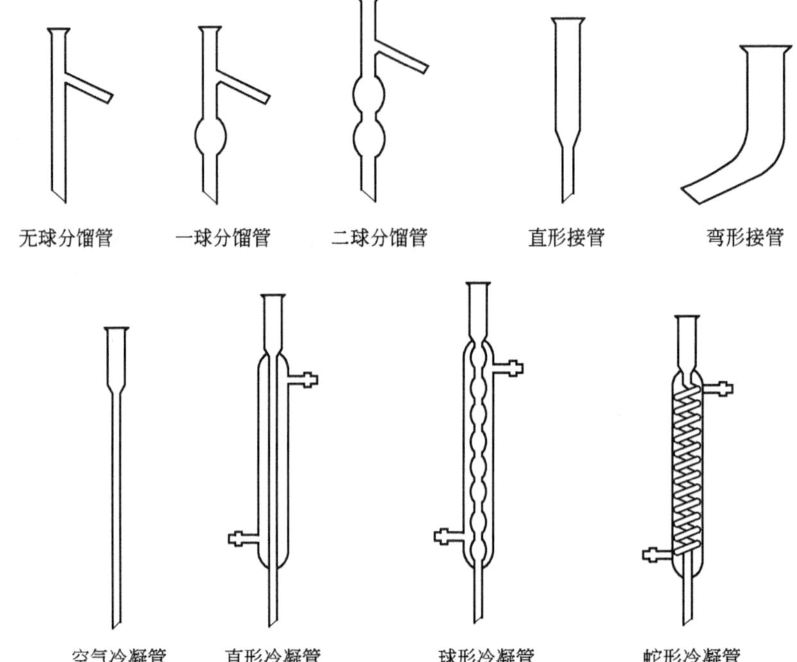

图 2-3 分馏管、冷凝管和接管

表 2-4 分馏管的主要规格

名　称	刺形管长/mm	管全长/mm	管外径/mm	球外径/mm	下管外径/mm
无球分馏管	—	200	15	—	—
一球分馏管	—	250	17	40	—
二球分馏管	—	300	17	40	—
三球分馏管	—	400	17	35	—
四球分馏管	—	460	17	35	—
刺形分馏管	250	410	21	—	10
	500	690	25		12
	1000	1220	33		15

冷凝管也称冷凝器，供蒸馏操作中冷凝用。常见的冷凝管有空气冷凝管、直形冷凝管、球形冷凝管、蛇形冷凝管、直形回流冷凝管和蛇形回流冷凝管。规格见表 2-5。

表 2-5 冷凝管的主要规格

名 称	外套管长/mm	球数/个	全长/mm	上管外径/mm	下管外径/mm
空气冷凝管	—	—	500 900	—	—
直形冷凝管	200 500 1000	—	360 710 1250	18 24 28	11 14 18
球形冷凝管	200 500 1000 1500	4 8 12 16	350 710 1250 1720	18 24 28 33	11 14 18 21
蛇形冷凝管	200 500 1000	—	350 710 1250	18 24 28	11 14 18
直形回流冷凝管	300	—	420	—	12
蛇形回流冷凝管	300 600	—	480 810	20 24	12 15

接管是蒸馏时连接冷凝管用的，常见的有直形接管和弯形接管。规格见表 2-6。

表 2-6 接管的主要规格

管外径/mm	全长/mm	下管外径/mm	管外径/mm	全长/mm	下管外径/mm
15	150	8	25	180	10
18	150	8	30	200	12

(4) 试管、离心试管和比色管（图 2-4）

试管主要用作少量试剂的反应容器，常用于定性试验。试管可直接用灯火加热，加热后

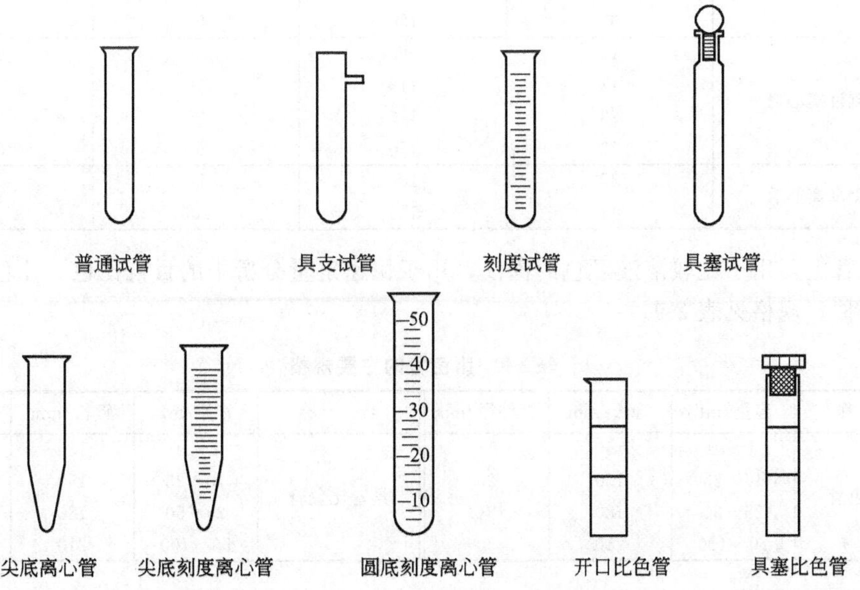

图 2-4 试管、离心试管与比色管

不能骤冷。试管内盛放的液体量，如果不需要加热，不要超过 1/2；如果需要加热，不要超过 1/3。加热试管内的固体物质时，管口应略向下倾斜，以防凝结水回流至试管底部而使试管破裂。离心试管用于定性分析中的沉淀分离。常见的试管有普通试管、具支试管、刻度试管、具塞试管、尖底离心管、尖底刻度离心管和圆底刻度离心管等。试管的规格见表 2-7 和表 2-8。

表 2-7 试管的主要规格

名　称	管外径/mm	全长/mm	容量/mL	最小分度/mL
普通试管	10 15 21 25 41	100 150 150 180 225	—	—
具支试管	12 15 21 25	100 150 150 200	—	—
刻度试管	11 14 19 23	110 130 180 200	5 10 30 50	0.1 0.2 0.5 1
具塞试管	12 15 16 18	—	5 10 15 20	—

表 2-8 离心试管的主要规格

名　称	管外径/mm	全长/mm	容量/mL	最小分度/mL
尖底离心管	17 23 33	110 140 150	10 25 50	—
尖底刻度离心管	13 17 23 33	95 110 140 150	5 10 25 50	0.1 0.1 0.2 0.2
圆底刻度离心管	35 41	100 115	50 100	1 2

比色管主要用于比较溶液颜色的深浅，用于快速定量分析中的目视比色。比色管有开口和具塞两种。规格见表 2-9。

表 2-9 比色管的主要规格

名　称	容量/mL	管长/mm	管外径/mm	名　称	容量/mL	管长/mm	管外径/mm
开口比色管	5～10 10～25 25～50 50～100	130 150 180 210	15 20 24 30	具塞比色管	5～10 10～25 25～50 50～100	130 150 180 210	15 20 24 30

(5) 干燥器

干燥器（图 2-5）的中下部口径略小，上面放置带孔的瓷板，瓷板上放置待干燥的物品，瓷板下面放有干燥剂。常用的干燥剂有 P_2O_5、碱石灰、硅胶、$CaSO_4$、CaO、$CaCl_2$、$CuSO_4$、浓硫酸等。固态干燥剂可直接放在瓷板下面，液态干燥剂放在小烧杯中，再放到瓷板下面。

图 2-5 干燥器

干燥器主要用于保持固态、液态样品或产物的干燥，也用来存放防潮的小型贵重仪器和已经烘干的称量瓶、坩埚等。使用干燥器时，要沿边口涂抹一薄层凡士林研合均匀至透明，使顶盖与干燥器本身保持密合，不致漏气。开启顶盖时，应稍稍用力使干燥器顶盖向水平方向缓缓错开，取下的顶盖应翻过来放稳。热的物体应冷却到略高于室温时，再移入干燥器内。

干燥器直径从 100～500mm 不等，规格见表 2-10。干燥器洗涤过后，要吹干或风干，切勿用加热或烘干的方法去除水汽。久存的干燥器或室温低，顶盖打不开，可用热毛巾或暖风吹化开启。

表 2-10 干燥器（附瓷板）的主要规格

口内径/mm	全高/mm	瓷板直径/mm
100	165	92
210	320	185
300	450	275

（6）试剂瓶

试剂瓶用于盛装各种试剂。常见的试剂瓶有小口试剂瓶、大口试剂瓶和滴瓶；附有磨砂玻璃片的大口试剂瓶常作集气瓶。见图 2-6。试剂瓶有无色和棕色之分，棕色瓶用于盛装应避光的试剂。小口试剂瓶和滴瓶常用于盛放液体药品，大口试剂瓶常用于盛放固体药品。试剂瓶又有磨口和非磨口之分，一般非磨口试剂瓶用于盛装碱性溶液或浓盐溶液，使用橡皮塞或软木塞；磨口的试剂瓶盛装酸、非强碱性试剂或有机试剂，瓶塞不能调换，以防漏气。若长期不用，应在瓶口和瓶塞间加放纸条，便于开启。试剂瓶不能用火直接加热，不能在瓶内久储浓碱、浓盐溶液。规格见表 2-11。

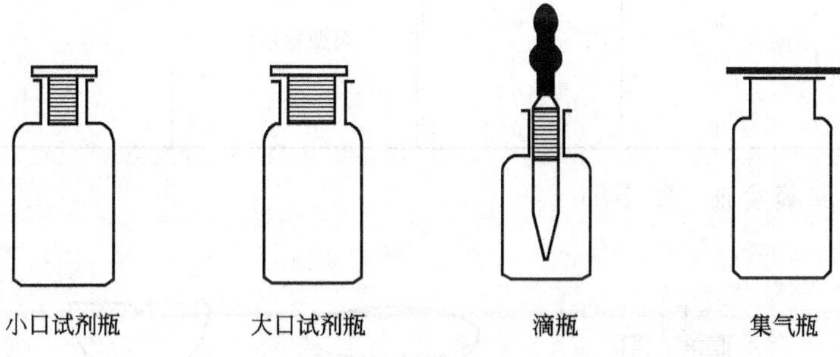

图 2-6 试剂瓶

表 2-11 试剂瓶的主要规格

名　称	容量/mL	瓶高/mm	瓶外径/mm	瓶口外径/mm
小口试剂瓶	30	76	40	18
	125	110	57	24
	250	135	70	27
	500	172	85	33
	1000	202	106	38

续表

名　　称	容量/mL	瓶高/mm	瓶外径/mm	瓶口外径/mm
大口试剂瓶	30	72	40	25
	125	108	57	38
	250	130	70	50
	500	165	85	58
	1000	188	106	65
滴瓶(附胶头)	30	76	40	—
	60	85	46	
	125	110	57	
集气瓶(附磨砂玻璃片)	125	108	57	38
	250	130	70	50
	500	160	86	58

(7) 过滤瓶

过滤瓶也称抽滤瓶，主要供晶体或沉淀进行减压过滤用。规格见表 2-12。

表 2-12　过滤瓶的主要规格

容量/mL	瓶高/mm	底外径/mm	瓶颈外径/mm
250	160	90	33
500	200	115	40
1000	240	140	44

(8) 称量瓶

称量瓶主要用于使用分析天平时称取一定量的试样，不能用火直接加热，瓶盖是磨口的，不能互换。称量瓶有高型和扁型两种（图 2-7)，规格见表 2-13。

表 2-13　称量瓶的主要规格

名　　称	瓶外径/mm	瓶身高/mm	名　　称	瓶外径/mm	瓶身高/mm
高型称量瓶	25	25	扁型称量瓶	40	25
	25	40		50	30
	30	50		60	30
	30	60		70	35
	35	70			
	40	70			

(9) 表面皿和蒸发皿（图 2-8)

图 2-7　称量瓶　　　图 2-8　表面皿与蒸发皿

表面皿主要用作烧杯的盖，防止灰尘落入和加热时液体迸溅等。表面皿不能直接用火加热。蒸发皿有平底和圆底两种形状，主要用于使液体蒸发，能耐高温，但不宜骤冷。蒸发溶液时一般放在石棉网上加热，如液体量多，可直接加热，但液体量以不超过深度的 2/3 为宜。规格见表 2-14。

表 2-14 表面皿和蒸发皿的主要规格

名称	直径/mm	皿高/mm	名称	直径/mm	皿高/mm
表面皿	45 60 80 100 150 180	—	蒸发皿	60 90 120 150	30 45 60 75

（10）研钵

研钵（图 2-9）主要用于研磨固体物质，有玻璃研钵、瓷研钵、铁研钵和玛瑙研钵等。玻璃研钵、瓷研钵适用于研磨硬度较低的物料，硬度大的物料应用玛瑙研钵。研钵不能用火直接加热。规格见表 2-15。

表 2-15 玻璃研钵的主要规格

内径/mm	钵高/mm
75	40
90	50
120	60

（11）漏斗

漏斗（图 2-10）主要用于过滤操作和向小口容器倾倒液体。常见的有 60°角的短颈漏斗和长颈漏斗、筋纹漏斗以及圆筒形漏斗。筋纹漏斗内壁有若干凹筋，可以提高过滤速度。规格见表 2-16。

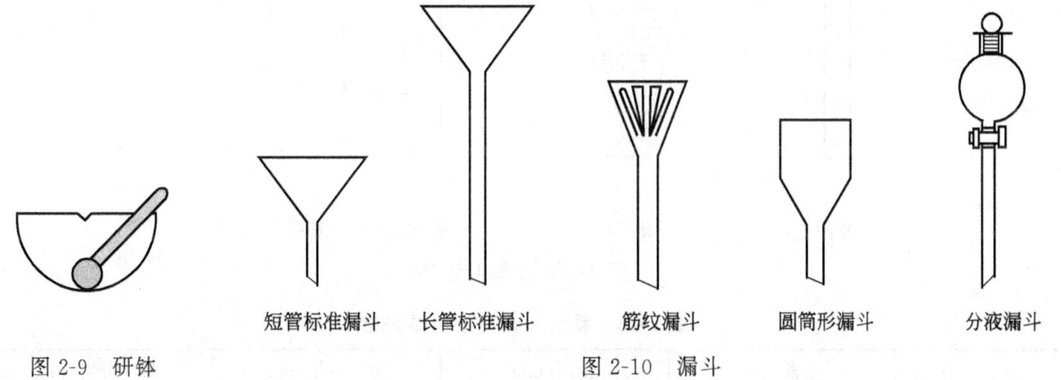

图 2-9 研钵　　图 2-10 漏斗

表 2-16 漏斗的主要规格

名　称	口径/mm	管长/mm	名　称	口径/mm	管长/mm
短颈漏斗	40 60 90 150	40 60 90 150	长颈漏斗	75 90	150 150
			筋纹漏斗	60 75	150 180
长颈漏斗	50 60	150 150	圆筒形漏斗	20 32 40	60 75 80

分液漏斗主要用于互不相溶的两种液体分层和分离，常见的有厚料球形、球形、梨形、梨形刻度、筒形和筒形刻度等。球形分液漏斗适用于萃取分离操作；梨形分液漏斗除用于分离互不相溶的液体外，在合成反应中常用来随时加入反应试液。有刻度的梨形和筒形分液漏斗常用于控制加液速度。规格见表 2-17。

表 2-17 分液漏斗的主要规格

名　称	容量/mL	球(筒)外径/mm	全长/mm	最小分度/mL
球形	60	55	270	—
	125	67	290	
	250	84	315	
	500	100	375	
厚料球形	1000	130	155	—
	2000	168	210	
	3000	195	240	
	5000	245	300	
梨形	60	48	205	5
	125	67	260	5
	250	74	310	10
筒形	60	32	260	2
	125	40	325	5
	250	50	400	5
	500	62	490	10

(12) 量筒和量杯

量筒和量杯（图 2-11）主要用于量取一定体积的液体。在配制和量取浓度和体积不要求很精确的试剂时，常用它来直接量取溶液。规格见表 2-18。

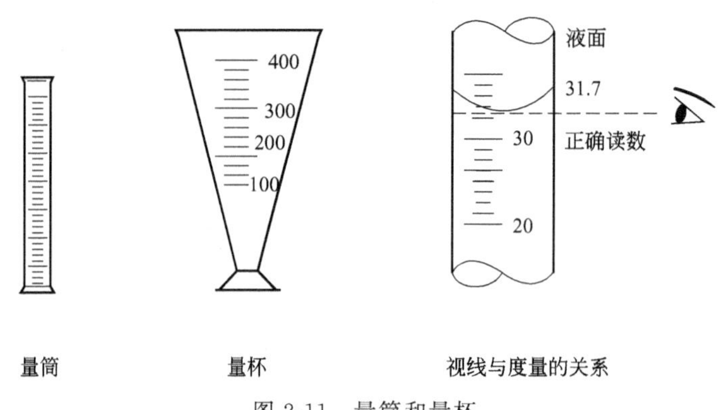

图 2-11 量筒和量杯

表 2-18 量筒和量杯的主要规格

名　称	容量/mL	全高/mm	筒(口)径/mm	最小分度/mL
量筒	5	110	12	0.1
	10	135	13	0.2
	50	195	23	1
	100	250	28	2
	500	350	52	5
	1000	435	65	10
量杯	10	95	28	1
	50	140	48	5
	100	170	61	5
	500	250	104	20
	1000	310	127	50

(13) 容量瓶

容量瓶（图 2-12）用于配制体积要求准确的溶液，或进行溶液的定量稀释。容量瓶不能加热，瓶塞是磨口的，不能互换，以防漏水。容量瓶有无色和棕色之分，棕色瓶用于配制需要避光的溶液。规格见表 2-19。

表 2-19 容量瓶的主要规格

容量/mL	瓶高/mm	瓶外径/mm	外径/mm
10	90	28	10
25	120	38	12
50	140	47	13
100	170	59	16
250	220	80	19
500	270	100	22
1000	320	126	25

（14）移液管

移液管（图 2-13）也叫吸管，用于准确移取一定体积的液体。常见的有刻度移液管和单标记移液管。规格见表 2-20 和表 2-21。

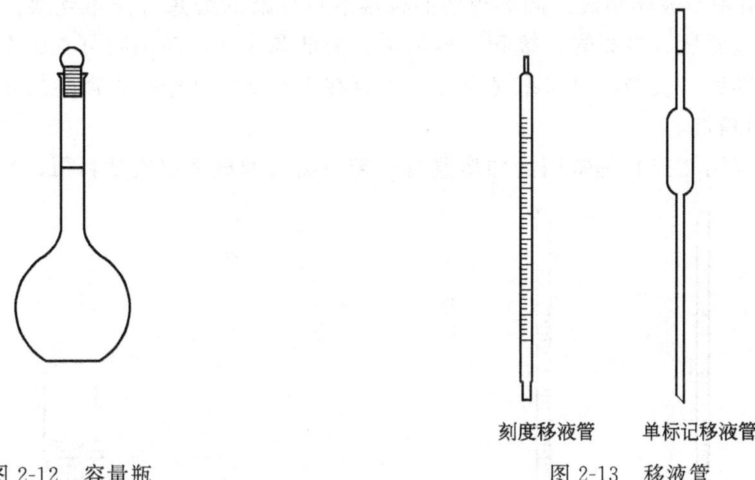

图 2-12 容量瓶

图 2-13 移液管

表 2-20 刻度移液管的主要规格

容量/mL	全长/mm	外径/mm	最小分度/mL	容量允差/mL
0.1	320	6.5	0.001	0.001
0.2	320	6.5	0.02	0.002
0.25	320	6.5	0.025	0.01
0.5	320	6.5	0.005	0.01
1	320	6.5	0.01	0.01
2	320	7	0.02	0.01
5	330	8	0.05	0.02
10	330	11	0.1	0.03

表 2-21 单标记移液管的主要规格

容量/mL	全长/mm	下管外径/mm	容量允差/mL
5	400	5	0.01
10	450	6	0.02
20	530	7	0.03
25	570	7	0.04
50	600	7	0.05
100	640	8	0.08

(15) 滴定管

滴定管(图 2-14)是滴定时使用的精密仪器，用来测量自管内流出溶液的体积，有常量滴定管和微量滴定管之分。常量滴定管有酸式和碱式两种，酸式滴定管用来盛装盐酸、氧化剂、还原剂等溶液；碱式滴定管用来盛装碱溶液。滴定管有无色和棕色之分，无色的滴定管又有带蓝线和不带蓝线两种。规格见表 2-22。

表 2-22 滴定管的主要规格

容量/mL	全长/mm		筒外径/mm	最小分度/mL
	碱式	酸式		
10	520	600	9	0.05
25	570	620	12	0.1
50	760	860	13	0.1
100	760	860	18	0.2

(16) 标准磨口仪器

所谓标准磨口仪器，是指磨塞和磨口的直径都采用国际通用的统一尺寸，其锥度比例均为 1∶10，由硬质玻璃制成。同类规格的标准磨口仪器的磨塞可任意互换。这类仪器的品种有：烧瓶、过滤瓶、冷凝管、接管、蒸馏头、分液漏斗等，使用时可查阅有关资料。

使用标准磨口仪器，口与塞对合后，不要在干态下转动摩擦，以免损伤磨面。

(17) 酒精灯

酒精灯(图 2-15)是常用的加热器具，带一磨口的玻璃罩或塑料罩。规格见表 2-23。

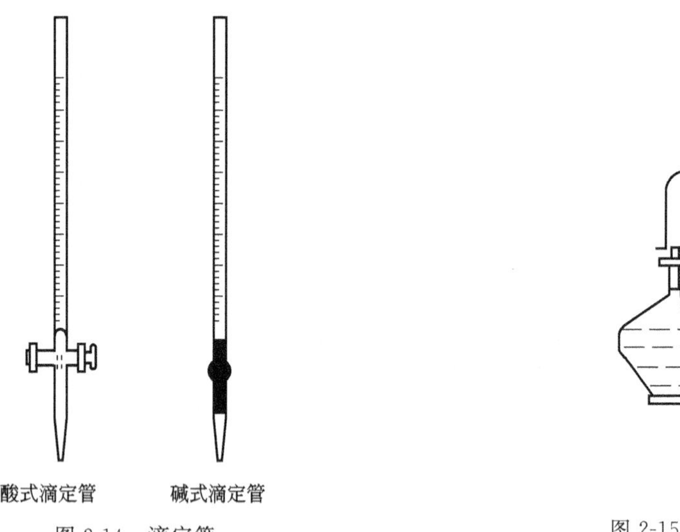

图 2-14 滴定管

图 2-15 酒精灯

表 2-23 酒精灯的主要规格

容量/mL	全高/mm
150	118
250	130

2.2 化学实验基本操作介绍

2.2.1 玻璃仪器的洗涤和干燥

(1) 玻璃仪器的清洗

化学实验室中经常使用各种玻璃仪器，而这些仪器是否干净，常常影响到实验结果的准确性，所以应该保证所使用的仪器是很干净的。“干净”两字的含义比平时日常生活中所说的干净程度要求要高，主要是指“不含有妨碍实验准确性的杂质”的意思。一般来说，玻璃仪器洗干净后，内壁附着的水均匀，既不聚集成滴，也不成股流下。

洗涤玻璃仪器的方法很多，应根据实验的要求、污物的性质和沾污的程度来选用。一般来说，附着在仪器上的污物既有可溶性物质，也有尘土和其他不溶物质，还有油污和有机物质。针对这种情况，可以分别采用下述洗涤方法。

① 直接使用自来水刷洗。用自来水冲洗可除去水溶性物质以及附着在仪器上的尘土及其他不溶物，但难以除去油污及某些有机物。对于某些有机污染物，则应选取相应的有机溶剂洗涤。

② 用去污粉、肥皂或合成洗涤剂刷洗。肥皂和合成洗涤剂的去污原理已众所周知，不必重述。去污粉由碳酸钠、白土、细沙等混合而成。使用时，首先用自来水浸泡润洗，加入少量去污粉，用毛刷刷洗污处，最后再用自来水冲洗干净，必要时用蒸馏水冲洗 2～3 次。

注意：使用毛刷刷洗试管时，应将毛刷顶端的毛顺着伸入到试管中，用食指抵住试管末端，来回抽拉毛刷进行刷洗，不可用力过大。也不要同时抓住几只试管一起刷洗。

碳酸钠是一种碱性物质，具有强的去污能力，而细沙的摩擦作用以及白土的吸附作用则增强了仪器清洗的效果。待仪器的内外器壁都经过仔细的擦洗后，用自来水冲去仪器内外的去污粉，要冲洗到没有细微的白色颗粒状粉末留下为止。最后，用蒸馏水冲洗仪器内壁 3 次，把自来水中带来的钙、镁、铁、氯等离子洗去，洗涤应坚持少量多次原则。

③ 用洗液洗。在进行精确定量实验时，或者所使用的仪器口径小、管细、形状特殊时，应该用洗液洗涤。洗液具有强的酸碱性、强氧化性，去油污和有机物的能力较强，但对衣物、皮肤、桌面及橡皮的腐蚀性也较强，使用时应小心。

具体做法是：先将仪器用自来水刷洗，倒净其中的水，加入少量洗液，转动一圈使内壁全部为洗液所浸润，一段时间后，将洗液倒回原瓶。仪器先用自来水冲洗，再用蒸馏水冲洗 2～3 次。

使用洗液时应注意：a. 洗液为强腐蚀性液体，应注意安全；b. 洗液吸水性强，用完后应立即将洗液瓶子盖严；c. 洗液可反复使用，但是若洗液变为绿色（重铬酸钾还原成硫酸铬的颜色）时即失效，不能再使用。

能用别的洗涤方法洗干净的仪器，就不要用铬酸洗液洗，因为它具有毒性，流入下水道后对环境有严重污染。

④ 用蒸馏水（或去离子水）淋洗。经过上述方法洗涤的仪器，仍然会沾附有来自于自来水的钙、镁、氯、铁等离子，因此必要时应该用蒸馏水（或去离子水）淋洗 2～3 次。

洗涤仪器时，应注意按照少量多次的原则，尽量将仪器洗涤干净；洗涤干净的仪器内外壁上不应附着不溶物、油污，仪器可被水完全湿润，将仪器倒置，水即沿器壁流下，器壁上留下一层既薄又均匀的水膜，不挂水珠。

在实验中应根据实际情况和实验内容来决定洗涤程度，如在进行定量实验中，由于杂质的引进会影响实验的准确性，因此对仪器的洁净程度要求较高。对于一般的无机制备实验或者定性实验等，对仪器的洁净程度的要求相对较低，只要洗刷干净，用不着要求不挂水珠，也没有必要用蒸馏水洗涤。

为了避免有些污染难以洗去，要求当实验完毕后立即将所用仪器洗涤干净，养成一种用完即洗净的习惯。凡是洗净的仪器，绝不能再用布或纸擦拭。否则，至少布或纸的纤维将会留在器壁上而沾污仪器。

⑤ 沉淀垢迹的洗涤。一些不溶于水的沉淀垢迹经常牢固地黏附在仪器的内壁，需要根据沉淀的性质选用合适的试剂，用化学方法除去，表 2-24 介绍了几种常见垢迹的处理方法。

表 2-24 常见垢迹的化学处理方法

垢迹类别	处理方法	垢迹类别	处理方法
MnO_2、$Fe(OH)_3$ 或碱土金属的碳酸盐	盐酸（MnO_2 需用浓盐酸）	不溶于水及酸碱的有机物	相应有机溶剂
		煤焦油	煮沸石灰水
银、铜等	硝酸	$KMnO_4$	浓碱浸泡
难溶银盐	一般用硫代硫酸盐，Ag_2S 可用热浓硝酸	硫黄	稀草酸溶液

⑥ 洗涤液的配制。

a. 铬酸洗涤液（简称洗液）。将 25g $K_2Cr_2O_7$ 溶于 50mL 水中，冷却后向此溶液中慢慢加入浓硫酸至 1000mL。

b. 碱性高锰酸钾洗涤液。将 4g 高锰酸钾溶于 5mL 水中，再加入 95mL、10%的氢氧化钠溶液混合即得。

(2) 仪器的干燥

实验用的仪器除要求洗净外，有些实验还要求仪器干燥，不附有水膜。如用于精确称量中的盛载仪器，用于计量或盛有一定浓度溶液的仪器等。仪器的干燥有下列方法可采用。

① 晾干。不急用的仪器，洗净后倒置在实验柜内或仪器陈列架上，任其自然干燥。

② 烘干。将洗净的仪器，尽量倒净水后，放进烘箱内，温度控制在 105℃左右烘干。仪器放进烘箱时口应朝下，并在烘箱的最下层放一瓷盘，承接从仪器上滴下的水，以免水滴在电热丝上，损坏电热丝。木塞、橡皮塞不能与仪器一同干燥，玻璃塞虽可同时干燥，但应从仪器上取下来，以免烘干后卡住，取不下来。

③ 烤干。烧杯、蒸发皿等可放在石棉网上，用小火焰烤干。试管可用试管夹夹住后，在火焰上来回移动，直至烤干，但试管口必须低于管底，以免水珠倒流到灼热部位，使试管炸裂，待烤到不见水珠后，将管口朝上赶尽水汽。

④ 用有机溶剂干燥。加一些易挥发的有机溶剂（常用酒精和丙酮）到洗净的仪器中，把仪器倾倒并转动，使仪器壁上的水和有机溶剂互相溶解，混合，然后倒出有机溶剂，少量残留在仪器中的混合物很快挥发而干燥。如用电吹风吹则干得更快。带有刻度的计量仪器不能用加热的方法进行干燥，因为加热会影响这些仪器的精密度。

2.2.2 玻璃管加工与洗瓶的装配方法

(1) 玻璃管的洗净

玻璃管在加工以前，首先需要洗净。玻璃管内的灰尘，用水冲洗就可洗净。如果管内附着油腻的东西，用水不能洗净时，可把长玻璃管适当截短，浸在铬酸洗液里，然后取出，用水冲洗。对于较粗的玻璃管，可以用两端缚有线绳的布条通过玻璃管，来回抽拉，擦去管内的脏物。如果玻璃管保存得好，比较干净，也可以不洗，仅用布把玻璃管外面拭净，就可以使用。

洗净的玻璃管必须干燥后才能进行加工，可在空气中晾干，用热空气吹干或在烘箱中烘干，但不宜用灯火直接烤干，以免炸裂。

(2) 玻璃管的截断

截断玻璃管可用扁锉、三角锉或小砂轮片。切割时把玻璃管平放在桌子边缘，将锉刀

(或砂轮片) 的锋棱压在玻璃管的需截断处 [图 2-16(a)]，然后用力把锉刀向前推或向后拉，同时把玻璃管略微朝相反的方向旋转，在玻璃管上刻划出一条清晰、细直的深痕。不要来回拉锉，因为这样会损坏锉刀的锋棱，而且会使锉痕加粗。要折断玻璃管时，只要用两手的拇指抵住锉痕的背面，再稍用拉力和弯折的合力，就可使玻璃管断开 [图 2-16(b)] (如果在锉痕上用水沾一下，则玻璃管更易断开)。断口处应整齐。

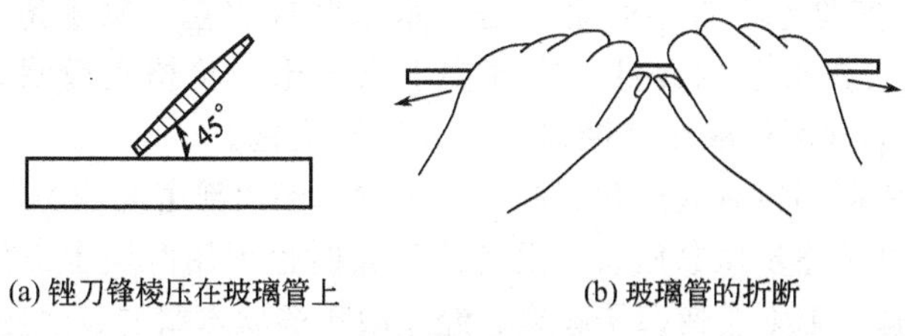

(a) 锉刀锋棱压在玻璃管上　　(b) 玻璃管的折断

图 2-16　玻璃管的截断

若需在玻璃管的近管端处进行截断，可先用锉刀在该处割一锉痕，再将一根末端拉细的玻璃棒在煤气灯的氧化焰上加热到红热 (截断软质玻璃管时) 或白炽 (截断硬质玻璃管时) 状，使成珠状，然后把它压触到锉痕的端点处，锉痕会因骤然受强热而发生裂痕；有时裂痕迅速扩展成整圈，玻璃管即自动断开。若裂痕未扩展成一整圈，可以逐次用烧热的玻璃棒的末端压触在裂痕的稍前处引导，直至玻璃管完全断开。实际上，只需待裂痕扩大至玻璃管周长的 90%时，即可用两手稍用力将玻璃管向里挤压，玻璃管就会整齐地断开。

玻璃管的断口很锋利，容易割破皮肤、橡皮管或塞子，故必须将断口在火焰中烧熔使变光滑。方法是将断口放在氧化焰的边缘，不断转动玻璃管，烧到管口微红即可。不可烧得太久，否则管口会缩小。

(3) 弯玻璃管

连接仪器有时需用弯成一定角度的玻璃管，这要由实验者自己来制作。

玻璃管的质地有软硬之分。软质玻璃管受热易软化，加热不宜过度，否则在弯管时易发生歪扭和瘪陷。硬质玻璃管需用较强的火焰加热。

弯玻璃管时，先在弱火焰中将玻璃管烤热，逐渐调节灯焰使成强火焰，然后两手持玻璃管，将需要弯曲处放在氧化焰 (宜在蓝色还原焰之上约 2mm 处) 中加热，同时两手等速缓慢地旋转玻璃管，以使其受热均匀。为加宽玻璃管的受热面，可将玻璃管斜放在氧化焰中加热，或者在灯管上套一个扁灯头 (鱼尾灯头，图 2-17)。当玻璃管受热部分发出黄红光而且变软时，立即将玻璃管移离火焰，轻轻地顺热弯至一定的角度 (图 2-18)。如果玻璃管要弯成较小的角度，可分几次弯成，以免一次弯得过多使弯曲部分发生瘪陷或纠结 (图 2-19)。分次弯管时，各次的加热部位应稍有偏移，并且要等弯过的玻璃管稍冷后再重新加热，还要注意每次弯曲均应在同一平面上，不要使玻璃管变得歪扭。

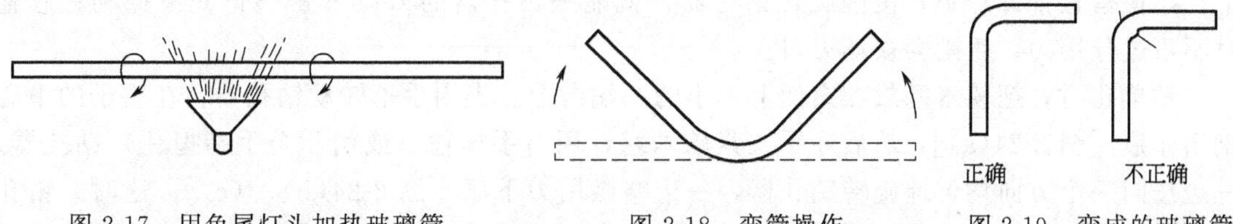

图 2-17　用鱼尾灯头加热玻璃管　　图 2-18　弯管操作　　图 2-19　弯成的玻璃管

在弯管操作时，要注意以下几点：如果两手旋转玻璃管的速度不一致，则玻璃管会发生歪扭，即两臂不在同一平面上；玻璃管如果受热不够，则不易弯曲，并易出现纠结和瘪陷；

如果受热过度，玻璃管的弯曲处管壁常常厚薄不均和出现瘪陷；玻璃管在火焰中加热时，双手不要向外拉或向内推，否则管径会变得不均；在一般情况下，不应在火焰中弯玻璃管；弯好的玻璃管用小火烘烤一两分钟（退火处理）后，放在石棉网上冷却，不可将热的玻璃管直接放在桌面上。

(4) 塞子钻孔，玻璃管装配

① 塞子的选择。实验室中常用的塞子是软木塞和橡皮塞。软木塞不易和有机化合物起作用，而橡皮塞易受有机溶剂的侵蚀，在高温下会变形，价格也较贵，所以通常都用软木塞。只有在特殊情况下（例如减压蒸馏操作）才用橡皮塞。

选用软木塞，其表面不要有裂纹和深洞。由于软木塞内部密度不均，在使用前要用软木塞滚压器（图 2-20）把塞子逐步压紧压软。没有滚压器时也可用两块木板代替（图 2-21），滚压塞子不可一下用力过猛，否则会使塞子破裂。经过滚压的软木塞的表面变得柔软富于弹性，内部结构也较均匀密集。经过滚压，塞子的大小应以塞入口 1/2～2/3 为准 [图 2-22(b)]。因为软木塞经过滚压直径变小，所以未滚压的塞子应选择稍大一些的，见图 2-22(a)。

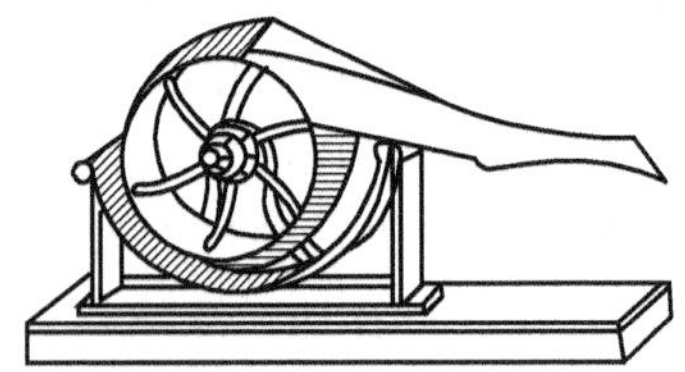

图 2-20 软木塞滚压器

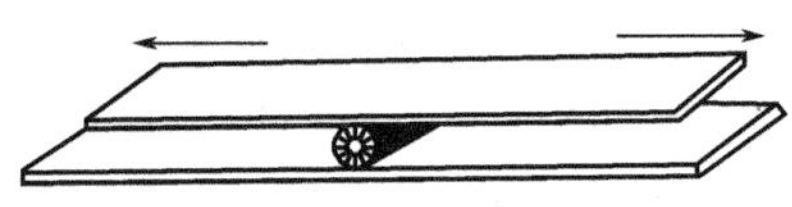

图 2-21 利用木板滚压软木塞

橡皮塞不需滚压（老化变硬的橡皮塞不能使用），其大小以能塞入瓶口 1/3～1/2 为宜。

② 塞子的表面保护。为了使塞子紧密、耐久和增强对腐蚀性气体（如二氧化氮、氯气、氯化氢、溴和硝酸蒸气等）的耐腐蚀性能，塞子可以用下面的方法处理，以保护其表面。

软木塞——先在 3 份皮胶、5 份甘油和 100 份水的溶液中浸泡 15～20min，溶液的温度保持在 50℃。取出干燥后，再在 25 份凡士林和 75 份石蜡的熔融混合液中浸润几分钟。

橡皮塞——在温度为 100℃的熔化的石蜡中浸润 1min。通氯气用的橡皮管同样处理。

③ 塞子的钻孔。在装配仪器时常需在塞子中插入冷凝管、温度计、蒸馏瓶的支管、滴液漏斗等，这就需在塞子上钻孔。钻孔用的工具叫钻孔器，一套钻孔器的孔径有 7～10 种大小不同的尺寸。在软木塞上打孔时，钻孔器的外径应比要插入软木塞的管子的外径略小。而在橡皮塞上钻孔时，钻孔器应该刚好能套在要插入橡皮塞的管子外面。

软木塞在钻孔之前必须事先压软。已打了孔的塞子不能再滚压。

钻孔器不是冲压工具，而是切割工具。钻孔器的刃口应该经常修整，以保持锋利，这样钻孔才能得到良好的结果。修整钻孔器可用刮孔刀（图 2-23）：把钻孔器套在刮孔刀的锥体上，用拇指轻推刀片 A，慢慢旋转钻孔器，就能把钻孔器的刃口 B 修整得光滑锋利；修整时不可过分用力，否则会损坏刃口。

钻单孔时，把软木塞放在桌面上，小的一端向上。先用手指转动钻孔器，在塞子的中心割出印痕 [图 2-24(a)]，然后左手扶紧软木塞，用右手握住（或用几个手指捏住）钻孔器，一边按同一个方向均匀地旋转钻孔器，一边略微用力下压 [图 2-24(b)，(c)]。这时，钻孔器应始终与桌面保持垂直，如果发现二者不垂直，应及时加以检查和纠正。待钻到软木塞厚度的一半左右时，即按反方向旋转，拔出钻孔器，用铁条除去钻孔器里的塞芯和碎屑。再用同样的方法从塞子的另一端钻孔，直到把孔钻通为止。有经验的实验室工作者可以从塞子的

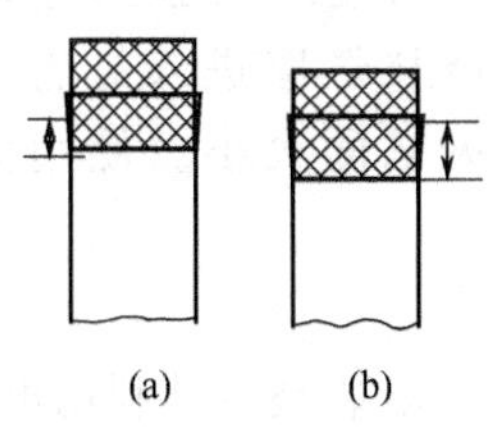

图 2-22 软木塞大小的选择

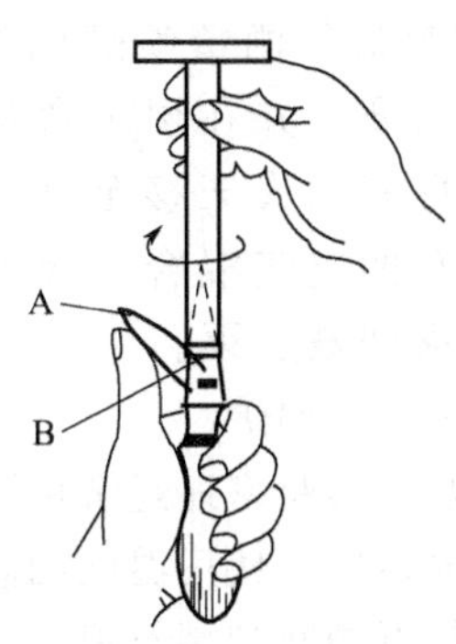

图 2-23 钻孔器的修整

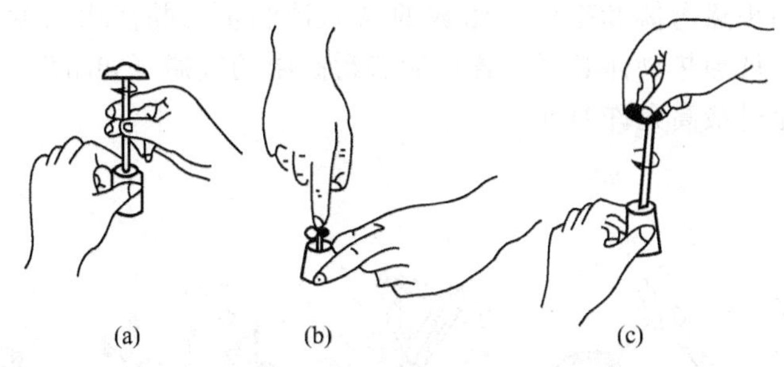

图 2-24 软木塞钻孔

一端钻孔，一直把孔钻通，但初学者仍宜练习从两端钻通塞子。

在一个软木塞上要钻两个孔时，应更加小心，务必使两个孔道笔直且相互平行，否则，插入管子后，两根管子就会歪斜或交叉，致使塞子不能使用。橡皮塞钻孔与软木塞钻孔的方法相同，但钻孔器的刀刃必须是非常锋利的，旋入钻孔器时用力不能过大。

钻孔时（特别是橡皮塞的钻孔），为了减少钻孔器与塞子间的摩擦，可用水、肥皂水或甘油水溶液润湿钻孔器的前端。旋入钻孔器的力量，若均匀合适，则塞子的孔道光滑整齐；若不均或过大，会使软木塞的孔道表面粗糙，孔道扭曲，孔径过度缩小或粗细不均。若孔径略小或孔道稍有不光滑，可用圆锉修整。

2.2.3 保温、加热和冷却操作方法

实验室中常用的热源有酒精灯、酒精喷灯、电炉以及马弗炉等。

（1）酒精灯与酒精喷灯

① 酒精灯（图 2-25）。酒精灯是实验室最常用的加热灯具，其供给温度为 400～500℃。酒精灯由灯罩、灯芯和灯壶三部分组成，灯罩上有磨口。使用时注意事项如下。

a. 添加酒精时应将灯熄灭，利用漏斗将酒精加入到灯壶内，添加量最多不超过总容量的 2/3。

b. 应使用火柴点燃酒精灯，绝不能用点燃的酒精灯来点燃。

c. 熄灭酒精灯时，不要用嘴吹，将灯罩盖上即可，但注意当酒精灯熄灭后，要将灯罩拿下，稍作晃动赶走罩内的酒精蒸气后盖上，以免引起爆炸（特别是在酒精灯使用时间过长时，尤其应注意）。

d. 酒精灯不用时应盖上灯罩，以免酒精挥发。

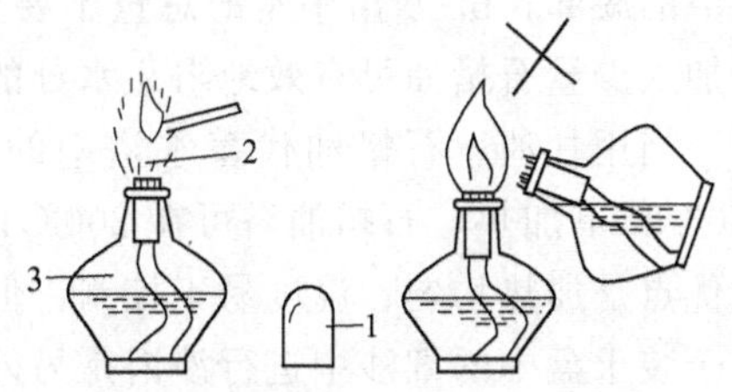

图 2-25 酒精灯及正确点燃方法

1—灯罩；2—灯芯；3—灯壶

② 酒精喷灯。酒精喷灯的温度可达 700～1000℃，用于需较高温度的时候。使用时首先打开活塞，并在预热盒中加入酒精，点燃酒精加热灯管，待预热盒内酒精接近燃完时，将燃着的火柴移至灯口，同时开启开关，使酒精从灯座进入灯管，并受热气化，与进气孔的空气混合并被点燃，调节开关，可控制火焰的大小。使用完毕关闭开关及活塞，火即被熄灭。

（2）电炉、马弗炉

根据需要，实验室还经常用到电炉、马弗炉等加热设备，电炉是一种利用电阻丝将电能转化为热能的装置，使用温度的高低可通过调节外电阻来控制，为保证容器受热均匀，使用时反应容器与电炉间利用石棉网相隔离。马弗炉是利用电热丝或硅碳棒加热的密封炉子，炉膛是利用耐高温材料制成的，呈长方体。一般电热丝炉最高温度为 950℃，硅碳棒炉为 1300℃，炉内温度利用热电偶和毫伏表组成的高温计测量，并使用温度控制器控制加热速度。使用马弗炉时，被加热物体必须放置在能够耐高温的容器（如坩埚）中，不要直接放在炉膛上，同时不能超过最高允许温度。

（3）加热方法

见图 2-26。

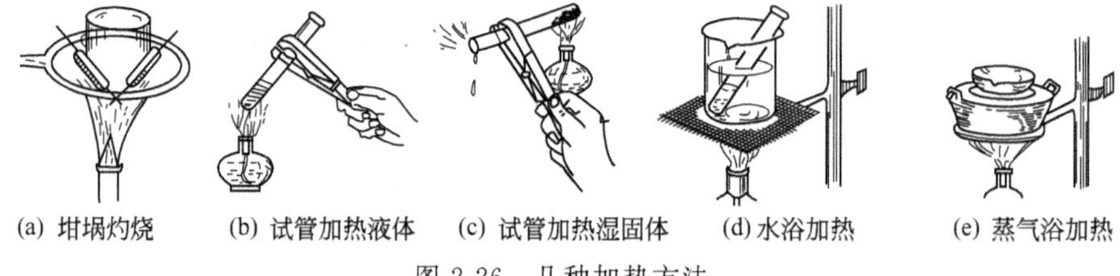

图 2-26　几种加热方法

① 直接加热。当被加热的样品在高温下稳定而不分解，又无着火危险时，可使用直接加热法。使用烧杯、烧瓶加热液体样品时，容器外的水应擦干，同时在火源与容器之间应放置石棉网。在加热过程中，应适时搅拌，以防暴沸。在高温下加热固体样品时，可将固体样品放置于坩埚中，用氧化焰灼烧［图 2-26(a)］。具体做法是：开始用小火烘烧坩埚，使其受热均匀，然后加大火焰，根据实验要求控制灼烧温度和时间，灼烧完毕后移去热源，冷却后（或用干净的坩埚钳夹着坩埚，放置于石棉网上冷却）备用。实验室进行灼烧实验时经常用到马弗炉或管式电炉。

② 用热浴间接加热。当被加热的样品易分解，温度变化易引起不必要的副反应时，就要求加热过程中受热均匀，而又不超过一定温度，使用特定热浴间接加热可满足此要求。如果要求反应温度不超过 100℃时，可利用水浴加热，有特制的电热水浴锅。在一般实验中，常使用大烧杯来代替水浴锅［图 2-26(d)］。使用水浴锅时应注意：a. 被加热容器不要触及水浴的底部；b. 水浴中水的总量不要超过总容量的 2/3；c. 勿使水浴中水烧干（在水浴表面加入少量石蜡油可有效地阻止水分的快速蒸发）。

当用甘油、石蜡油代替水浴中的水时可得到相应的甘油浴和石蜡油浴（甘油浴可在 150℃以下加热，石蜡油浴可在 200℃以下加热），硅油浴可在近于 300℃温度下加热。油浴的优点是加热均匀、温度易于控制，但价格较高并且有一定的污染。将被加热容器的下部埋置于装于盘中的细沙中进行沙浴是另外一种加热方式，其特点是升温较缓慢，停止加热后散热也较慢，可用于需较高温度的样品的加热。

（4）冷却

放热反应产生的热量常使反应温度迅速提高，如控制不当，往往会引起反应物的挥发，并可能引发副反应，甚至爆炸。为了将反应温度控制在一定的范围内，就需要适当冷却，最简便的方法就是将盛有反应物的容器适时地浸入冷水浴中，可采用冷水、冰水、流动自来水或自然冷却等。采用冰水冷却时，冰块要弄得很碎，为了更好地移除热量，加入少量的水使成冰沙状。

如需较低温度冷却时可用冰-盐混合物，可冷至－20℃。它是按照碎冰∶食盐＝3∶1（质量比）的比例制成的。另可把干冰（固体 CO_2）加到甲醇、丙醇及其他溶剂中（需要小心，要猛烈起泡!），温度可降到－78℃。

如果上述的冷冻剂的效果都不理想，还可使用液氮，它可以冷却至－196℃。

如果要长期保持低温，就要使用冰箱。放在冰箱内的容器要塞紧，否则水汽会在物质上凝结，放出的腐蚀性气体也会侵蚀冰箱，容器要做好标记。几种不同的冰盐浴见表 2-25。

表 2-25 几种不同的冰盐浴

盐　类	100 份碎冰中盐的量/份	能够达到的最低温度/℃
NH_4Cl	35	－15
	50	－18
$NaNO_3$	33	－21
	100	－29
NaCl	125	－40
$CaCl_2 \cdot 6H_2O$	150	－49
	41	－9

（5）温度的测量

温度计（图 2-27）是实验室中用来测量温度的仪器。其中利用物质的体积、电阻等物理性质与温度的函数关系制成的温度计为接触式温度计。测温时必须将温度计触及被测体系，使温度计和被测体系达成热平衡，二者温度相等，从而由被测物质的特定物理参数直接或间接地换算成温度。如水银温度计就是根据水银的体积直接在玻管上刻以温度值的。每只温度计都有一定的测温范围，水银温度计可用于－30～360℃区间；测量低于－30℃，甚至于－200℃温度区间的温度时，可以使用封在玻管中的不同的烃类化合物温度计；若要测量高温时可用热电偶或辐射高温计等来测量。

在利用温度计测量温度时应该注意：

① 根据所测温度的高低选择合适的温度计，实验室中常用的水银温度计有 0～100℃、0～250℃、0～360℃三种规格，例如要测量温度在 200℃左右时，最好选择 0～250℃的温度计，而不要选 0～100℃（易胀破）或 0～360℃（精度差）的温度计。

② 根据实验要求选择合适精度的温度计，如利用冰点下降法测化合物的分子量时，最好选用刻度为 1/10 的温度计，可准确测到 0.01℃。对于一般的温度，则没有必要使用如此高精度的温度计（价格偏高）。

③ 利用温度计测量时，要使温度计浸入液体的适中位置，不要使温度计接触容器的底部或侧壁。

④ 不能将温度计当搅拌棒使用，以免水银球碰破。

⑤ 刚刚测量过高温的温度计取出后不能立即用凉水冲洗，也不要放置在温度较低的水泥台上，以免水银球炸裂。

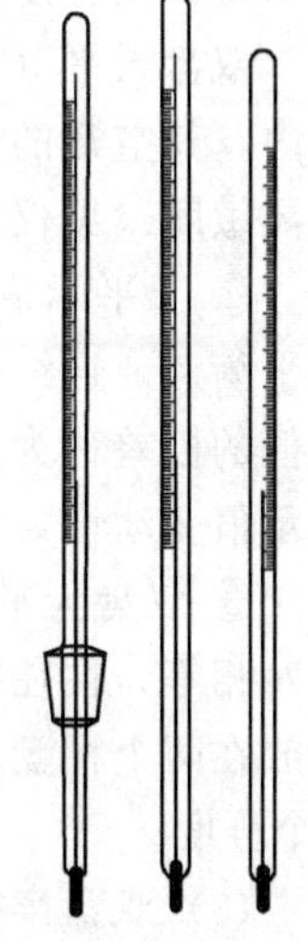

图 2-27 温度计

⑥ 使用温度计时要轻拿轻放，不要随意甩动。温度计不慎被打碎后，要立即告诉指导教师，洒出的水银应立即回收，不能回收者，要立即用硫黄覆盖清扫。

2.2.4 称量技术

2.2.4.1 掌握分析天平的工作原理及使用方法

（1）分析天平的分类及构造原理

① 根据天平的构造，可分为机械天平和电子天平。

② 根据天平的使用目的，可分为通用天平和专用天平。

③ 根据天平的分度值大小，可分为常量天平（0.1mg）、半微量天平（0.01mg）、微量天平（0.001mg）等。

④ 根据天平的精度等级，分为三级：

Ⅰ——特种准确度（精细天平）；

Ⅱ——高等准确度（精密天平）；

Ⅲ——中等准确度（商用天平）。

⑤ 根据天平的平衡原理，可分为杠杆式天平、电磁力式天平、弹力式天平和液体静力平衡式天平四大类。

杠杆式天平是根据杠杆原理制成的一种精密衡量仪器，是用已知质量的砝码来衡量被称量物的质量。有等臂和不等臂两种。

常用的半机械加码电光天平就是等臂分析天平中的一种，它的横梁用三个玛瑙三棱体的锐边（刀口）分别作为支点（刀口朝下）和力点（刀口朝上），这三个刀口必须完全平行并且位于同一水平面上。

（2）分析天平的质量和计量性能的检定

分析天平的质量指标主要有：灵敏度、不等臂性和示值变动性。

天平安装后或使用一定时间后，都要对其质量或计量性能进行检查和调整，天平的正规检定应按国家计量部门的标准进行。主要检定项目有分度值、示值变动性和不等臂性。天平的灵敏度在文献中也常用感量来表示。感量与灵敏度互为倒数。感量就是分度值。三者之间的关系：分度值＝感量＝1/灵敏度。

① 分析天平的灵敏度。灵敏度是指天平的一个盘上增加一定重量时，天平指针所偏转的角度，用分度值来表示。一定的重量下，指针偏转角度愈大，天平的灵敏度愈高。

双盘天平（TG 328B 型号），在左盘上加 10mg 标准砝码，如果平衡位置在 99～101 分度内，其空载的分度值误差就在国家规定的允差之内。测定结果若超出这个范围，就应调整其灵敏度（见仪器说明书）。

② 天平示值变动性误差。天平在空载时所停的点，叫零点；而天平载重时所停的点，叫平衡点。连续多次测定天平空载和全载时标尺的平衡位置，往往会有微小的差别。各次测量值的极差称为天平的示值变动性 Δo（空载时）和 Δp（全载时），应连续测定 5 次。天平的示值变动性，一般要求允差在 1 个分度以内。

③ 双盘天平的不等臂性。由于双盘天平的支点刀与两个承重刀之间的距离不可能调到绝对相等，往往有微小的差异，由此产生的称量误差叫做不等臂性误差。将一对等量砝码分别放在两个秤盘上，测定天平的平衡位置，即可计算出天平的不等臂性误差。规定的允差为 3 个分度。

（3）双盘半机械加码电光天平的结构

各种型号的等臂天平，其构造和使用方法大同小异，现以 TG 328B 型（图 2-28）为例，介绍这类天平的结构和使用方法。

① 结构。

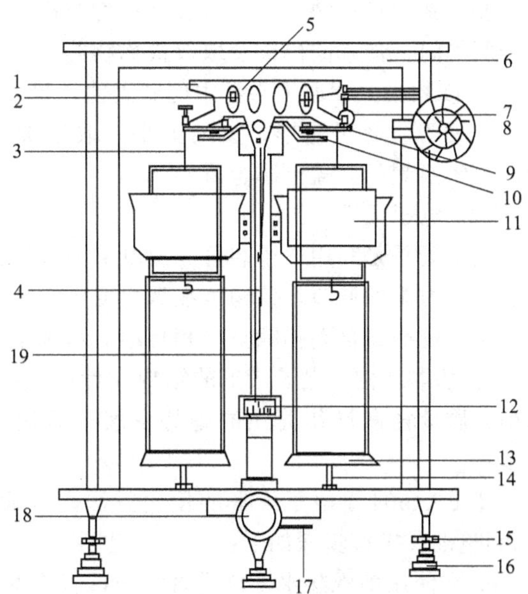

图 2-28 半机械加码双盘电光分析天平结构

1—梁；2—平衡螺丝；3—吊耳；4—指针；5—支点刀；6—天平箱；7—圈形砝码；8—指数盘；9—支刀销；10—折叶；11—阻尼器；12—投影屏；13—秤盘；14—盘托；15—螺旋脚；16—垫脚；17—调零杆；18—升降旋钮；19—立柱

a. 天平横梁：是天平的主要部件，一般用铝合金制成。三个玛瑙刀等距安装在梁上，梁的两端装有两个平衡铊，用来调节横梁的平衡位置（即粗调零点），梁的中间装有垂直向下的指针，用于指示平衡位置。支点刀的后上方装有重心铊，用于调整天平的灵敏度。

b. 天平立柱：安装在天平底板上，柱的上方嵌有一块玛瑙平板，与支点刀口相接触。柱的上部装有能升降的托梁架（托翼），关闭天平时它托住横梁，与刀口脱离接触，以减少磨损。柱的中部装有空气阻尼器的外筒。

c. 悬挂系统：将吊耳、空气阻尼器以及秤盘等悬挂在相应位置。

d. 读数系统：指针下端装有缩微标尺，光源通过光学系统将缩微标尺上的分度线放大，再反射到光屏上，从屏上可看到标尺的投影，中间为零，左负右正。光屏中央有一条垂直刻度线，标尺投影与该线重合处即天平的平衡位置。天平箱下的调屏拉杆可将光屏在小范围内左右移动，用于细调天平的零点。

e. 升降旋钮：位于天平底板正中，它连接托翼、盘托和光源开关。开启天平时，顺时针旋转升降旋钮，托翼即下降，三个刀口与相应的玛瑙平板接触，使吊钩及秤盘自由摆动，同时接通电源，天平进入工作状态。停止称量时，反时针旋转升降旋钮，横梁、吊耳以及秤盘被托住。刀口与玛瑙平板脱离，电源切断，天平进入休息状态。

f. 机械加码装置：转动圈码指数盘，可使右盘增加 10～990mg 圈形砝码。内层为 10～90mg 组，外层为 100～900mg 组。

g. 砝码；每台天平都附有一盒配套使用的砝码，取用砝码时要用镊子，用完及时放回盒内盖严。

② 使用方法及注意事项。分析天平是精密仪器，使用时要认真、仔细，按操作规程进行。

a. 准备：取下防尘罩，叠好放在指定位置；检查天平是否正常；是否水平；秤盘是否洁净；圈码指数盘是否在“000”位；圈码是否脱位等。

b. 调零点：接通电源，轻轻开启升降旋钮，标尺稳定后，观察屏中央刻线与标尺上“0”线是否重合，若不重合，拨动调屏拉杆，移动屏幕位置进行调整；若调屏拉杆调整不到零点，需调节横梁上的平衡铊。

c. 称量：欲称量物先在台秤上粗称，然后放到天平左盘中心，加码至粗称数据的克数。半开天平，观察标尺指针走向。克组调定后，再依次调定 100mg 组、10mg 组。最后完全开启天平，准备读数。

要特别注意加减砝码、取放称量物时都必须在天平的关闭状态下进行，操作升降旋钮、打开两侧门、加减砝码以及取放被称物等，要轻、缓，不可用力过猛。

d. 读数：先读取天平盘中的砝码值，再读取圈码值，最后读取标尺上的数值。

e. 复原：称量完毕，关闭天平。取出被称量物，砝码放回盒内，圈码盘退回“000”位，关闭两侧门，盖上防尘罩。

（4）电子天平

电子天平是利用电子装置完成电磁力补偿的调节，使物体在重力场中实现力的平衡，或通过电磁力矩的调节，使物体在重力场中实现力矩的平衡。电子天平最基本的功能是自动调零、自动校准、自动扣除空白和自动显示称量结果。

① 基本结构。电子天平的结构设计一直在不断改进和提高，向着功能多、平衡快、体积小、质量轻和操作简便的趋势发展。但就其基本结构和称量原理而言，各种型号都差不多。

② FA1604 型电子天平的使用方法。一般情况下，只使用开/关键、除皮/调零键和校准/调整键。操作步骤如下：

a. 在使用前观察水平仪是否水平，若不水平，需调整水平调节脚。

b. 接通电源，预热 60min 后方可开启显示器。

c. 轻按 ON 键，显示屏全亮，出现÷888888%g，约 2s 后，显示天平的型号，然后是称量模式。

d. 如果显示不是 0.0000g，则需按一下 TAR 键。

e. 将容器（或被称量物）轻轻放在秤盘上，待显示数字稳定并出现质量单位“g”后，即可读数，并记录称量结果。若需清零、去皮重，轻按 TAR 键，显示消隐，随即出现全零状态，容器质量显示值已去除，即为去皮重；可继续在容器中加入药品进行称量，显示出的是药品的质量；当拿走被称量物后，就出现容器质量的负值。

f. 称量完毕，取下被称量物，按一下 OFF 键（如不久还要称量，可不拔掉电源），让天平处于待命状态；再次称量时按一下 ON 键就可使用。最后使用完毕，应拔下电源插头，盖上防尘罩。

2.2.4.2 掌握直接称量法的基本操作

加重法（直接称量法）：称一橡皮塞的质量 m_3。

① 在台秤上粗称一个洁净干燥的 150cm^3 锥形瓶及锥形瓶＋橡皮塞的质量。

② 将已粗称质量的锥形瓶放在天平上准确称其质量 m_1。

③ 将已粗称质量的锥形瓶＋橡皮塞放在天平上准确称其质量 m_2。

$$橡皮塞的质量：m_3 = m_2 - m_1$$

2.2.4.3 掌握差减称量法的步骤及方法

减重法（又称差减法）：称出 0.4～0.6g 的 $K_2Cr_2O_7$。

① 取洁净干燥的称量瓶，内装约 2g $K_2Cr_2O_7$，按上述方法先在分析天平上称其准确质量 m_1。

② 从称量瓶中小心倾出 0.4～0.6g $K_2Cr_2O_7$ 于一洁净干燥的小烧杯中，然后再称出称量瓶与剩余的 $K_2Cr_2O_7$ 的质量 m_2，计算称出的 $K_2Cr_2O_7$ 质量（如果小于 0.4g，可再倾一次，再称量，直至倾出的 $K_2Cr_2O_7$ 质量在 0.4～0.6g 范围内为止）。见图 2-29。

③ 如果采用电子天平称量，则只要准确称出称量瓶与 $K_2Cr_2O_7$ 的总质量，按除皮/调零键去皮后，再按②的步骤进行，倾出的 $K_2Cr_2O_7$ 质量直接以负值显示在电子天平的屏幕

上。要求 2～3 次倾出 0.4～0.6g。电子天平屏幕上显示的绝对值即倾到小烧杯中的 $K_2Cr_2O_7$ 质量数 m。

2.2.5 试剂的取用及溶液的配制

2.2.5.1 了解化学试剂的技术等级及存放方法

试管的等级：化学试剂的规格是以其中所含杂质的多少来划分的，一般可分为四个等级，其规格和适用范围见表 2-26。

称量瓶拿法

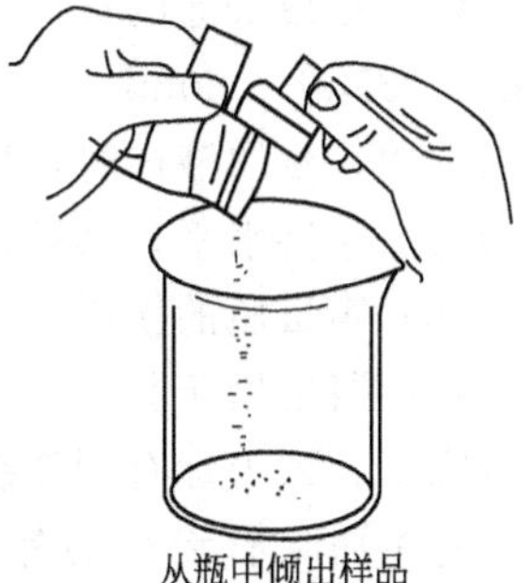

从瓶中倾出样品

图 2-29 称量瓶的使用

表 2-26 试剂规格和适用范围

等级	名称	英文名称	符号	适用范围	标签标志
一级品	优级纯(保证试剂)	guaranteed reagent	G. R.	纯度很高，适用于精密分析工作和科学研究工作	绿色
二级品	分析纯(分析试剂)	analytical reagent	A. R.	纯度仅次于一级品，适用于多数分析工作和科学研究工作	红色
三级品	化学纯	chemical pure	C. P.	纯度较二级品差些，适用于一般分析工作	蓝色
四级品	实验试剂(医用)	laboratorial reagent	L. R.	纯度较低，适于用作实验辅助试剂	棕色或其他颜色

此外，还有生物试剂、光谱纯试剂、基准试剂、色谱纯试剂等。

光谱纯试剂（符号 S. R.）中的杂质含量用光谱分析法已测不出或者杂质的含量低于某一限度，这种试剂主要用来作为光谱分析中的标准物质。

基准试剂的纯度相当于高于优级纯（保证试剂）。基准试剂用作滴定分析中的基准物质是非常方便的，也可用于直接配制标准溶液。

在分析工作中，选择试剂的纯度除了要与所用方法相当外，其他如实验所用的水、操作器皿也要与之相适应。若试剂都选用 G. R. 级的，则不宜使用普通的蒸馏水或去离子水，而应使用经两次蒸馏制得的重蒸馏水。对所用器皿的质地也要求较高，使用过程中不应有物质溶解到溶液中，以免影响测定的准确性。

2.2.5.2 掌握量筒、移液管和容量瓶的使用方法

实验中用于量度液体试剂体积的仪器统称为容量仪器。常见的容量仪器有：量杯、量筒、吸量管、移液管、滴定管等，量杯、量筒、吸量管、滴定管等有分刻度，最小分刻度为 0.1mL 或 0.2mL；移液管、容量瓶等只有刻度，当液体充满到刻度标线时，液体体积恰好与瓶上所注明的体积相等。

容量仪器一般比较细长，其中一个目的是为了提高量度的准确性。盛装液体后液面一般都呈弯月形（凹液面）。读取容量时，常以凹液面的最低点为准，即以凹液面最低点与刻度线水平相切的刻度为液体体积的读数。

容量仪器一般除标明容积外，并标有使用温度（如 20℃），不能用来量度与使用温度相差太大的液体，不能加热，更不能作反应器用。

下面分别介绍量筒、容量瓶、移液管、滴定管的使用方法。

(1) 量筒的使用

量筒是最普通的量取液体的仪器，它是一种厚壁的、有刻度的玻璃圆筒，量筒的体积有10mL、25mL、50mL、100mL、500mL、1000mL 等数种。实验中应根据所取液体的容量大小来选用，量取液体时，用拇指和食指拿住量筒的上部，让量筒竖直，使视线与量筒内凹液面最低点保持水平，然后读出量筒上的刻度，视线偏高或偏低都会造成误差。

(2) 容量瓶的使用

容量瓶常用于制备一定体积的准确浓度的溶液，它是一种细颈梨形的平底玻璃瓶，带有磨口塞子，颈上标有刻度线和使用温度。

容量瓶除有无色的外还有棕色的，供制备避光的溶液。容量瓶的规格（mL）有：5，10，25，50，100，200，500，1000，2000。根据制备的溶液量的大小选用。

用容量瓶配制溶液时，一般先将溶质在烧杯中用少量溶剂溶解，再沿玻璃棒（常简称为玻棒）转移到容量瓶中，烧杯用少量溶剂冲洗 2～3 次并入瓶中，然后一边加溶剂一边摇动容量瓶，使溶液逐步稀释，见图 2-30。这样，可避免混合后体积的变化，当稀释至溶液面接近标线时，应等待 1～2min，使附在瓶颈内壁的溶剂流下，并消除了液面上的小气泡后，再逐滴加入溶剂恰至刻度，即凹液面最低点和标线相切。这时溶液还是不均匀的，必须将容量瓶塞好塞子，反复倒置并用力摇动几次，使溶液充分混合均匀。

注意事项：①容量瓶使用前先检查瓶塞是否漏水；②烧杯、容量瓶使用前要洗净，并用蒸馏水漂洗 2～3 次；③配好的溶液不要储存在容量瓶中；④用后及时用水洗净。

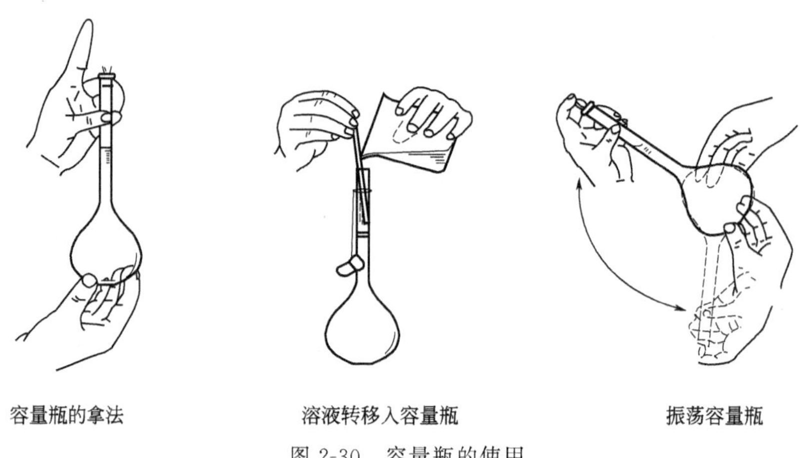

容量瓶的拿法　　溶液转移入容量瓶　　振荡容量瓶

图 2-30　容量瓶的使用

(3) 移液管的使用

移液管用于量取一定体积的液体，常用有刻度直管式和单标线胖肚式，前者称为吸量管，后者称为移液管，两者的使用方法基本相同。

移液管常用规格为 20mL 和 25mL，使用温度为 20℃或 25℃。

移液管使用前，应把它洗净。即依次用洗液、自来水、蒸馏水洗至内壁不挂水珠为止。然后用欲移取的溶液盥洗 2～3 次。

移液管吸取液体时，用右手拇指和中指拿住移液管上端管口下 2～3cm 处，使管下端伸入液面下 2～3cm（不应伸入太深，以免外壁沾有过多液体，但也不应太浅，以免液面下降时吸入空气），左手将洗耳球捏紧（赶走空气）后，将洗耳球的小口对准移液管管口并慢慢放松，缓缓地吸上液体。见图 2-31。注意移液管中液面上升的情况，也要注意使移液管随容器中液面下降而往下伸，当液体从移液管上升到刻度标线以上 1～2cm 时，迅速移开洗耳球，用右手食指堵住上部管口。提起移液管，将移液管下端靠在容器壁上，稍松食指，同时用拇指及中指轻轻转动管身，使液面缓慢、平稳地下降，直到溶液的弯月面最低点与标线相切，立即停止转动并按紧食指，使液体不再流出，取出移液管移入准备接受溶液的容器中，仍使其出口尖端接触器壁，并让接受容器倾斜而使移液管直立。右手拇指及中指继续拿住移液管，抬起食指，使液体自由地顺器壁流下。待全部液体流尽后约等 15s，然后取出移液管，不要将移液管中最后一滴吹出。

移液管用完后，应立即放在专用架上，不可在桌上乱放，短时间内不再用它吸取同一溶液时，应立即洗净后放回原处。

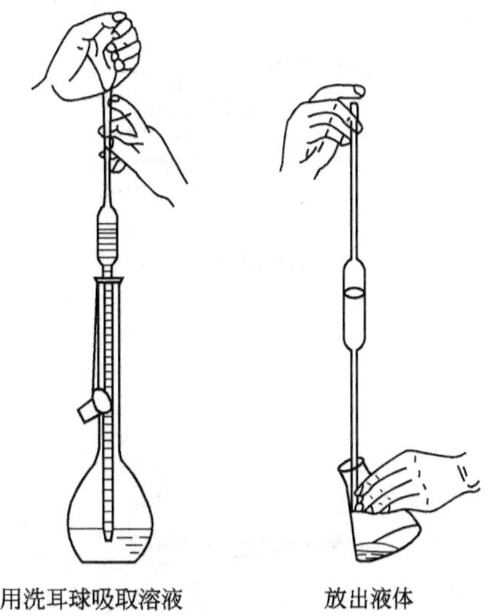

图 2-31　移液管的使用

(4) 滴定管的使用

滴定管是专门用于滴定实验的较精密的玻璃仪器。按容量分为普通滴定管和微量滴定管，普通滴定管最大容量为 100mL，最小分度为 0.02～0.1mL，微量滴定管最大容量为 10mL，最小分度可在 0.05mL 以下，微量滴定管的滴定度更精确。无机化学实验中常用普通滴定管。

普通滴定管按使用要求分为两种：一种是酸式的，另一种是碱式的。见图 2-14。酸式滴定管下部带有磨口玻璃活塞，洗涤前要涂上凡士林，并缚以橡皮筋或套橡皮圈，以免活塞滑出。酸式滴定管用于装酸性溶液、氧化还原性溶液和盐溶液。碱式滴定管下端用一小段胶管将滴头和管身相接，胶管内放一种比胶管内径稍大的小玻璃球。用于碱性溶液，溶液装满管柱后，需要将胶管中的空气排出，再装足滴定液及调至整数刻度。

滴定操作之前的准备工作如下：

① 酸式滴定管的旋塞涂凡士林。

② 洗涤。当滴定管无明显污染，可用肥皂或洗涤剂刷洗，若仍洗不干净再用铬酸洗液洗，洗至不挂水珠，然后再用蒸馏水盥洗，最后用待装液荡洗 2～3 次。

③ 装液和排除滴定管下端气泡。将溶液直接从试剂瓶移入滴定管中，到刻度“0”以上，开启旋塞或挤压玻璃球，驱逐出滴定管下端的气泡，将酸式滴定管稍微倾斜，开启旋塞，气泡随溶液流出而被逐出，然后将多余的溶液滴出，使管内溶液处在“0.00”刻度处。

滴定操作：通常把酸管夹在滴定管的右边，活塞柄向外，碱管夹在左边。开始滴定前，先将悬挂在滴定管尖端的液滴除去，读下初读数，将滴定管的下端尖嘴伸入锥形瓶中，右手持锥形瓶，左手旋动活塞或挤玻璃球处的橡皮管，旋动活塞时，左手要将活动塞拢在手中，用拇指、食指和中指轻轻转动，这样不易将活塞抽出，右手所持的锥形瓶要不停地轻轻摇动，滴定时要注意控制溶液滴出的快慢。见图 2-32。

滴定管的读数方法要正确，否则会产生滴定误差。

2.2.5.3　掌握化学试剂的取用及溶液的配制方法

(1) 试剂取用

① 液体试剂的取用。从试剂中倾出液体试剂时，把瓶塞倒放在桌上，右手握住瓶子使试剂瓶标签朝向手心，以瓶靠紧容器边沿，让液体沿着器壁缓缓倾出所需的液体，若使用容器为烧杯，则倾注液体时可用玻璃棒引入。见图 2-33。倒完试剂后，立即将瓶塞塞好，瓶盖盖上。

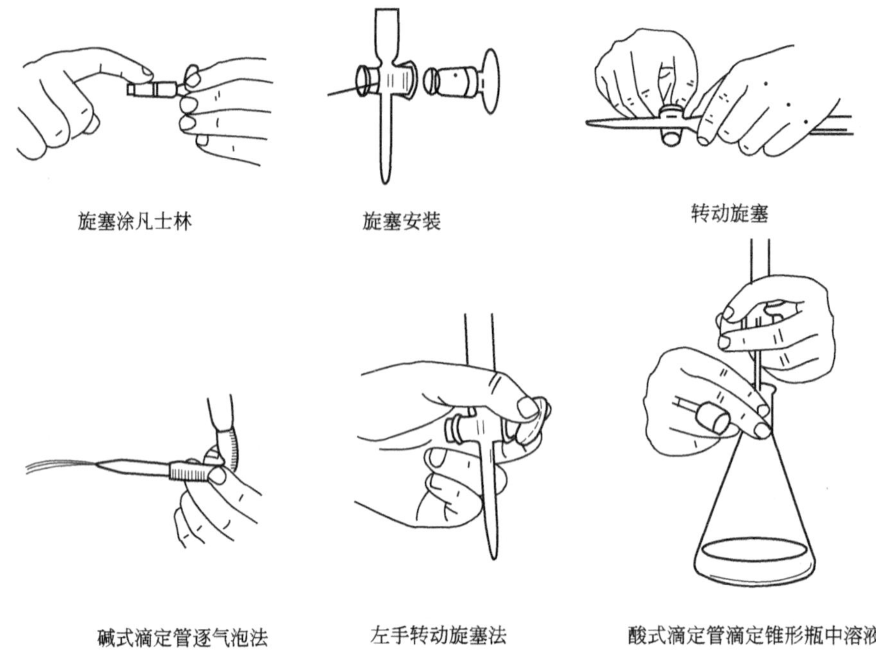

图 2-32 滴定管的操作

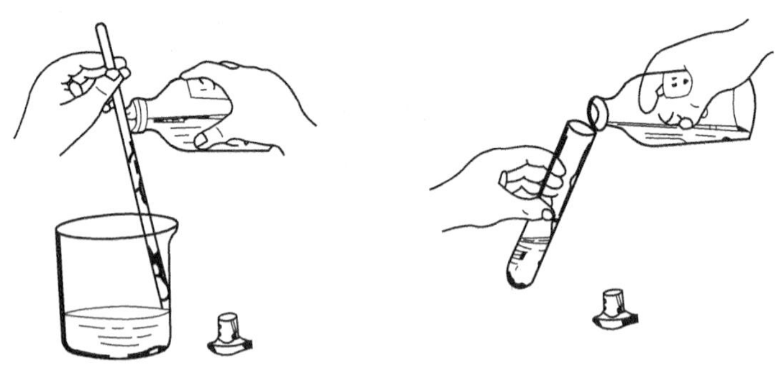

图 2-33 倾注法取用液体

取用滴瓶中的试剂时，先垂直提起滴管，离开液面，紧捏橡皮吸头，排出空气；然后把滴管伸入试剂中，放松手指，吸入试剂，再提起滴管，取走试剂，往容器（如试管）中滴加试剂时，滴管必须保持竖直，管口不可接触承接容器的内壁。往试管中滴加试剂时，不许将滴管伸入试管中，以免触及试管壁面而沾污药品，滴管加完试剂及时插回原试剂瓶，严禁乱丢乱放。滴管使用方法见图 2-34。

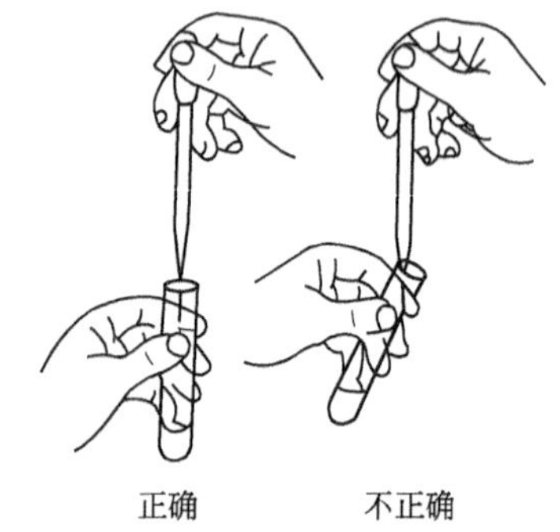

图 2-34 用滴管将试剂加入试管中

② 固体试剂的取用。固体试剂要用干净的药匙取用，药匙的两端分别为大小两个匙，取较多的试剂时用大匙，取少量的试剂用小匙，用过的药匙必须立即洗净擦干，以备取用其他试剂。往试管特别是湿试管中加入固体试剂时，可用药匙伸入试管约 2/3 处，或将取出的药品放在一张对折的纸条上，再伸入试管中，块状固体则沿管壁慢慢滑下。见图 2-35。

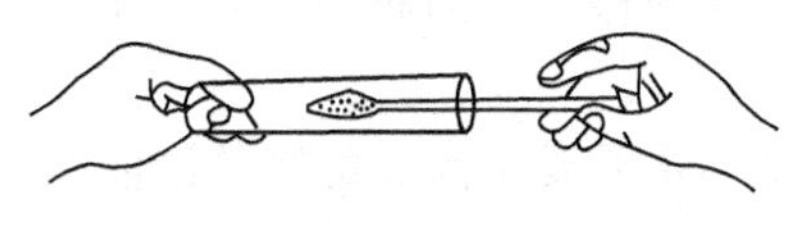

用药匙往试管里送入固体试剂

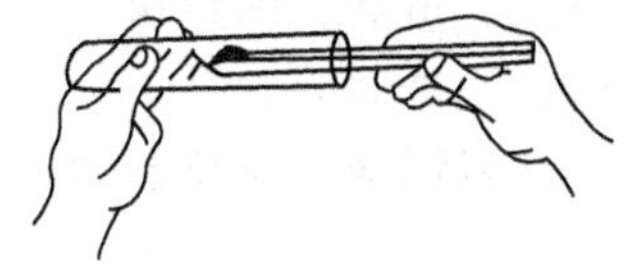
用纸槽往试管里送入固体试剂

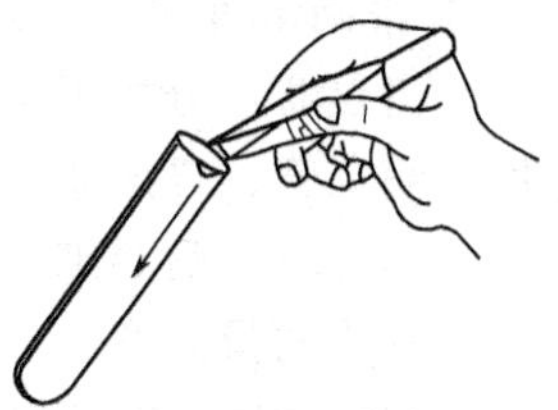
块状固体沿管壁慢慢滑下

图 2-35 固体试剂的取用

不要超过指定用量取药，多取的药品不能倒回原瓶，可放在指定的容器中供他人使用，未指明用量时，应尽量少取。取用试剂后，应立即将瓶盖盖好，拧紧，并将试剂瓶放回原处。

(2) 溶液配制

溶液配制是化学实验中的基本操作之一，是化学工作者应该具备的能力。

化学实验中所用到的溶液有两类：一类是用来验证物质化学性质，或用来控制化学反应的条件，其浓度要求不必准确到四位有效数字，这类溶液称为一般溶液；另一类是用来测定物质含量的具有准确浓度的溶液，称为标准溶液。

① 一般溶液的配制。

配制溶液的浓度表示方法有：质量分数，物质的量浓度，比例浓度等；

配制所需的仪器有：台秤，量筒，烧杯，试剂瓶，玻璃棒。

a. 由固体试剂配制用质量分数和物质的量浓度表示的溶液。

先计算配制一定质量或一定体积溶液所需固体试剂的用量，用台秤称取所需固体的量。放在烧杯中，再用量筒量取蒸馏水注入烧杯中，搅动，使固体完全溶解，即得所需的水溶液。将溶液倒入试剂瓶里，贴上标签，备用（溶剂水可视为 $1000kg/m^3$）。

b. 由液体试剂（或浓溶液）配制比例浓度和物质的量浓度表示的溶液。

比例浓度溶液的配制：按体积比，用量筒量取液体（或浓溶液）和溶剂的用量，在烧杯中将二者混合，搅动均匀，即得所需的体积比溶液。将溶液转移到试剂瓶里，贴上标签，备用。

物质的量浓度的配制：先用比重计测量液体（或浓溶液）的相对密度，从有关的表中查出其相应的质量浓度，算出配制一定体积物质的量浓度溶液所需的液体（或浓溶液）的用量，用量筒量取所需的液体（或浓溶液）加到装有蒸馏水（需计量）的烧杯中，搅动使其混合均匀，如果溶液发热，需冷却至室温后，再转入试剂瓶中，贴上标签，备用。

比重计的使用方法。

比重计是用来测定溶液相对密度的仪器。它是一支中空的玻璃浮柱，上部有刻度线，下部为一重锤，内装铅粒，根据溶液相对密度的不同而选用相适应的比重计。通常将比重计分为两种，一种是测量相对密度大于 1 的液体，称为重表，另一种是测量相对密度小于 1 的液体，称为轻表。

测定液体相对密度时，将欲测液体注入大量筒中，然后将清洁干燥的比重计慢慢放入液体中，为了避免比重计在液体中上下浮动和左右摇摆，与量筒壁接触以致打破，故在浸入时，应该用手扶住比重计的上端，并让它浮在液面上，待比重计不再摇动且不与器壁相碰时，即可读数，读数时视线要与凹面最低处在同一水平。用完比重计洗净，擦干，放回原盒内。

② 准确浓度溶液（即标准溶液）的配制。

所需仪器：分析天平、容量瓶、量筒、称量瓶、烧杯、玻璃棒、试剂瓶等，另外还有标定用的滴定管、锥形瓶、移液管、洗耳球等。

操作要求：耐心细致，处处注意清洁，对仪器的洁净度和水质要求高。配制的溶液浓度一般为物质的量浓度。

配制的方法：有两种，直接法和间接法。

a. 直接法。当物质的纯度很高。即杂质含量可以忽略不计；化学组成完全与化学式符合；性质稳定。凡符合这些条件的物质才能采取直接法配制溶液。

配制方法：先算出配制给定体积的准确浓度溶液所需固体试剂的用量，在分析天平上准确称出，放在干净的烧杯中，加适量蒸馏水使其完全溶解，将溶液转移到容量瓶中，用少量蒸馏水洗涤烧杯 2～3 次，每次洗涤均需移入容量瓶中，再加蒸馏水至标线处。盖上塞子将溶液摇匀即成所配溶液。然后将溶液移入试剂瓶中，贴上标签，备用。

b. 间接法。间接法也叫标定法。

许多物质不符合上述条件，如 NaOH 很容易吸收空气中的 CO_2 和水分，因此，称得的物质不能代表纯净 NaOH 的质量，盐酸易挥发也很难知道其中 HCl 的准确含量，$KMnO_4$、$Na_2S_2O_3$ 等均不易提纯，且见光分解，均不宜用直接法配成准确浓度的溶液，而要用间接法（或标定法）。

间接配制溶液的方法和直接法相同，但溶液的准确浓度必须用“基准物质”（符合上述条件的物质）或用另一种物质的标准溶液来测定。

准确浓度的溶液（或标准溶液）的配制要求和方法必要时可参考实验教材。

2.2.6 固液分离技能

2.2.6.1 溶液的蒸发(浓缩)、结晶

(1) 蒸发（浓缩）

为了使溶质从溶液中析出晶体，常采用加热的方法使水分不断蒸发，溶液不断浓缩而析出晶体。

蒸发通常在蒸发皿中进行，因为它的表面积较大，有利于加速蒸发。注意加入蒸发皿中的液体量不得超过其容量的 2/3，以防液体溅出。如果液体量较多，蒸发皿一次盛不下，可随水分的不断蒸发而继续添加液体，不要使蒸发皿骤冷，以免炸裂。

根据物质对热的稳定性可以选用灯焰直接加热。当物质的溶解度较大时，应加热到溶液表面出现晶膜时，停止加热。物质的溶解度较小或高温时溶解度较大而室温时溶解度较小时，不必蒸至液面出现晶膜就可以冷却。

(2) 结晶

当蒸发到了一定程度（或饱和程度）时，如将溶液冷却，则有溶质晶体析出。加入一小粒晶体或搅动溶液亦能促使晶体析出，但纯度不高，因为连接着大颗粒晶体的间隙中有母液或别的杂质，以致影响了纯度，如将溶液迅速地冷却或加以搅动，则得到的晶体颗粒较小，但纯度较高。

在无机制备中，为了提高制备的纯度常要求制得较小的晶体。相反，为了研究晶体的形态，则希望得到足够大的晶体。

假如第一次得到的晶体纯度不合乎要求，则可在所得晶体中加尽可能少的蒸馏水溶解，然后进行蒸发、结晶、分离，这样，第二次结晶得到的晶体一般就能合乎要求。这种操作过程就是重结晶，对有些物质的精制，也可能需要几次重结晶，物质的产量和产率有所下降。

2.2.6.2 过滤操作

在元素的制备和提纯中，分离原料处理后的残渣、提纯中的杂质、最终产品等均需通过过滤来实现。过滤方法有常压过滤和减压过滤。

(1) 常压过滤

滤器为锥形玻璃质漏斗，过滤介质为滤纸。

① 滤器和漏斗的选择。滤纸分定性滤纸和定量滤纸两种，在无机制备和提纯中常用定性滤纸。滤纸一般为圆形，用四方纸盒装。按直径分，有 11cm、9cm、7cm 等规格；按滤纸空隙大小分，有快速、中速、慢速三种。根据沉淀的性质选择合适的滤纸，如细晶形沉淀，应选用“慢速”滤纸过滤；胶状沉淀，选用“快速”滤纸过滤；粗晶形沉淀，选用“中速”滤纸过滤。根据沉淀量的多少选择滤纸及漏斗的大小。

表 2-27 所列为北京滤纸厂生产的滤纸规格。

表 2-27 滤纸规格举例

编号	102	103	105	120	127	209	211	214
类别	定量滤纸				定性滤纸			
灰分	0.02mg/张				0.2mg/张			
滤速/(s/100mL)	60～100	100～160	160～200	200～240	60～100	100～160	160～200	200～240
滤速区别	快速	中速	慢速	慢速	快速	中速	慢速	慢速
色带标志	蓝	白	红	橙	蓝	白	红	橙

② 过滤方法。

a. 滤纸的折叠（图 2-36）。折叠滤纸的手要洗净擦干。先对折并按紧，滤纸的大小应低于漏斗边缘 0.5～1cm 左右，折好的滤纸应与漏斗内壁紧密贴合，若未贴合紧密，适当改变滤纸的折叠角度，直至与漏斗贴紧后，把第二次的折边按紧，取出圆锥形滤纸，将半边为三层滤纸的外层折角撕下一块，这样可以将内层滤纸紧密贴在漏斗内壁上，撕下的那一块滤纸，保留作擦拭烧杯内残留的沉淀用。

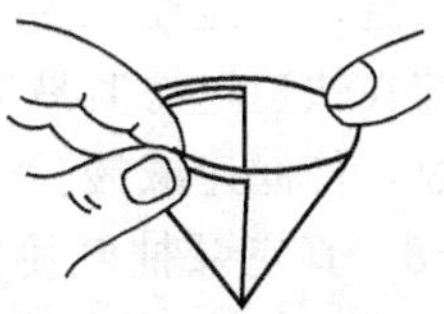

图 2-36 滤纸的折叠

b. 做水柱。折好的滤纸放入漏斗，用手按紧使之紧合，然后用洗瓶水加水润湿全部滤纸，用手轻压滤纸赶出滤纸与漏斗壁间的气泡，然后加水至滤纸边缘，此时漏斗颈内应全部充满水形成水柱。滤纸上的水已全部流尽后，漏斗颈内的水柱仍能保住，这样，由于液体的重力可起抽滤作用，加快过滤速度。

做好水柱的漏斗应放在漏斗架上，下面用一个洁净的烧杯承接滤液。为了防止滤液外溅，一般都将漏斗颈出口斜口长的一侧贴紧烧杯内壁。漏斗位置的高低以过滤过程中漏斗颈的出口不接触为度。

c. 倾斜法过滤（图 2-37）。过滤一般分三个阶段进行：第一阶段采用倾斜法把沉淀上层清液先过滤出去，并将烧杯中的沉淀做初步洗涤；第二阶段把沉淀转移到漏斗上；第三阶段清洗烧杯和洗涤漏斗上的沉淀。

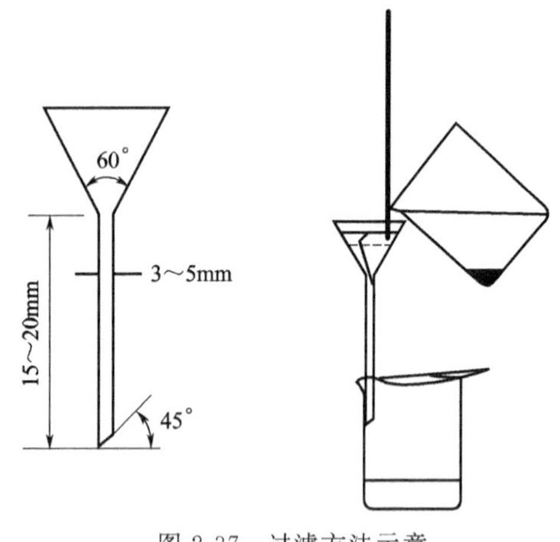

图 2-37 过滤方法示意

采用倾斜过滤的目的是为了避免沉淀过早地堵塞滤纸空隙，影响过滤速度。注意先将上层清液倾入漏斗中，而不是一开始就将沉淀和溶液搅混后过滤。

过滤时玻棒下端接近三层过滤纸的一边，慢慢倾斜烧杯，使上层清液沿玻棒流入漏斗中，漏斗中的液面不要超过滤纸高度的 2/3，或使液面离滤纸边缘 5mm，以免少量沉淀因毛细管作用越过滤纸上缘，造成损失。暂停倾注时，应沿玻棒将烧杯嘴往上提，逐渐使烧杯直立，这样才能避免留在玻棒端及烧杯嘴上的液滴流往外壁上去，玻棒放回原烧杯时，勿将清液搅混，也不要靠在烧杯嘴处。

上层清液倾斜完后，把烧杯中的沉淀做初步洗涤。洗涤液的选择应根据沉淀的类型而定，晶形沉淀可用冷的稀的沉淀剂进行洗涤，无定形沉淀用热的电解质溶液作洗涤剂（一般采用易挥发的铵盐溶液）；溶解度较大的沉淀，采用沉淀剂加有机溶剂作洗涤剂。

洗涤时，沿烧杯内壁周围注入少量洗涤液，每次 20mL 左右，充分搅拌，静置，待沉淀沉降后，按上法倾注过滤，如此洗涤沉淀 4～5 次。

d. 沉淀的转移。沉淀用倾斜法洗涤后，在盛有沉淀的烧杯中加入少量洗涤液，搅拌混合，全部倾入漏斗中。如此重复 2～3 次，最后，用洗瓶冲洗烧杯壁上附着的沉淀，使之全部转入漏斗中。

e. 沉淀的洗涤。沉淀转入漏斗后，再在滤纸上进行最后的洗涤，这时，用洗瓶从滤纸边缘稍下一些地方螺旋形向下移动冲洗沉淀，这样可使沉淀集中到滤纸锥体的底部，不可将洗涤液直接冲到滤纸中央沉淀上，以免沉淀外溅，洗涤次数按要求而定。

（2）减压过滤

此法可加速过滤，并能使沉淀抽吸得较干燥，但不宜用于过滤胶状沉淀和颗粒太小的沉淀。因为胶状沉淀在快速过滤时易透过滤纸，颗粒太小的沉淀易在滤纸上形成一层密实的沉淀，溶液不易透过，使滤速减慢。

装置见图 2-38，真空泵抽气使抽滤瓶（也叫吸滤瓶）内减压，因而瓶内与布氏漏斗液面上产生压力差，从而加快了过滤速度，抽滤瓶用来承接滤液，布氏漏斗为瓷质，底板上有许多小孔，漏斗管插入单孔橡皮塞，与抽滤瓶相接，漏斗管下方斜口朝向支管。安全瓶是为了防止当关闭真空泵时操作不当，产生反吸或倒吸现象，弄脏滤液或真空泵中的油。

抽滤操作。将滤纸剪到略小于布氏漏斗的内径，放入漏斗，并用蒸馏水润湿，稍开管道阀门，使抽滤瓶内减压，滤纸紧贴于漏斗上。然后开始过滤，固液混合物每次加入少量不要超过漏斗总容量的 2/3，抽空量由大到小试着开放，并用玻棒将沉淀铺平布满漏斗，继续抽吸至沉淀比较干燥为止。

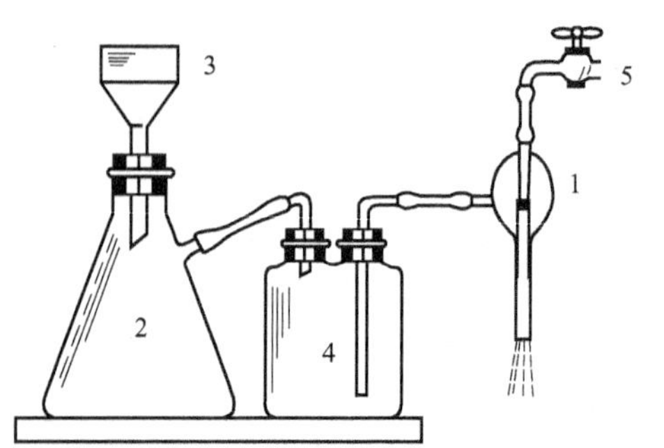

图 2-38 减压过滤装置

1—水泵；2—吸滤瓶；3—布氏漏斗；4—安全瓶；5—自来水

过滤完后，对沉淀要进行洗涤，先关闭抽气阀门，加入洗涤剂（加入量以全部沉淀盖没为限），再稍开抽气阀门，让洗涤剂慢慢透过全部沉淀。最后开大阀门，尽量抽干。重复洗涤操作，直到符合要求为止。

过滤完毕，需停止抽吸时，一定要先放空（即拔下与抽滤瓶相连的橡皮管，再关抽气阀），再取漏斗滤纸上的沉淀。

2.2.6.3 沉淀的洗涤、干燥和灼烧

（1）沉淀的洗涤

沉淀全部转移到滤纸上后，需在滤纸上洗涤沉淀，以除去沉淀表面吸附的杂质和残留的母液。洗涤的方法是自洗瓶中先挤出洗涤液，使其充满洗瓶的导出管，然后挤出洗涤液浇在滤纸的三层部分离边缘稍向下的地方，再盘旋地自上而下洗涤，并借此将沉淀集中到滤纸圆锥体的下部（图 2-39），切勿使洗涤液突然冲在沉淀上。

为了提高洗涤效率，每次使用少量洗涤液，洗后尽量沥干，然后再在漏斗上加洗涤液进行下一次洗涤，如此多洗几次。

沉淀洗涤至最后，用干净试管接取约 1mL 滤液（注意不要使漏斗下端触及下面的滤液），选择灵敏而又迅速显示结果的定性反应来检验洗涤是否完成。

过滤与洗涤沉淀的操作必须不间断地一次完成。若间隔较久，沉淀就会“干涸”，黏成一团，这样就几乎无法洗涤干净。

盛着沉淀或者滤液的烧杯，都应该用表面皿盖好。过滤时倾注完液体后，亦应将漏斗盖好，以防尘埃落入。

将沉淀转移至玻璃坩埚内的方法同上，只是必须同时进行抽滤，见图 2-40。

图 2-39 沉淀在漏斗中的洗涤

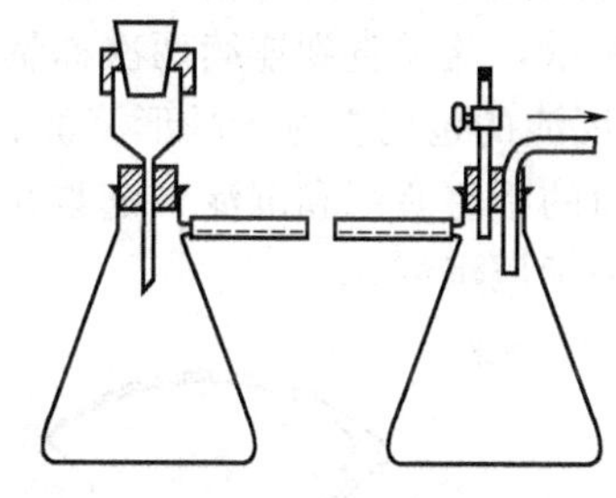

图 2-40 抽气过滤

（2）沉淀的干燥和灼烧

① 坩埚的准备。沉淀的灼烧是在洁净并预先经过两次以上灼烧而恒重的坩埚中进行的。坩埚用自来水洗净后，置于热的盐酸（去 Al_2O_3，Fe_2O_3）或铬酸洗液中（去油脂）浸泡十几分钟，然后用玻璃棒夹出，洗净并烘干，灼烧。灼烧坩埚可在高温炉内进行，也可将坩埚放在泥三角上（图 2-41），下面用煤气灯逐步升温灼烧。空坩埚一般灼烧 10～15min。

灼烧空坩埚的条件必须与以后灼烧沉淀时的条件相同。坩埚灼烧一定时间后，用预热的坩埚钳把它夹出，置于耐火板上稍冷（至红热退出），然后放入干燥器中。太热的坩埚不能立即放进干燥器中，否则与凉的瓷板接触时会破裂。坩埚钳应仰放在桌上。干燥器的使用见图 2-42。

由于坩埚的大小和厚薄不同，因而充分冷却也不同，一般约需 30～50min。冷却坩埚时干燥器应放在天平室内，同一实验中坩埚的冷却时间应相同（无论是空的还是有沉淀的）。

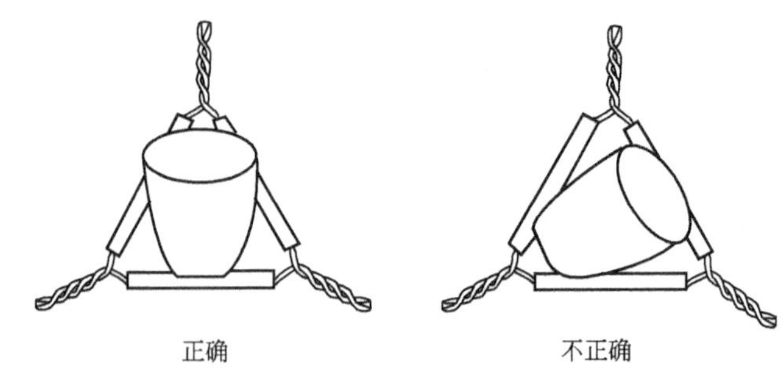

图 2-41　瓷坩埚在泥三角上的放置法

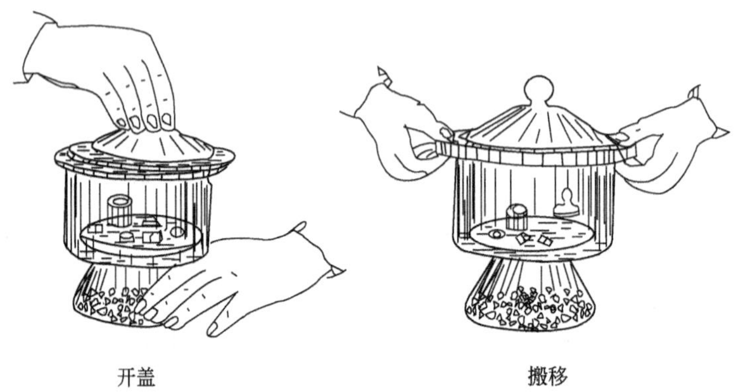

图 2-42　干燥器的使用

待坩埚冷至室温时进行称量，将称得的质量准确地记录下来，再将坩埚按相同的条件灼烧，冷却，称量，这样直到连续两次称量质量之差不超过 0.3mg，就可认为已达恒重。

② 沉淀的包裹。对于晶形沉淀，用顶端细而烧圆的玻璃棒，将滤纸的三层部分挑起，再用洗净的手将滤纸和沉淀一起取出，然后按图 2-43 所示的方法包裹。最好包得紧些，但不要用手指压沉淀。

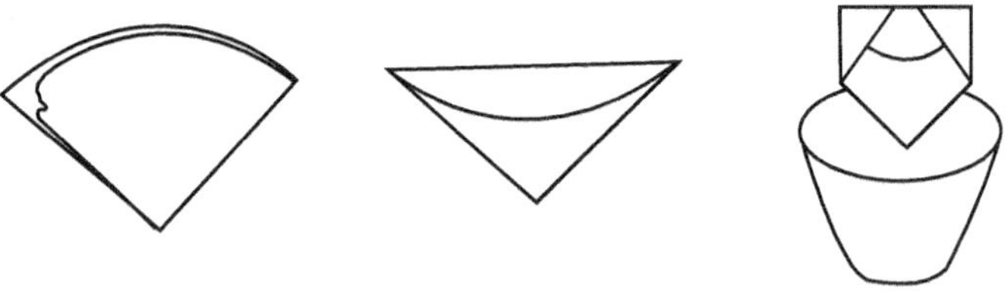

图 2-43　过滤后沉淀的包裹

对于胶状蓬松的沉淀，则在漏斗中进行包裹，即用搅拌棒将滤纸四周边缘向内折，把圆锥体敞口封上，如图 2-44 所示，然后取出，倒转过来，尖头向上，安放在坩埚中。

③ 沉淀的烘干，灼烧。把包裹好的沉淀放在已恒重的坩埚中，将坩埚斜放在泥三角上(其底部放在泥三角的一边，见图 2-45)。然后再把坩埚盖半掩地倚于坩埚口，如图 2-45 所示，这样便于利用反射焰将滤纸烟化。

先调节煤气灯火焰，用小火均匀地烘烤坩埚，使滤纸和沉淀慢慢干燥。这时温度不能太高，否则坩埚会因与水滴接触而炸裂。为了加速干燥，可将煤气灯火焰置于坩埚盖中心之下，加热后热空气流便反射到坩埚内部，而水蒸气从上面逸出。

待滤纸和沉淀干燥后，将煤气灯移至坩埚底部，稍微增大火焰，使滤纸炭化。注意温度

图 2-44 胶状沉淀的包裹

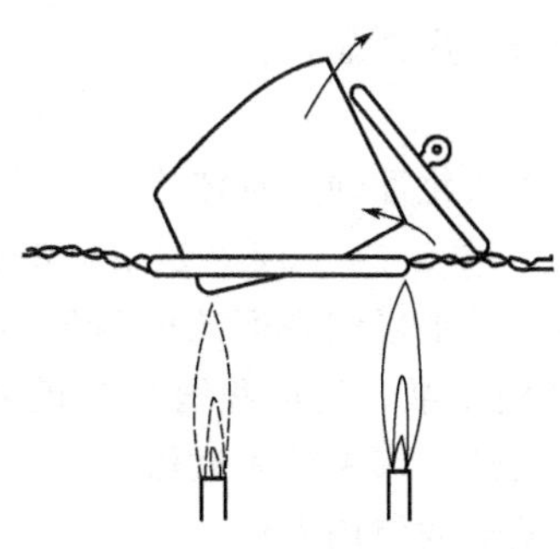

图 2-45 烟化滤纸的操作法

不能突然升高，否则坩埚中空气不足，会使滤纸变成整块炭，此大块炭如被沉淀包住，则以后很难完全炭化。炭化时不能让滤纸着火，以免沉淀微粒扬出。万一着火，应立即移去灯火，盖好坩埚盖，让火焰自行熄灭，切勿用嘴吹灭。

滤纸开始炭化后，逐渐升高温度，继续加热，使滤纸炭化。炭化也可在温度较高的电炉上进行。

滤纸炭化后，可将坩埚移入高温炉灼烧。根据沉淀性质，灼烧一定时间（如 $BaSO_4$ 为 15min）。冷却后称量，再灼烧至恒重。

2.2.6.4 灼烧后沉淀的称量

称量方法基本上与称量空坩埚时相同，但应尽可能称得快些，特别是对灼烧后吸湿性很强的沉淀更应如此。第二次称量时，可以先将砝码、环码按第一次所得称量值放好，然后再放在坩埚中，以加快称量速度。

带沉淀的坩埚，也是连续两次称量的结果相差在 0.3mg 才算达到恒重。

2.2.7 试纸的使用

在实验室中常用一些试纸来定性检验一些溶液的性质或某些物质是否存在，用起来操作简单、方便、快速，并具有一定的精确度。

(1) 试纸的种类

实验室所用的试纸种类很多，常用的有 pH 试纸、醋酸铅试纸、淀粉-碘化钾试纸和高锰酸钾试纸等。

① pH 试纸。pH 试纸用来检验溶液或气体的 pH 值，包括广泛 pH 试纸和精密 pH 试纸两大类别。广泛 pH 试纸的变色范围在 pH 值 1～14 之间，用来粗略估计溶液的 pH 值。精密 pH 试纸可较精密地估计溶液的 pH 值，根据其变色范围可以分为多种，如变色范围在 pH 值为 2.7～4.7、3.8～5.4、5.4～7.0、6.9～8.4、8.2～10.0、9.5～13.0 多种，根据待测溶液的酸碱性可选用某一变色范围的试纸（最好先用广泛 pH 试纸粗测，再用精密 pH 试纸较准确测量）。

② 醋酸铅试纸。醋酸铅试纸是用来定性检验 H_2S 气体的试纸。当含有 S^{2-} 的溶液被酸化后，逸出的 H_2S 气体遇到试纸，即与纸上的醋酸铅反应，生成黑色的醋酸铅沉淀，使试纸呈黑褐色，并具有金属光泽。

$$Pb(Ac)_2 + H_2S \longrightarrow PbS(s) + 2HAc$$

若溶液中 S^{2-} 离子的浓度较小，则不易检验出。

③ 淀粉-碘化钾试纸。淀粉-碘化钾试纸是用来定性检验氧化性气体如 Cl_2、Br_2 的一种

试纸。当氧化性气体遇到湿的淀粉-碘化钾试纸时，将试纸上的 I^- 氧化成 I_2，后者立即与试纸上的淀粉作用而显蓝色。

$$2I^- + Cl_2 \longrightarrow I_2 + 2Cl^-$$

如气体氧化性强，且浓度较大时，还将 I_2 可以进一步氧化，而使试纸褪色。

$$I_2 + 5Cl_2 + 6H_2O \longrightarrow 2HIO_3 + 10Cl^- + 10H^+$$

使用时必须仔细观察试纸颜色的变化，以免得出错误的结论。

④ 其他试纸。目前我国生产的各种用途的试纸已多达几十种，较为重要的有测 H_3As 的溴化汞试纸、测汞的汞试纸。

(2) 试纸的使用方法

每种试纸的使用方法都不一样，在使用前应仔细阅读使用说明，但也有一些共性的地方：a. 用作测定气体的试纸，都需要先行润湿后再测量，并且不要将试纸接触相应的液体或反应器，以免造成误差；b. 使用试纸时，应注意节约，尽量将试纸剪成小块；c. 不要将试纸浸入到反应液中，以免造成溶液的污染；d. 使用试纸时应尽量少取，取后盖好瓶盖，以防污染（尤其是醋酸铅试纸）。

特殊试纸的使用方法如下：

① pH 试纸及石蕊、酚酞试纸。将小块试纸放在洁净的表面皿或点滴板上，用沾有待测液的玻棒点在试纸的中部，试纸即被待测液润湿而变色，立即与标准色阶板比较，确定相应的 pH 值或 pH 范围，若是其他试纸，则根据颜色的变化确定其酸碱性。如果需要测气体的酸碱性，应先用蒸馏水将试纸润湿，将其黏附在洁净玻棒尖端，移至产生气体的试管口上方（不要接触试管），观察试纸的颜色变化。

② 淀粉-碘化钾试纸或醋酸铅试纸。将小块试纸用蒸馏水润湿后黏附在干净的玻棒尖端，移至产生气体的试管口上方（不要接触试管及触及试管内的溶液），观察试纸的颜色变化。若气体量较小，可在不接触溶液的条件下将玻棒伸进试管进行观察。

(3) 试纸的制备

① 淀粉-碘化钾试纸（无色）。将 3g 可溶性淀粉与 25mL 水搅匀，倾入 225mL 沸水中，加入 1g KI 和 1g Na_2CO_3，搅拌，加水稀释至 500mL，将滤纸条浸润，取出后放置于无氧化性气体处晾干，保存于密封装置（如广口瓶）中备用。

② 醋酸铅试纸（无色）。在浓度小于 1mol/L 的醋酸铅溶液［每升中含 190g $Pb(Ac)_2 \cdot 3H_2O$］中浸润滤纸条，在无 H_2S 气氛中干燥即可，密封保存备用。

教 学 内 容

3　实验基本操作训练

实验1　基本操作训练

实验目的

① 了解实验室的规则及注意事项。

② 学会仪器的洗涤、干燥方法。

③ 学会量筒的使用，试剂的取用。

④ 学会一般溶液的配制。

⑤ 了解沉淀的生成与过滤。

实验内容

① 认领仪器，了解实验室规则及一般安全知识。

② 洗涤仪器，根据污物的性质，选择正确的洗涤方法，将部分所领仪器洗涤，并让教师检查。

③ 掌握酒精灯的正确使用方法，用酒精灯干燥2～3支洗净的试管。然后另取一支洗净的试管，加入5～10mL蒸馏水，在酒精灯上加热。

④ 量筒的使用，用10mL量筒取2mL水倒入小试管，注意液面的高度，同法取1mL、3mL、5mL水各做一次。

⑤ 配制2mol/L H_2SO_4 溶液50mL。首先算出配制50mL 2mol/L H_2SO_4 溶液所需要的98%浓 H_2SO_4（相对密度1.84）和水的用量，用量筒将所需的蒸馏水加到烧杯中，再用量筒量取所需的浓 H_2SO_4，搅拌下将浓 H_2SO_4 缓慢地加到水中，配好后，将5人所配的 H_2SO_4 溶液加入到250mL量筒中，用比重计测定所配 H_2SO_4 溶液的相对密度，测定后将溶液倒入回收瓶中备用。

⑥ 配制0.5mol/L Na_2SO_4 溶液30mL。根据计算，用台秤称取所需的 $Na_2SO_4 \cdot 10H_2O$ 固体，放入烧杯中，再用量筒取30mL蒸馏水加入烧杯中，搅拌至全溶，留下备用。

⑦ 沉淀的过滤与洗涤。取0.5mol/L $BaCl_2$ 5mL倒入小烧杯中，逐滴加入0.5mol/L Na_2SO_4 溶液7mL，同时用玻棒搅拌，观察沉淀的析出，待沉淀全部沉降后，检查是否沉淀完全，利用倾斜法过滤，用蒸馏水洗涤沉淀（每次10mL，共3次），用倾斜法除去液体。洗涤后，将沉淀转移至漏斗中过滤，用少量水洗涤，观察滤液是否澄清。

思考题

① 稀释浓 H_2SO_4 时，为何要将 H_2SO_4 慢慢倒入水中，并不断搅拌，而不能将水倒入浓 H_2SO_4 中？

② 配制 Na_2SO_4 溶液时，为何可忽略结晶水对浓度的影响？

③ 使用比重计应注意什么？

④ 在试管中加热液体时应注意什么？

⑤ 为何往酒精灯中加入酒精时应适量，若过量会出现什么问题？

实验前阅读材料

① 无机化学实验的程序和要求。

② 常用仪器的洗涤及干燥。

③ 化学试剂的取用、称量。

④ 溶液的配制、定量分析基本操作。

实验 2 酒精喷灯的使用和玻璃管操作

实验目的

① 了解酒精喷灯的构造、使用方法、火焰各区域温度的高低及各区域火焰的性质。

② 练习玻璃管的切割、圆口、弯曲和拉伸，练习玻璃棒的制作。

③ 练习塞子钻孔的基本操作。

器材和试剂

器材：酒精喷灯、坩埚夹、锉刀（或薄片小砂轮）、石棉铁丝网、打孔器、大头针（或细铁丝）、小块纸板（或厚纸板）、铜片、玻璃管（内径 3～4mm，长 12cm；内径 6mm，长 50cm 各一根）、玻璃棒（长 40cm）一根。

实验内容

(1) 酒精喷灯的使用

① 酒精喷灯的构造及使用方法。酒精喷灯是金属制的。使用前，先在预热盆中注满酒精，然后点燃预热盆内的酒精，以加热金属灯管。待预热盆内酒精燃烧殆尽时，开启开关，这时由于酒精在灼热的灯管内气化，并与来自气孔的空气混合，用火柴在灯管管口处点燃，即可得到高温火焰。调节开关螺丝，可以控制火焰的大小，向左加大火焰，向右减小火焰直至熄灭。

注意，在开启开关、点燃之前，灯管必须充分灼烧，否则酒精在灯管内不全部气化，将有液态酒精由管口喷出，形成“火雨”，乃至会引起火灾。

不用时，必须关好酒精储罐的开关，以免酒精泄漏，造成危险。酒精喷灯的构造见图 3-1。

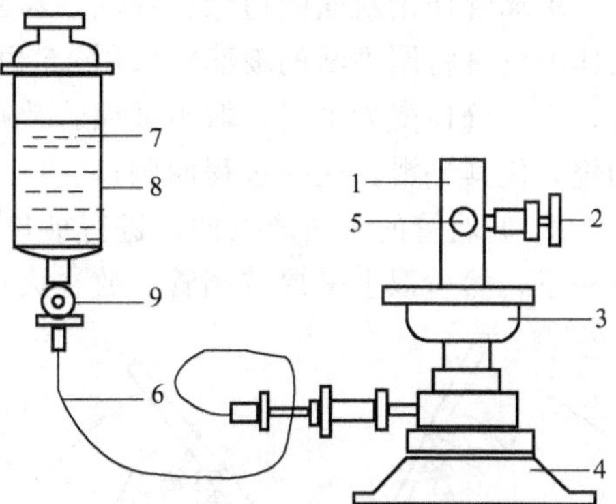

图 3-1 酒精喷灯的构造

1—灯管；2—酒精喷灯开关；3—预热盆；4—灯座；5—气孔；6—橡皮管；7—酒精；8—储罐；9—酒精储罐开关

② 火焰的温度。酒精喷灯的火焰温度通常可达 700～1000℃，在酒精喷灯火焰中，各部分结构见图 3-2。

a. 将铁丝网平放在无色火焰中，从火焰上部慢慢向下移动，注意铁丝网变成红热部分的面积和光亮程度变化。

b. 将厚卡纸用水浸湿后，使其一边向下，垂直穿过火焰，把火焰平均分成两部分，当纸片有焦灼的倾向时，取出纸片，观察纸片焦灼的情况。

c. 取一根火柴，用大头针从火柴头下横穿过去，把针架在灯管上，使火柴头露在外边，位于灯管的中心上方（图 3-3）。然后将灯点燃，注意灯是否可以燃烧一段时间而火柴不致着火。

根据实验 a、b、c 的结果，作出火焰各层温度高低的结论。

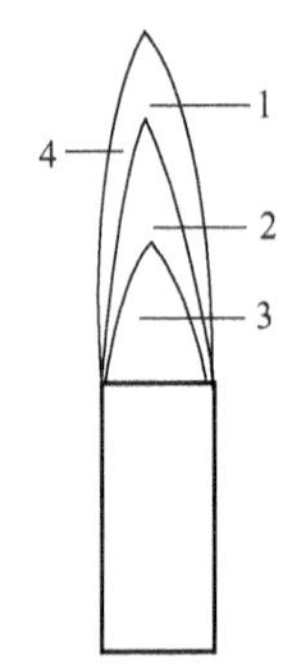

图 3-2 火焰结构

1—氧化焰；2—还原焰；3—焰心；4—温度最高处

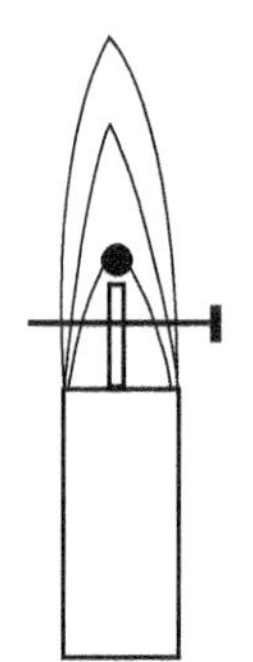

图 3-3 火焰温度实验

③ 火焰的性质。用坩埚夹夹住一块铜片，使一边向下，竖直穿过火焰。观察铜片在各层火焰中表面的颜色。注意哪部分火焰有氧化作用（生成黑色氧化铜）。哪部分火焰有还原作用（恢复成光亮的金属铜）。

根据上面实验作出火焰各层性质的结论。

（2）玻璃操作

① 玻璃管的切割和圆口。将长约 50cm 的玻璃管平放在桌子的边缘上，左手按住要切割的部位（玻璃管的中部），右手用锉刀的棱边（也可用薄砂轮）在要切割的部位用力向前或向后锉一下（注意：只能朝一个方向锉，不可来回锉）。当锉出一个深而短的凹痕时用两手的拇指在凹痕后轻轻向后一折，玻璃管即断为两截。

玻璃管切割断面的边缘很锋利，易割破皮肤、衣物、胶管等。所以必须对其进行处理，具体办法是将刚割断的玻璃管倾斜 45°角，断口放在火焰的外焰中灼烧，同时不断转动玻璃管，直至管口变为平滑，取出玻璃管放在石棉网上冷却。将割断玻璃管断口放在喷灯火焰中灼烧，使其平滑，这一过程叫圆口。

② 玻璃管的弯曲及拉伸。进行玻璃管弯曲时，先将洁净、两端圆口的玻璃管用小火预热一下，然后双手平握玻璃管，放在火焰中加热。受热长度约为 3～5cm，加热时要缓慢而均匀地转动玻璃管，转动应朝一个方向进行，且双手应保持一定距离，以防玻璃管软化时发生扭曲、拉伸或缩短。当玻璃管加热到发黄变软时，即可从火焰中取出，等 1～2s 后，两手向上向里轻托，准确地弯成所需角度，见图 3-4。

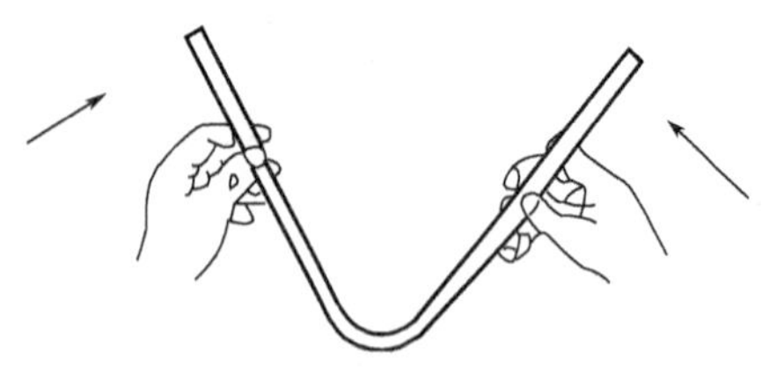

图 3-4 玻璃管的弯曲

弯玻璃管时，若所需角度较小，可分几次弯成。为防止弯曲处有缺陷，可用胶塞或手指堵住一端管口，在另一端适当吹气，使管径均匀。弯好后，应待玻璃管冷却变硬后才能放在石棉网上继续冷却。需分几次弯成的玻璃管，在做第二、第三次弯曲时应在第一次受热部位的偏左或偏右处进行加热和弯曲，这样弯曲处不易发生瘪陷的毛病。

拉伸玻璃管时，加热的方法与弯曲玻璃管时相同，不过，加热时间应稍长些，受热面积稍窄些，待玻璃管烧成红黄色时即可从火焰中取出，顺着水平方向向两边拉伸，同时均匀地转动玻璃管。拉至所需细度后，可以一手持玻璃管，使它竖直下垂一会儿，然后放平冷却，再按需要截断，并将断面圆口。

将拉伸的玻璃管安上胶帽，即可制成滴管。

③ 玻璃棒的制作。将长约 40cm 的玻璃棒在其中间部位用锉刀或砂轮截断，在火焰中圆口，即制得玻璃棒。

(3) 塞子的钻孔

在塞子内需要插入玻璃管或温度计时，必须在塞子上钻孔。钻孔的工具是钻孔器，它是一组直径不等的金属管，一端有柄，另一端很锋利，用来钻孔。

钻孔的步骤如下：

① 塞子的选择。塞子的大小应与仪器的口径相符，塞子进入瓶颈部分不能少于塞子本身高度的 1/2，也不能高于本身的 2/3。

② 钻孔器的选择。钻孔器应比玻璃管口径略粗，因为橡皮塞有弹性，孔道钻成后会收缩，使孔径变小。

③ 见图 3-5，将塞子小的一端朝上，平放在木板上，左手持塞，右手握住钻孔器，钻之前在钻孔器上涂点水或甘油，将钻孔器按在选定的位置上，朝一个方向旋转，同时用力向下压。注意：钻孔器应垂直于塞子，不能左右摆动，也不能倾斜。当钻至一半时，以反方向旋转，并向上拔，取出钻孔器。

图 3-5 塞子钻孔

按同法在大头钻孔，注意要对准小头的那端的孔位。直到两端的圆孔贯穿为止。

拔出钻孔器，将钻孔器中的橡皮取出。

钻孔后，检查孔道是否合适，若玻璃管轻松地插入圆孔，说明孔过大，孔和玻璃管间密封不严，塞子不能使用；若塞孔稍小或不光滑，可用圆锉修整。

④ 玻璃管插入橡胶塞的方法。用水或甘油把玻璃管润湿后，用布包住玻璃管，然后用手握住玻璃管的前端，把玻璃管慢慢旋入塞孔内。注意：用力不要过猛或手离橡皮塞不要太远，防止玻璃管折断，刺伤手。

思考题

① 酒精喷灯的构造怎样，如何使用？

② 酒精喷灯的火焰分几层？各层的温度和性质如何？如何验证？

③ 切割玻璃管时应注意什么？为什么要圆口？

④ 如何弯曲、拉伸玻璃管？有何实际意义？

⑤ 为什么在塞子钻孔插入玻璃管前要涂抹甘油或水？

实验3 分析天平的使用

实验目的

① 了解分析天平的构造及性能。

② 掌握分析天平正确的使用方法（见【附一】）。

实验原理

(1) 构造原理

分析天平是根据杠杆原理制成的。它相当于一个等臂的第一类杠杆，支点在正中（玛瑙刀口向下，见图 3-6）。若在天平左盘内放一质量为 m_1 的物体，为使天平横梁维持其原来的平衡位置，必须在右盘内加一质量为 m_2 的砝码。设横梁左右两臂的长分别是 L_1 和 L_2，左

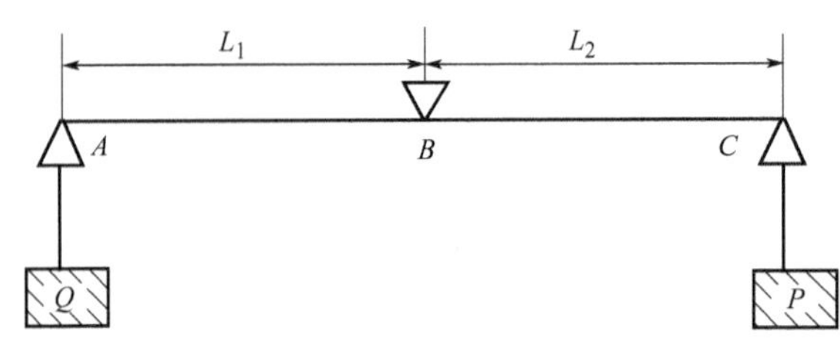

图 3-6　等臂天平原理

右两盘所受的力分别为 F_1 和 F_2。当达到平衡时，力矩相等：

$$F_1L_1=L_2F_2$$

由于天平是等臂的，即 $L_1=L_2$，因此平衡时，力相等：

$$F_1=F_2$$

由于 $F_1=m_1g=F_2=m_2g$（g 为重力加速度）的关系，所以 $m_1=m_2$，从砝码的质量就可以知道称量物的质量。在分析工作中，通常习惯上所说的称量某物体的"重量"，实际上是质量。这里需要加以注意。

（2）半机械加码双盘电光分析天平的结构

半机械加码双盘电光分析天平的结构见图 2-29。

① 横梁。它是天平的主要部件。多用质轻坚固、膨胀系数小的铝铜合金制成，起平衡和承载物体的作用。梁上装有三个棱形的玛瑙刀，其中一个装在正中的称为中刀或支点刀，刀口向下，另外两个与中刀等距离地分别安装在梁的两端，称为边刀或承重刀，刀口向上，三个刀口必须完全平行位于同一水平面上。在两端的两个边刀上分别挂有吊耳，下面挂有秤盘。通常在左盘放称量物，右盘放砝码。

秤盘和吊耳之间装有空气阻尼器，阻尼器的内筒稍小，正好套入外筒，并保持两者间隙均匀，不发生摩擦。当天平摆动时，筒内外空气运动的摩擦阻力使横梁在摆动 1～2 个周期后迅速停下来，便于读数。

在天平横梁中央上方装有重心调节螺丝，用它上下移动可改变横梁重心位置，用于调整天平的灵敏度。重心在天平出厂时就已调整好了，使用时不应随便移动。横梁左右两边对称孔内装有平衡螺丝，用于调节天平空载时的平衡位置（即零点）。

② 立柱。位于天平正中，柱的上方嵌有玛瑙平板（刀承），用于称量时支持梁的中刀。称量时，轻轻打开升降钮（向右旋转），此时天平梁和吊耳下降，三棱玛瑙刀与刀承相接触，同时托盘（位于天平盘的下面，装在天平底板上）下降，天平梁自由摆动。当关闭升降旋钮时（向左旋转），天平梁及吊耳上升，玛瑙刀和刀承离开，同时托盘上升托住秤盘，使天平处于休止状态。天平两端负荷未达到平衡时，不可全开天平，因为那样天平横梁倾斜太大，吊耳易脱落，使刀子受损。

玛瑙刀口的锋刃程度直接影响天平的质量，所以在使用天平时应特别注意保护刀口。在不使用或取放称量物、加减砝码时，必须关闭升降旋钮，使天平梁托起，刀口和刀承分开，以免磨损刀口。

立柱后上方装有水平泡，借底板下前两个水平调整螺丝脚使天平放置水平。

③ 天平箱。为了保护天平免受灰尘、热源、水蒸气、气流、人的呼吸等因素的影响，将天平安装在木框镶玻璃的箱内。天平箱左门供取放称量物，右门供取放砝码，前门是为安装、维修和清洁天平用。箱下装三只脚，前面两只是供调整天平水平位置的螺旋脚，三只脚都放在垫脚中。箱座下还装有调零杆，用于微调零点。

在天平箱的右上方是圈码指数盘，转动时可往梁上加 10～990mg 的砝码。指数盘上刻有圈码质量的数值，分内、外两圈：内圈为 10～90mg 读数，外圈为 100～900mg 组合读数。天平达平衡时，可由内、外圈对准刻线的数字读出圈码的质量（图 3-7）。其读数方法见【附二】。

器材和试剂

① 器材：TG-328G 型半机械加码电光天平，台秤，称量瓶，锥形瓶。

② 试剂：NaCl。

实验内容

检查天平各部件是否处于正常状态，砝码是否齐全。用软毛刷轻扫秤盘及天平箱内灰尘。

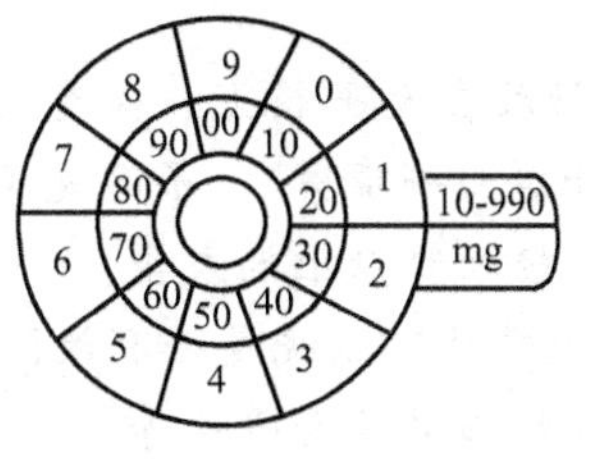

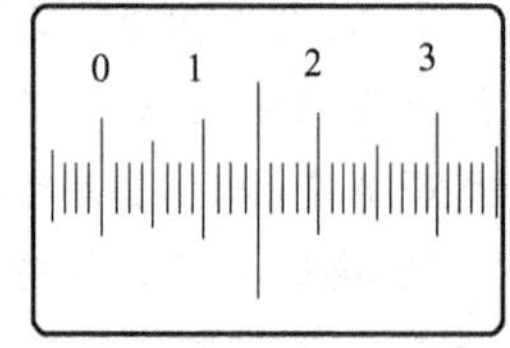

图 3-7 圈码指数盘

(1) 直接称量法练习

① 调整天平零点。

② 取一洁净的称量瓶，先粗称其质量，然后放在分析天平上准确称其质量，记录称量值。调整天平零点后，将称量物放在秤盘上，直接称量其质量。

称量时不得用手直接取放称量物，可戴干净的手套、用纸条包住或用镊子取放。

(2) 减量称量法练习

用减量法称取 NaCl 3 份，每份约 0.3g。

① 取一洁净空称量瓶，装入适量 NaCl，准确称其总质量（先粗称，然后精称），记下称量的数值 w_1。

② 将称量瓶中的 NaCl 小心倒出 0.3g 于 1 号锥形瓶中（注意编号），准确称量其质量，记下称量值为 w_2。

③ 重复上述②操作，分别称得第 2 份、第 3 份 NaCl，分别记录称量值为 w_3、w_4、…，这样可连续称取多份试样。

数据处理

(1) 数据记录

见表 3-1。

表 3-1 减量法称量记录

测定次数	Ⅰ	Ⅱ	Ⅲ
称量瓶＋NaCl/g	w_1 w_2	w_2 w_3	w_3 w_4
称取 NaCl/g			

(2) 计算结果

第 1 份 NaCl 质量（g）$=w_1-w_2$

第 2 份 NaCl 质量（g）$=w_2-w_3$

第 3 份 NaCl 质量（g）$=w_3-w_4$

思考题

① 为什么开启天平后，不能在秤盘上取放称量物或加减砝码？

② 在砝码和称量物的质量相差很悬殊时，为什么不能完全打开升降旋钮？

③ 称量时，如果天平指针偏向左方，需要加砝码还是减砝码？为什么？如果天平指针偏向右方，需要加砝码还是减砝码？为什么？

【附一】分析天平的使用方法

1. 双盘半机械加码电光天平的使用方法

（1）准备工作

① 取下防尘罩，折好放在天平箱上。检查天平是否处于水平，各部件是否正常。如天平指针摆动是否正常（开启天平观察），吊耳是否脱落，圈码指数盘是否都在“0”位置，砝码是否齐全等。用软毛刷轻扫秤盘上的灰尘。

② 接通电源，检查光学读数系统是否有故障，如投影屏是否明亮，标尺影像是否清晰，慢慢开启天平观察标尺刻线移动是否平稳等。

（2）调整零点（校正零点）

开启天平后，当标尺静止时，如果投影屏中间的标线与标尺上的“0”线不重合，可拨动调零杆，使屏中的标线正好重合在标尺的“0”线上，即为调整好零点。若用调零杆调不到零点，则应关闭天平，通过调节横梁上的平衡螺丝（由教师操作），经调节横梁的平衡位置后，再开启天平，拨动调零杆至调定零点。

（3）称量

先将称量物在台秤上粗称其质量（粗称值取至以克为单位的小数点后一位），然后再用分析天平精称。推开天平的侧门，将称量物放在天平左盘上，根据粗称的数据在天平右盘上加放相应的砝码至克位，再转动圈码指数盘，加上相应的百毫克圈码。半开天平（稍稍转动升降旋钮，能看到指针偏移的方向即可），观察指针偏移或投影屏上标尺移动的方向（若指针向左偏，标尺向右移，表示砝码量重，反之，则砝码量轻），以判断是否需要增减圈码或砝码。当百毫克组圈码调定后，再调整十毫克组圈码。调整至天平在 10mg 以内平衡时，关闭两侧天平门，完全开启天平，准备读数。在称量过程中，调整砝码或圈码时，只能半开天平，避免横梁过度倾斜，损坏玛瑙刀或导致吊耳脱落。

（4）读数

待投影标尺停稳后即可读取称量数值。称量物的质量等于右盘所加放的砝码、指数盘所指示的圈码总量及标尺读数（标尺刻线与屏幕中标线重合的位置）的总和。

（5）复原

称量记录读数后，随即关闭天平。将砝码放回砝码盒内，并将圈码指数盘退到“000”位，取出称量物，关闭两侧门，切断电源，罩上防尘罩。

2. 单盘电光天平的使用方法

（1）准备工作

打开防尘罩，折平后放在天平顶罩上。接通电源，将电源开关向上扳。检查天平是否处于水平，各读数窗口是否都为零，天平秤盘是否清洁。做好称量前的准备。

（2）调整零点

开启天平，当投影屏上标尺停稳后，若标尺“00”线不在投影屏夹线中间，则应调整零调手钮，使标尺上的“00”线位于夹线正中，即已调定零点，关闭天平。若使用零调手钮，未能调定零点，可通过调整平衡螺丝，再调定零点（调整平衡螺丝：当标尺“00”线位于夹线上方，表示横梁后端偏重，应逆时针转动平衡螺丝；反之则顺时针转动平衡螺丝）。调整零点后，在称量过程中不能再转动零调手钮。

（3）称量

推开天平侧门，将称量物放在秤盘中，关好侧门。将停动手钮向后转动约 30°，此时天平处于半开状态（勿用力转动手钮，以免破坏“半开”位置），调整砝码，预称称量物的质量。调整砝码时，先转动 10～90g 减码手轮，当转动至某一数值，屏中标尺刻线向上移动并出现负值时，表示减去砝码数过大，应退回一个数值（例如左边第一个读数窗口的数字由 2

退为 1)，依次再转动 1～9g 减码手轮和 0.1～0.9g 减码手轮，待三组砝码调定，慢慢转动停动手钮，将天平由半开状态转至全开，当标尺停稳后，即可读数。

(4) 读数

称量物的质量可以从读数窗口、投影屏以及微读数字窗口所显示的数字直接读数。

当投影屏上标尺的某一刻度线恰好处于投影屏夹线正中时，所指示的数字为投影屏上的读数值。若标尺刻线不在夹线正中，即不足标尺刻线一个分度（如图 3-8 中的 Δm 为不足标尺刻线一个分度部分所表示的质量值），则可以转动微读手钮，使离夹线中间最近的下一条标尺刻线，上移至夹线正中，以读取微读数字窗口所显示的 Δm 值。图 3-9 中即为某一物质的读数。

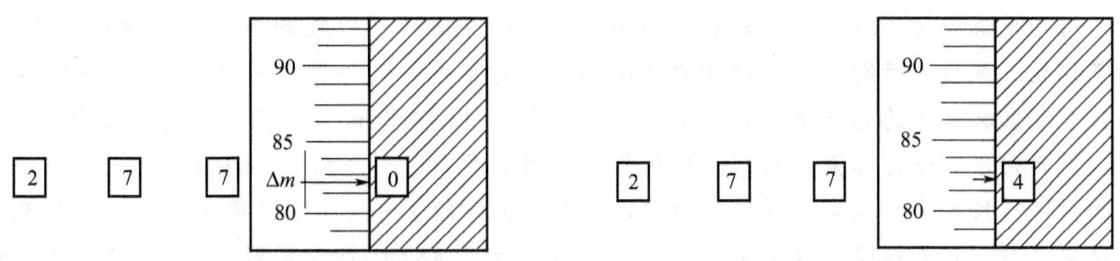

图 3-8 转动微读手钮前的刻线位置

图 3-9 转动微读手钮后的读数

(5) 复原

记录称量读数后，随即关闭天平，取出称量物，关好天平侧门，将减码手轮、微读手钮转至零位，将电源开关扳至水平位置，切断电源，盖上防尘罩。

在称量过程中，应正确使用电源开关及停动手钮。电源开关可扳动至上、中（水平）、下三个位置。上：天平“全开”或“半开”时光源灯亮，关天平时，光源灯灭；中：电源不接通；下：光源灯常亮，用于天平维修。停动手钮可转动至前、中、后三个位置。前：全开天平，进行读数；中：关闭天平，取放称量物或减码；后：半开天平，进行减码。

【附二】分析天平的使用规则和称量方法

(1) 分析天平的使用规则

分析天平有其特定的计量性能，为了保证分析天平的精度，获得准确的称量结果，应严格遵守分析天平的使用规则。

① 开关天平侧门，取放称量物、加减砝码或圈码时，动作应轻、缓、稳。避免用力过大，损坏天平部件。

② 样品不能直接放在秤盘上称量。吸湿性和挥发性强的物体必须放在密闭的容器内进行称量，以免腐蚀天平部件。

③ 不能将过热或过冷的物体放在天平内称量，应使物体的温度与天平室内温度一致后，方可称量。

④ 称量物及砝码应放在秤盘正中。称量质量不得超过天平的最大载荷。

⑤ 保持砝码的清洁和完整，砝码除了放在砝码盒内或使用时放在秤盘上外，不得放在其他任何地方。

⑥ 开启天平后，绝对不能在天平上取放称量物，加减砝码或圈码，以免吊耳脱落、横梁倾斜、玛瑙刀口损坏。

⑦ 调整零点、记录称量读数后，应随即关闭天平。

⑧ 称量完毕，应将天平复原。

(2) 分析天平的称量方法

使用分析天平称量，可根据称量物的不同性质，采用相应的称量方法。常用的称量方法有直接称量法、固定称量法及减量称量法。

① 直接称量法。直接称量法适用于称量洁净干燥的器皿、块状的金属及不易潮解或升华的整块固体试样。

调整天平零点后，将称量物放在秤盘上，直接称量其质量。

称量时不得用手直接取放称量物，可戴干净的手套、用纸条包住或用镊子取放。

② 固定称量法（增量法）。当需要称取某一准确质量的试样时，可用增量法称量。

用金属镊子将清洁干燥的容器（如小烧杯、小表面皿等）放到秤盘上，准确称其质量，记下读数。然后把所需称取试样量的砝码加上（对于单盘天平则是减去砝码），此时砝码的总数是容器加试样的总质量。再用小牛角勺在容器中逐渐加试样，至接近所需称量的试样量时，半开天平，进行称量。直到所加试样只差极小量即达到平衡时，再全开天平，极小心地添加试样（用左手持盛有试样的牛角勺，在容器上方约 2～3cm 处，用左手拇指中指及掌心拿稳牛角勺，以食指轻轻敲牛角勺柄，使勺内的试样缓慢地抖入容器中）。这时既要注意牛角勺，又要观察投影屏中标尺的移动。待标尺刻线正好移至所需要的数值时，立即停止抖入试样，至此称量完毕。

若不慎抖落的试样过量，则只能关闭天平，用牛角勺取出过量的试样，再按上述操作直至符合指定质量为止。

此法适于称取不易吸湿、在空气中性质稳定的粉末状物质。在分析化学实验中，当需要用直接配制法配制指定浓度的标准溶液时，通常用此法来称取基准物。

③ 减量称量法。减量称量法称取试样的量是由两次称量之差求得的。

用此法称量的试样，应盛放在称量瓶内。称量瓶是具有磨口玻璃塞的容器。使用前必须洗净烘干，在干燥器内冷却至室温。洗净烘干后的称量瓶不能直接用手拿取，不能放在不干净的地方，以免沾污称量瓶。取出称量瓶后，将适量试样（应比所需称取的试样量稍多些）装入称量瓶内，盖上瓶盖，用干净的纸折成纸条套住称量瓶，将称量瓶放在秤盘上，称出称量瓶加试样的准确质量，记下称量的数值 w_1，仍用纸条套住称量瓶，将其从秤盘上取出，右手用一洁净小纸片包住瓶盖柄，在接收容器（如锥形瓶、烧杯）上方打开瓶盖，慢慢倾斜称量瓶身，用瓶盖轻轻敲瓶口上部，使试样缓缓落入容器中。直到倒出的试样接近所需要的试样量时，边敲边慢慢竖起称量瓶，使黏附在瓶口的试样落入容器或落回称量瓶中，再盖好瓶盖。把称量瓶放回秤盘上，准确称量其质量为 w_2，记下第二次称量值。两次称量差值，就是所称取的试样质量，重复以上操作，可称得 w_3、w_4、…，这样可连续称取多份试样。

第 1 份试样质量（g）$=w_1-w_2$

第 2 份试样质量（g）$=w_2-w_3$

称量时注意：若第一次倒出的试样量不够时，可重复上述操作，再倒出适量试样，至符合称量范围。但称取一份试样，最好在一两次内倒出所需量，若倒出次数过多，因试样吸潮，容易引起误差。如倒出的试样大大超过所需数量时，只能弃去，重新称量。

此法适于称量易吸湿、易氧化和易与 CO_2 反应的物质。称量时不必调整零点，称量快速、准确。在分析化学实验中，常用来称取基准物和待测样品，是最常用的一种称量方法。但此法不宜称取指定质量的样品。

实验4 粗食盐的提纯及纯度检验

实验目的

① 掌握粗食盐提纯的基本原理及提纯过程。

② 学习称量、过滤、蒸发及减压抽滤等基本操作。

③ 熟悉产品纯度的检验方法。

实验原理

(1) 实验原理

粗食盐中通常含有不溶性杂质(如泥沙等)和可溶性杂质(主要是 Ca^{2+}、Mg^{2+}、K^+ 和 SO_4^{2-})。实际应用中所需的盐均为较纯的 NaCl,因此必须将上述杂质除去。不溶性杂质可用溶解、过滤方法除去。可溶性杂质可以选择适当的化学试剂使它们分别生成难溶化合物而被除去。除去粗食盐中可溶性杂质的方法如下。

① 在粗食盐溶液中加入稍微过量的 $BaCl_2$ 溶液,SO_4^{2-} 转化为 $BaSO_4$ 沉淀,过滤可除去 SO_4^{2-}。

$$SO_4^{2-} + Ba^{2+} = BaSO_4 \downarrow$$

② 向食盐溶液中加入 NaOH 和 Na_2CO_3,可将 Mg^{2+}、Ca^{2+} 和 Ba^{2+} 转化为 $Mg_2(OH)_2CO_3$、$CaCO_3$、$BaCO_3$ 沉淀后过滤除去。

$$2Mg^{2+} + 2OH^- + CO_3^{2-} = Mg_2(OH)_2CO_3 \downarrow$$

$$Ca^{2+} + CO_3^{2-} = CaCO_3 \downarrow$$

$$Ba^{2+} + CO_3^{2-} = BaCO_3 \downarrow$$

③ 用稀 HCl 溶液调节食盐溶液 pH 值至 2~3,可除去过量的 NaOH 和 Na_2CO_3。

$$OH^- + H^+ = H_2O$$

$$CO_3^{2-} + 2H^+ = CO_2 + H_2O$$

粗食盐中 K^+ 和这些沉淀不起作用,仍留在溶液中。由于 KCl 在粗食盐中的含量较少,所以在蒸发浓缩和结晶过程中绝大部分留在母液中。

(2) 实验技能

① 称量、溶解、过滤、沉淀的洗涤、蒸发及减压抽滤等基本操作。

② 产品纯度检验方法。

器材和试剂

① 器材:蒸发皿、表面皿、烧杯(250mL,100mL)、量筒(100mL,10mL)、布氏漏斗、吸滤瓶。

② 试剂:粗食盐、2.0mol/L HCl 溶液、2.0mol/L NaOH 溶液、6.0mol/L HAc(乙酸)溶液、1.0mol/L Na_2CO_3 溶液、1.0mol/L $BaCl_2$ 溶液、饱和 $(NH_4)_2C_2O_4$ 溶液、pH 试纸、镁试剂。

实验内容

(1) 粗食盐的提纯

① 溶解粗食盐。用台秤称取 5.0g 粗食盐放入 100mL 烧杯中,加 25mL 蒸馏水,加热搅拌使大部分固体溶解,剩下少量不溶的泥沙等杂质。

② 除去 SO_4^{2-}。边加热边搅拌边滴加 1mL 1.0mol/L $BaCl_2$ 溶液,继续加热使 $BaSO_4$ 沉

淀完全。2～4min后停止加热。待沉淀下降后，在上层清液中滴加 $BaCl_2$，以检验 SO_4^{2-} 是否沉淀完全，如有白色沉淀生成，则需在热溶液中再补加适量的 $BaCl_2$ 直至沉淀完全。如没有白色沉淀生成，即可用倾析法过滤。用少量的蒸馏水洗涤沉淀2～3次，滤液收集在250mL烧杯中。

③ 除去 Ca^{2+}、Mg^{2+} 和 Ba^{2+}。在滤液中加入10滴2.0mol/L NaOH溶液和2.0mL 1.0mol/L的 Na_2CO_3 溶液，加热至沸，静置片刻。以检验沉淀是否完全沉淀。沉淀完全后用倾析法过滤，滤液收集在100mL烧杯中。

④ 除去 OH^- 和 CO_3^{2-}。在滤液中逐滴加入2.0mol/L HCl溶液，使pH值达到2～3。

⑤ 蒸发结晶。将滤液放入蒸发皿中，小火加热，将溶液浓缩至糊状（勿蒸干!），停止加热。

⑥ 冷却。冷却后减压抽滤，尽量将NaCl晶体抽干。将晶体转移至事先称好的表面皿中，放入烘箱内烘干（或者将晶体转移至事先称好的蒸发皿中，在石棉网上用小火蒸干）。

⑦ 称量。冷却后，称出表面皿（或蒸发皿）和晶体的总质量，计算产率。

$$产率=精盐质量(g)/5.0(g)\times 100\%$$

（2）产品纯度的检验

取粗食盐和精盐各0.5g放入试管内，分别用5mL蒸馏水溶解，然后各分三等份，盛在六支试管中，分成三组，用对比法比较它们的纯度。

① SO_4^{2-} 的检验。在第一组试管中先加1mL 2.0mol/L HCl酸化，然后各滴加2滴1.0mol/L $BaCl_2$ 溶液，观察现象。

② Ca^{2+} 的检验。在第二组试管中先加1mL 2.0mol/L HAc，然后各滴加2滴饱和 $(NH_4)_2C_2O_4$ 溶液，观察现象。加HAc的目的是为了排除 Mg^{2+} 的干扰，因为 MgC_2O_4 溶于HAc，而 CaC_2O_4 不溶于乙酸。

③ Mg^{2+} 的检验。在第三组试管中各滴加2滴2.0mol/L NaOH，使溶液呈碱性，再各加1滴镁试剂，观察有无天蓝色沉淀生成。镁试剂是对硝基偶氮间苯二酚，它在酸性溶液中呈黄色，在碱性溶液中呈红色或紫色，当被 $Mg(OH)_2$ 吸附后则呈天蓝色。

数据处理

① 产率=精盐质量（g）/粗盐质量（g）×100%

② 产品纯度的检验

见表3-2。

表3-2 产品纯度的检验

待检离子	检验方法	现象(粗食盐溶液)	现象(精盐溶液)
SO_4^{2-}			
Ca^{2+}			
Mg^{2+}			

思考题

① 在除去 Ca^{2+}、Mg^{2+} 和 SO_4^{2-} 时，为什么要先加 $BaCl_2$ 溶液，然后再加 Na_2CO_3 溶液？

② 溶液浓缩时为什么不能蒸干？

③ 粗食盐为什么不能像硫酸铜那样利用重结晶法进行纯化？

④ 检验 SO_4^{2-} 时为什么要加 HCl？饱和 Na_2CO_3 中为什么要加入 NaOH 溶液？

实验 5 缓冲溶液的配制及性能测定

实验目的

① 学习缓冲溶液的配制方法，加深对缓冲溶液性质的理解。

② 了解缓冲容量与缓冲剂浓度和缓冲组分的比值关系。

③ 学习掌握 pH 试纸和吸量管的正确使用方法。

实验原理

能抵抗外来少量强酸、强碱或适当稀释而保持 pH 值基本不变的溶液叫缓冲溶液。缓冲溶液一般由弱酸及其盐、弱碱及其盐、多元弱酸的酸式盐及其次级盐组成。缓冲溶液的 pH 值可用下式计算

$$pH=pK_a+\lg\frac{c_s}{c_a}\text{或 }pOH=pK_b+\lg\frac{c_s}{c_b}$$

缓冲溶液 pH 值除主要决定于 $pK_a(pK_b)$ 外，还与盐和酸（或碱）的浓度比值有关，若配制缓冲溶液所用的盐和酸（或碱）的原始浓度相同均为 c，酸（碱）的体积为 $V_a(V_b)$，盐的体积为 V_s，总体积为 V，混合后酸（或碱）的浓度为$\frac{cV_a}{V}\left(\frac{cV_b}{V}\right)$，盐的浓度为$\frac{cV_s}{V}$，则

$$\frac{c_s}{c_a}=\frac{cV_s/V}{cV_a/V}=\frac{V_s}{V_a}\text{或}\frac{c_s}{c_b}=\frac{V_s}{V_b}$$

所以缓冲溶液 pH 值可写为

$$pH=pK_a+\lg\frac{V_s}{V_a}\text{或 }pOH=pK_b+\lg\frac{V_s}{V_b}$$

配制缓冲溶液时，只要按计算值量取盐和酸（或碱）溶液的体积，混合后即可得到一定 pH 值的缓冲溶液。

缓冲容量是衡量缓冲溶液的缓冲能力大小的尺度。为获得最大的缓冲容量，应控制 c_s/c_a（或 c_s/c_b）=1，酸（或碱）、盐浓度大的，缓冲容量亦大。但实践中酸（或碱）、盐浓度不宜过大。

器材和试剂

① 器材：10mL 吸量管、烧杯、试管、量筒等。

② 试剂：HCl（0.1mol/L）、pH4 的 HCl 溶液、HAc（0.1mol/L、1mol/L）、NaOH（0.1mol/L、2mol/L）；pH10 的 NaOH 溶液、$NH_3 \cdot H_2O$（0.1mol/L）、NaAc（0.1mol/L、1mol/L）、NaH_2PO_4（0.1mol/L）、Na_2HPO_4（0.1mol/L）、NH_4Cl（0.1mol/L）以及甲基红指示剂、广泛 pH 试纸、精密 pH 试纸。

实验内容

（1）缓冲溶液配制

甲、乙、丙三种缓冲溶液的组成见表 3-3。如配制三种缓冲溶液各 10mL，计算所需各组分的体积，并填入表中（表 3-3）。

按照表 3-3 中用量，用 10mL 小量筒（尽可能读准小数点后一位）配制甲、乙、丙三种缓冲溶液于已标号的 3 支试管中。用广泛 pH 试纸测定所配制的缓冲溶液的 pH 值，填入表

中。试比较实验值与计算值是否相符（保留溶液，留作下面实验用）。

（2）缓冲溶液的性能

① 缓冲溶液对强酸和强碱的缓冲能力。

a. 在两支试管中各加入 3mL 蒸馏水，用 pH 试纸测定其 pH，然后分别加入 3 滴 0.1mol/L HCl 和 0.1mol/L NaOH 溶液，再用 pH 试纸测其 pH。

b. 将上面实验中配制的甲、乙、丙三种溶液依次各取 3mL，每种取 2 份，共取 6 份，分别加入 3 滴 0.1mol/L HCl 和 0.1mol/L NaOH 溶液，用 pH 试纸测其 pH 值并填入表 3-4，测定分别加入酸和碱后，同一缓冲溶液的 pH 值有无变化？与未加酸、碱的缓冲溶液的 pH 值比较有无变化？为什么？

② 缓冲溶液对稀释的缓冲能力。按表 3-5，在 3 支试管中，依次加入 1mL pH4 的缓冲溶液、pH4 的 HCl 溶液、pH10 的缓冲溶液、pH10 的 NaOH 溶液，然后在各试管中加入 10mL 蒸馏水，混合后用精密 pH 试纸测量其 pH 值。并解释实验现象。

（3）缓冲容量

① 缓冲容量与缓冲剂浓度的关系。取 2 支试管，用吸量管在一支试管中加 0.1mol/L HAc 和 0.1mol/L NaAc 溶液各 3mL，另一只试管中加 1mol/L HAc 和 1mol/L NaAc 溶液各 3mL，摇动使之混合均匀。

测两试管内溶液的 pH 值是否相同？在两试管中分别滴入 2 滴甲基红指示剂，溶液呈何颜色？然后在两试管中分别滴加 2mol/L NaOH 溶液（每加一滴均需充分混合），直到溶液的颜色变成黄色。记录各管所加的滴数。解释所得的结果。

② 缓冲容量与缓冲组分比值的关系。取 2 支试管，用吸量管在一支试管中加入 0.1mol/L Na_2HPO_4 和 0.1mol/L NaH_2PO_4 各 5mL，另一支试管中加入 9mL 0.1mol/L Na_2HPO_4 和 0.1mol/L NaH_2PO_4，用精密 pH 试纸或 pH 计测定两溶液的 pH 值。然后在每支试管中加入 0.9mL 0.1mol/L NaOH，再用精密 pH 试纸或 pH 计测定它们的 pH 值。每一试管加 NaOH 溶液前后两次的 pH 值是否相同？两只试管比较情况又如何？解释原因。

数据处理

见表 3-3～表 3-5。

表 3-3 缓冲溶液理论配制与实验测定

缓冲溶液	pH 值	各组分的体积/mL		pH 值(实验值)
甲	4	0.1mol/L HAc 0.1mol/L NaAc		
乙	7	0.1mol/L NaH_2PO_4 0.1mol/L Na_2HPO_4		
丙	10	0.1mol/L $NH_3 \cdot H_2O$ 0.1mol/L NH_4Cl		

表 3-4 缓冲溶液的性质

缓冲溶液	甲		乙		丙	
pH	加酸	加碱	加酸	加碱	加酸	加碱

表 3-5 缓冲溶液的稀释

试管号	溶　液	稀释后的 pH 值	试管号	溶　液	稀释后的 pH 值
1	pH4 的缓冲溶液		3	pH10 的缓冲溶液	
2	pH4 的 HCl 溶液		4	pH10 的 NaOH 溶液	

思考题

① 缓冲溶液的 pH 值由哪些因素决定？

② 现有下列几种酸及这些酸的各种对应盐类（包括酸式盐），欲配制 pH 值为 2、10、12 的缓冲溶液，应各选用哪种缓冲剂较好？缓冲剂：H_3PO_4、HAc、$H_2C_2O_4$、H_2CO_3、HF。

③ 将 10mL 0.1mol/L HAc 溶液和 10mL 0.1mol/L NaOH 溶液混合后，问所得溶液是否具有缓冲能力？使用 pH 试纸检验溶液的 pH 时，应注意哪些问题？

实验 6　蒸馏和分馏

实验目的

① 理解蒸馏和分馏的基本原理、应用范围。

② 熟练掌握蒸馏装置的安装和使用方法。

③ 掌握分馏柱的工作原理和常压下的简单分馏操作方法。

实验原理

当液态物质受热时，蒸气压增大，待蒸气压大到与大气压或所给压力相等时液体沸腾，即达到沸点。所谓蒸馏就是将液态物质加热到沸腾变为蒸气，又将蒸气冷却为液体这两个过程的联合操作。如果将两种挥发性液体混合物进行蒸馏，在沸腾温度下，其气相与液相达成平衡，出来的蒸气中含有较多量易挥发物质的组分，将此蒸气冷凝成液体，其组成与气相组成等同（即含有较多的易挥发组分），而残留物中却含有较多量的高沸点组分（难挥发组分），这就是进行了一次简单的蒸馏。

如果将蒸气凝成的液体重新蒸馏，即又进行一次气-液平衡，在再度产生的蒸气中，所含的易挥发物质组分又有增加，同样，在将此蒸气再经冷凝而得到的液体中，易挥发物质的组成当然更高，这样可以利用一连串的、系统的重复蒸馏，最后能得到接近纯组分的两种液体。应用这样反复多次的简单蒸馏，虽然可以得到接近纯组分的两种液体，但是这样做既浪费时间，且在重复多次蒸馏操作中的损失又很大，设备复杂，所以，通常是利用分馏柱进行多次气化和冷凝。

在分馏柱内，当上升的蒸气与下降的冷凝液互相接触时，上升的蒸气部分冷凝放出热量使下降的冷凝液部分气化，两者之间发生了热量交换，其结果是，上升蒸气中易挥发组分增加，而下降的冷凝液中高沸点组分（难挥发组分）增加，如果继续多次，就等于进行了多次的气-液平衡，即达到了多次蒸馏的效果。这样靠近分馏柱顶部易挥发物质的组分比率高，而在烧瓶里高沸点组分（难挥发组分）的比率高。这样只要分馏柱足够高，就可将这些组分完全彻底分开。工业上的精馏塔就相当于分馏柱。

蒸馏和分馏的基本原理是一样的，都是利用有机物质的沸点不同，在蒸馏过程中低沸点的组分先蒸出，高沸点的组分后蒸出，从而达到分离提纯的目的。不同的是，分馏是借助于分馏柱使一系列的蒸馏不需多次重复，一次得以完成的蒸馏（分馏就是多次蒸馏），应用范围也不同，蒸馏时混合液体中各组分的沸点要相差 30℃以上，才可以进行分离，而要彻底分离沸点要相差 110℃以上。分馏可使沸点相近的互溶液体混合物（甚至沸点仅相差 1～2℃）得到分离和纯化。

器材和试剂

① 器材：蒸馏装置 1 套、分馏装置 1 套。

② 试剂：乙醇、水。

实验内容

（1）基本操作训练（含仪器装置和主要流程图）

蒸馏装置（图 3-10）及分馏装置（图 3-11）的正确安装和应用如下。

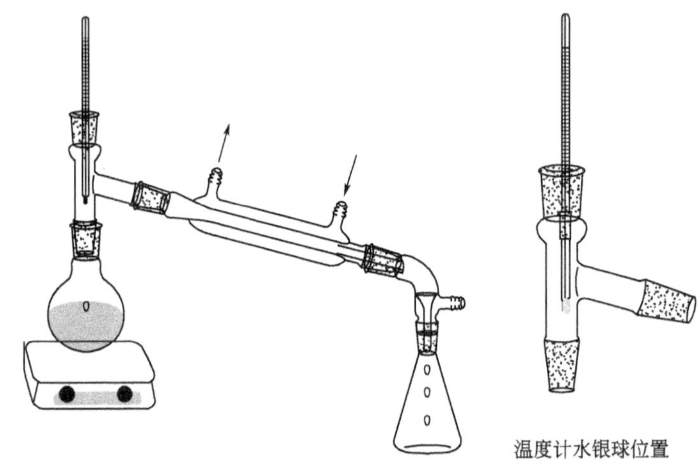

图 3-10 蒸馏装置示意

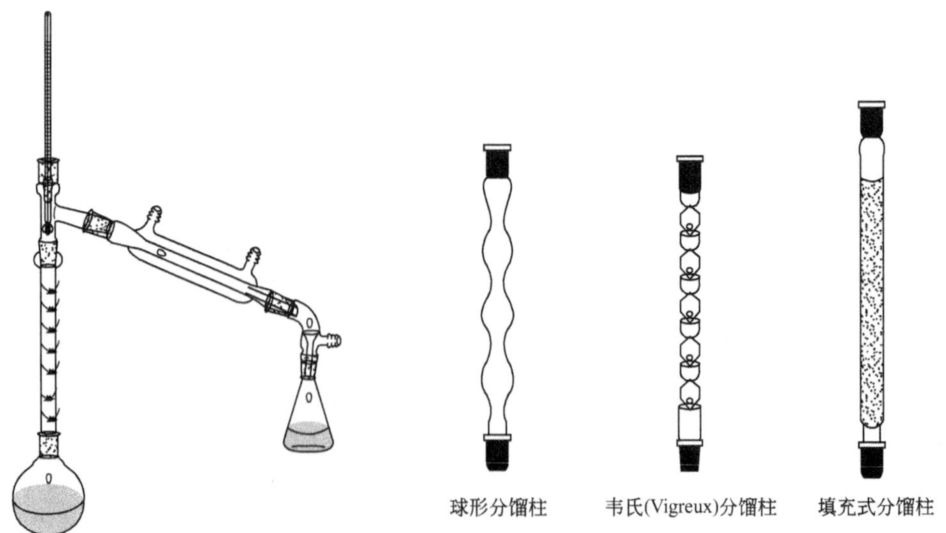

图 3-11 分馏装置示意

（2）实验操作

蒸馏实验步骤如下。

① 将蒸馏仪器按要求装好，用量筒取 30mL 工业酒精，通过玻璃漏斗加入圆底烧瓶中，加入 2 粒沸石，插上蒸馏头，装上温度计，蒸馏头的支管和直形冷凝管相连，再装上接液

管和接收器（一般用锥形瓶）。

② 通入冷凝水，加热，注意观察烧瓶中的变化和温度计读数。当瓶内液体开始沸腾时，蒸气前沿逐渐上升，待达到温度计时，温度计读数急剧上升，这时适当调小火焰，让水银球上的液滴和蒸气达到平衡，然后再稍微加大火焰，进行蒸馏，控制流出速度在每秒1～2滴。

③ 当温度计读数上升至77℃时，换一个已称量过的干燥的锥形瓶作接收器，收集77～79℃的馏分。当瓶内只剩下少量（0.5～1mL）液体时，停止蒸馏，不要将瓶内液体蒸干。

④ 称量所收集液体的质量，计算回收率。

简单分馏实验步骤如下。

① 在25mL圆底烧瓶内放置5mL乙醇、5mL水及1～2粒沸石，按简单分馏装置安装仪器。

② 开始缓缓加热，当冷凝管中有蒸馏液流出时，迅速记录温度计所示的温度。并控制加热速度，使馏出液以1～2滴/s的速度蒸出。

③ 收集馏出液，注意并记录柱顶温度及接收器的馏出液总体积。继续蒸馏，记录馏出液的温度及体积。将不同馏分分别量出体积，以馏出液体积为横坐标，温度为纵坐标，绘制分馏曲线。

④ 当大部分乙醇和水蒸出后，温度迅速上升，达到水的沸点，注意更换接收器。

⑤ 停止分馏。

注意事项

① 进行蒸馏操作时，有时发现馏出物的沸点往往低于（或高于）该化合物的沸点，有时馏出物的温度一直在上升，这可能是因为混合液体组成比较复杂，沸点又比较接近的缘故，简单蒸馏难以将它们分开，可考虑用分馏。

② 沸石的加入。为了清除在蒸馏过程中的过热现象和保证沸腾的平稳状态，常加沸石或一端封口的毛细管，因为它们都能防止加热时的暴沸现象，把它们称作止暴剂(又叫助沸剂)。值得注意的是，不能在液体沸腾时加入止暴剂，不能用已使用过的止暴剂。

③ 蒸馏及分馏效果好坏与操作条件有直接关系，其中最主要的是控制馏出液流出速度，以1～ 2滴/s为宜（1mL/min)，不能太快，否则达不到分离要求。

④ 当蒸馏沸点高于140℃的物质时，应该使用空气冷凝管。

⑤ 如果维持原来的加热程度，不再有馏出液蒸出，温度突然下降时，就应停止蒸馏，即使杂质量很少也不能蒸干，特别是蒸馏低沸点液体时更要注意不能蒸干，否则易发生意外事故。蒸馏完毕，先停止加热，后停止通冷却水，拆卸仪器，其程序和安装时相反。

⑥ 蒸馏低沸点易燃吸潮的液体时，在接液管的支管处，连一干燥管，再从后者出口处接胶管通入水槽或室外，并将接收瓶在冰浴中冷却。

⑦ 简单分馏操作和蒸馏大致相同，要很好地进行分馏，必须注意下列几点。

a. 分馏一定要缓慢进行，控制好恒定的蒸馏速度（1～2滴/s)，这样，可以得到比较好的分馏效果。

b. 要使有相当数量的液体沿柱流回烧瓶中，即要选择合适的回流比，使上升的气流和下降液体充分进行热交换，使易挥发组分量上升，难挥发组分尽量下降，分馏效果更好。

c. 必须尽量减少分馏柱的热量损失和波动。柱的外围可用石棉绳包住，这样可以减少柱内热量的散发，减少风和室温的影响，也减少了热量的损失和波动，使加热均匀，分馏操作平稳进行。

思考题

① 什么叫沸点？液体的沸点和大气压有什么关系？文献里记载的某物质的沸点是否即为你所在地的沸点温度？

② 蒸馏时加入沸石的作用是什么？如果蒸馏前忘记加沸石，能否立即将沸石加至将近沸腾的液体中？当重新蒸馏时，用过的沸石能否继续使用？

③ 为什么蒸馏时最好控制馏出液的速度以 1～2 滴/s 为宜？

④ 如果液体具有恒定的沸点，那么能否认为它是单纯物质？

⑤ 分馏和蒸馏在原理及装置上有哪些异同？如果是两种沸点很接近的液体组成的混合物能否用分馏来提纯呢？

⑥ 若加热太快，馏出液大于 1～2 滴/s（每秒钟的滴数超过要求量），用分馏分离两种液体的能力会显著下降，为什么？

⑦ 用分馏柱提纯液体时，为了取得较好的分离效果，为什么分馏柱必须保持回流液？

实验 7　萃取与洗涤

实验目的

① 学会萃取法的基本原理和方法。

② 学习分液漏斗的使用方法。

实验原理

萃取是利用物质在两种不互溶（或微溶）溶剂中溶解度或分配比的不同来达到分离、提取或纯化目的的一种操作。萃取是有机化学实验中用来提取或纯化有机化合物的常用方法之一。应用萃取可以从固体或液体混合物中提取出所需物质，也可以用来洗去混合物中的少量杂质。通常称前者为“抽取”或萃取，后者为“洗涤”。

器材和试剂

① 器材：分液漏斗。

② 试剂：乙醚、乙酸乙酯、水等。

实验内容

（1）液-液萃取操作

① 仪器的选择。液体萃取最通常使用的仪器是分液漏斗，大小一般选择较被萃取液体积大 1～2 倍的分液漏斗。

② 萃取溶剂的选择。萃取溶剂的选择，应根据被萃取化合物的溶解度而定，同时要易于和溶质分开，所以最好用低沸点溶剂。一般难溶于水的物质用石油醚等萃取；较易溶者，用苯或乙醚萃取；易溶于水的物质用乙酸乙酯等萃取。

每次使用萃取溶剂的体积一般是被萃取液体的 1/5～1/3，两者的总体积不应超过分液漏斗总体积的 2/3。

③ 操作方法。在活塞上涂好润滑脂，塞后旋转数圈，使润滑脂均匀分布，再用小橡皮圈套住活塞尾部的小槽，防止活塞滑脱。关好活塞，装入待萃取物和萃取溶剂。塞好塞子，旋紧。先用右手食指末节将漏斗上端玻塞（即玻璃塞）顶住，再用大拇指及食指和中指握住

漏斗，用左手的食指和中指蜷握在活塞的柄上，上下轻轻振摇分液漏斗，使两相之间充分接触，以提高萃取效率。每振摇几次后，就要将漏斗尾部向上倾斜（朝无人处）打开活塞放气，以解除漏斗中的压力。如此重复至放气时只有很小压力后，再剧烈振摇 2～3min，静置，待两相完全分开后，打开上面的玻塞，再将活塞缓缓旋开，下层液体自活塞放出，有时在两相间可能出现一些絮状物，也应同时放去。然后将上层液体从分液漏斗上口倒出，却不可也从活塞放出，以免被残留在漏斗颈上的另一种液体所沾污。

具体实验：请同学根据以上操作要点对乙酸乙酯-水混合液、乙醚-水混合液进行萃取，并注意观察哪个在上层，哪个在下层，试想有什么简便的方法来区别上下层各为何物。

（2）化学萃取

化学萃取（利用萃取剂与被萃取物起化学反应）也是常用的分离方法之一，主要用于洗涤或分离混合物，操作方法和前面的液-液萃取相同。例如，利用碱性萃取剂从有机相中萃取出有机酸，用稀酸可以从混合物中萃取出有机碱性物质或用于除去碱性杂质，用浓硫酸从饱和烃中除去不饱和烃，从卤代烷中除去醇及醚等。

（3）固-液萃取

自固体中萃取化合物，通常是用长期浸出法或采用脂肪提取器，前者是靠溶剂长期的浸润溶解而将固体物质中的所需成分浸出来，效率低，溶剂量大。

脂肪提取器是利用溶剂回流和虹吸原理，使固体物质每一次都能被纯的溶剂所萃取，因而效率较高。为增加液体浸润的面积，萃取前应先将物质研细，用滤纸套包好置于提取器中。提取器下端接盛有萃取剂的烧瓶，上端接冷凝管，当溶剂沸腾时，冷凝下来的溶剂滴入提取器中，待液面超过虹吸管上端后，即虹吸流回烧瓶，因而萃取出溶于溶剂的部分物质。就这样利用溶剂回流和虹吸作用，使固体中的可溶物质富集到烧瓶中，提取液浓缩后，将所得固体进一步提纯。

注意事项

（1）使用分液漏斗时应注意的事项

① 用前先检查是否有漏水现象。

② 不能把活塞上附有凡士林的分液漏斗放进烘箱内烘干。

③ 上口玻璃塞（或橡皮塞）打开后才能开启活塞。

④ 上层液体不能由分液漏斗下口放出。

⑤ 用后洗净，活塞用薄纸包裹后塞回去。

（2）萃取时分液漏斗具体操作

① 先将分液漏斗置于铁架台的铁圈中，关闭活塞，向分液漏斗中加入液体，然后盖紧玻塞。

② 取下分液漏斗振摇，使两层液体充分接触，并在振摇过程中不时放气，以平衡内外压力（振摇时，右手握住漏斗上口颈部，并用食指和中指夹住或用掌心顶住玻塞，以防玻塞松脱。左手托住分液漏斗，大拇指、食指按住处于上方的活塞把手，漏斗颈向上倾斜 30°～40°，两手振摇数秒钟后，把漏斗颈朝上，旋开活塞放气，使内外气压平衡。当漏斗内有低沸点的有机溶剂时或用碱洗涤酸性物质时，放气更不允许忽视）。

③ 关闭活塞，再振摇，如此反复操作多次。

④ 振摇一段时间后，将分液漏斗放回铁圈中静置。

⑤ 待两层液体界面清晰时，开启玻塞，并把分液漏斗下端靠贴在接收器壁上，缓缓旋开活塞放出下层液体（放液应先快后慢，当界面临近活塞时，关闭活塞，稍加振摇，使沾附

在漏斗壁上的液体下沉。静置片刻，下层液体会增多，再将下层液体慢慢放掉）。当最后一滴液体刚通过活塞孔时关闭活塞。

⑥ 待颈部液体流完后，将上层液体从上口倒出，装入另一容器内。

注意：无论是萃取或是洗涤，上下层液体都要保留至实验结束，否则，一旦出现操作中的失误，就无法补救了。

（3）乳化现象解决的方法

① 较长时间静置。

② 若是因碱性而产生乳化，可加入少量酸破坏或采用过滤方法除去。

③ 若是由于两种溶剂（水与有机溶剂）能部分互溶而发生乳化，可加入少量电解质（如氯化钠等），利用盐析作用加以破坏。另外，加入食盐，可增加水相的相对密度，有利于两相相对密度相差很小时的分离。

④ 加热以破坏乳状液，或滴加几滴乙醇、磺化蓖麻油等以降低表面张力。

（4）使用低沸点易燃溶剂进行萃取

操作时，应熄灭附近的明火。

思考题

① 什么叫萃取？在什么条件下可以使用？

② 萃取和洗涤有何区别和联系？

③ 如何选择萃取剂？

④ 用乙醚等低沸点溶剂萃取，为什么需要放气？

⑤ 简述分液漏斗的使用方法。

⑥ 如用萃取法分离一种碱（对甲苯胺）、一种酸（β-萘酚）和一种中性物质（苯），需要利用什么性质，在萃取中各组分发生的变化是什么？

⑦ 若用下列溶剂萃取水溶液，它们将在上层还是下层？溶剂：乙醚，氯仿，乙烷，苯。

实验8　液-液分离

实验目的

① 学习萃取分离法的基本原理。

② 掌握蒸发、浓缩与结晶的基本原理。

③ 学习蒸馏分离和萃取分离两种基本操作。

④ 初步了解铁离子、铝离子不同的萃取行为。

实验原理

（1）蒸馏

蒸馏是用来分离液体、提纯液体的常用操作。一般蒸馏的装置如图3-12所示，主要由蒸馏烧瓶、冷凝管和接液器三部分组成。液体在蒸馏烧瓶中加热沸腾后，蒸气进入冷凝器管，在冷凝管中冷凝为液体。然后经接引管而流入接液器中，通常在蒸馏烧瓶顶端的塞子中插入一支温度计，用于指示蒸气的温度，温度计的水银球应对准蒸馏烧瓶的侧管。

为了保持液体沸腾的平稳和避免过热现象的产生，可预先在烧瓶中放一些小块无釉瓷片（也可以用一端封闭的长的毛细管或玻璃珠代替），因为无釉瓷片能吸附气体，成为液体气化的中心，可使沸腾平稳，不致产生过热或暴沸现象。

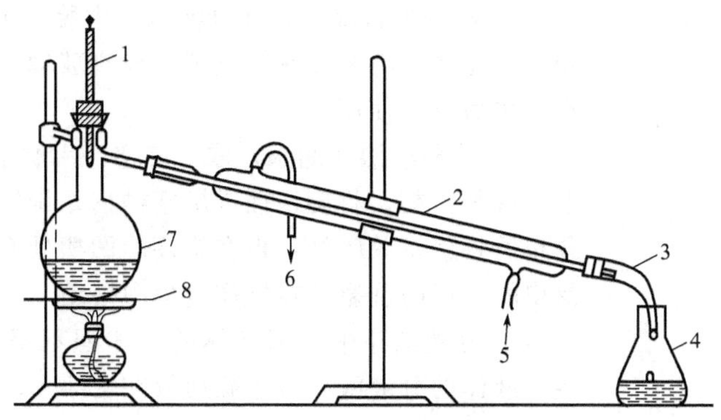

图 3-12 蒸馏装置

1—温度计；2—冷凝管；3—接引管；4—锥形瓶（接液器）；
5—进水口；6—出水口；7—蒸馏烧瓶；8—石棉网

（2）萃取

① 萃取的原理。无机盐易溶于水，形成水合离子，这种性质叫亲水性。如果要将金属离子由水相转移到有机相中，必须设法将其由亲水性转化为疏水性。只有中和金属离子的电荷，并且用疏水基团取代水合金属离子的水分子，才能使水相中的金属离子转移到有机相中。这个过程叫做萃取过程。

萃取是利用物质在不同溶剂中溶解度的差异使其分离的。其过程为某物质从其溶解或悬浮的相中转移到另一相中。

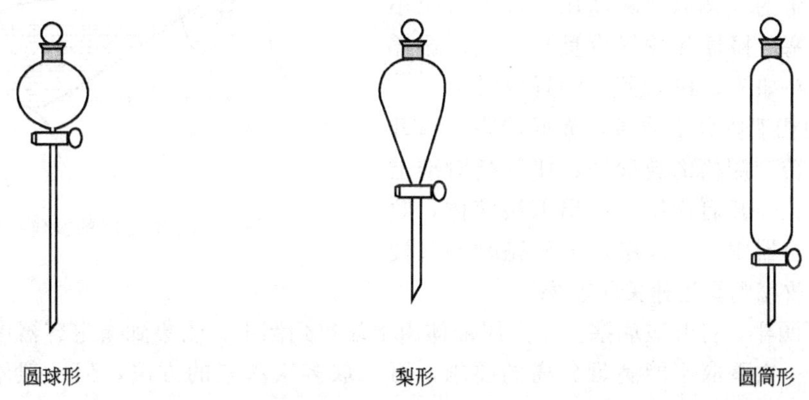

图 3-13 分液漏斗

重要的萃取体系包括螯合物、离子缔合物、溶剂化合物和无机共价化合物四种体系。在这些体系中，金属离子分别通过生成螯合物、离子缔合物、溶剂化合物，由亲水性转化为疏水性，来实现无机离子由水相向有机相的转移。

液-液萃取分离法就是利用与水不相溶的有机相与含有多种金属离子的水溶液在一起振荡，使某些金属离子由亲水性转化为疏水性，同时转移到有机相中，而另一些金属离子仍留在水相中，以达到分离的目的。

液-液萃取是用分液漏斗来进行的。常用的分液漏斗见图 3-13。在萃取前应选择大小合适、形状适宜的漏斗。选择的漏斗应使加入液体的总体积不超过其容量的 3/4。漏斗越细长，振摇后两液分层的时间越长，然而分离较彻底。

② 分液漏斗的使用。

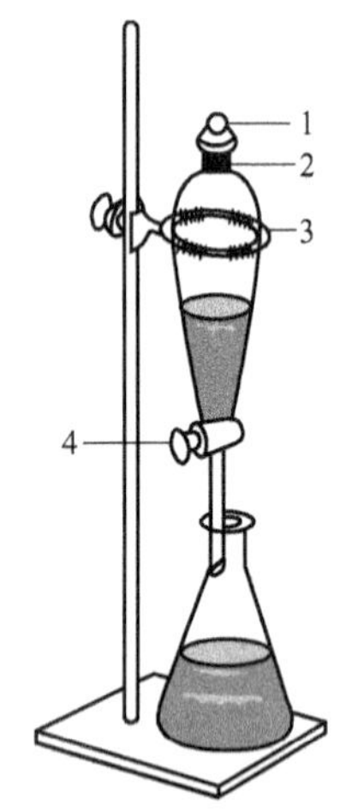

图 3-14 分液漏斗的操作装置
1—玻璃塞；2—玻璃塞上侧槽；
3—铁圈（缠有线绳）；4—旋塞

a. 检查是否漏水。在分液漏斗中装入少量水，检查旋塞芯处是否漏水。将漏斗倒转过来，检查玻璃塞是否漏水，待确认不漏水后方可使用。

b. 若分液漏斗漏水，取下旋塞，用滤纸吸干水，薄薄地涂上一层凡士林，将旋塞插进旋塞槽内，旋转数圈使凡士林均匀分布后将旋塞关闭好，再在旋塞的凹槽处套上一个直径合适的橡皮圈，以防旋塞芯在操作过程中松动。

c. 分液漏斗中全部液体的总体积不得超过其容量的 3/4。盛有液体的分液漏斗应正确地放在支架上。如图 3-14 所示。

③ 萃取操作方法。

a. 在分液漏斗中加入溶液和一定量的萃取溶剂后，塞上玻璃塞（操作装置如图 3-14 所示）。注意：玻璃塞上若有侧槽必须将其与漏斗上端颈部上的小孔错开！

b. 振荡方法。把分液漏斗横置，见图 3-15，令其上口略向下，左手握住旋塞，其拇指和食指控制旋塞柄，中指垫在分液漏斗下，这样可防止振荡时旋塞转动或脱落，又能灵活控制旋塞。右手握住分液漏斗上口颈部，右手掌压紧玻塞，防止玻塞脱落。振荡时开始要慢，且每振荡几次就要打开旋塞放气。

c. 放气方法。将漏斗倒置，使漏斗下颈导管向上，不要对着自己和别人。慢慢开启旋塞，排放可能产生的气体以解除超压。待压力减小后，关闭旋塞。振摇和放气应重复几次。振摇完毕，将漏斗如图 3-14 放置，静置分层。

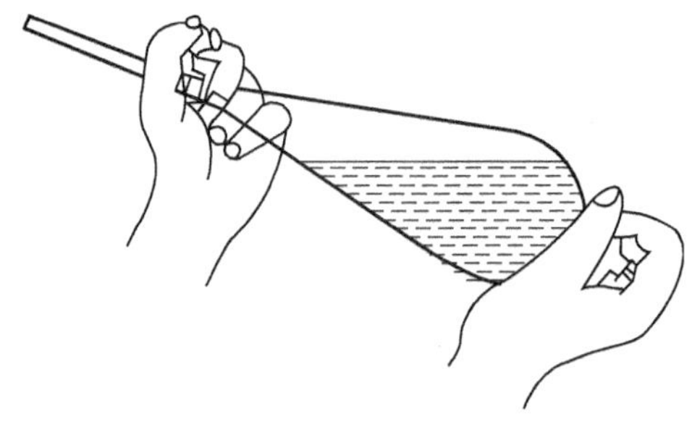
图 3-15 振荡时的操作手势

d. 待两相液体分层明显，界面清晰，移开玻璃塞或旋转带侧槽的玻璃塞，使侧槽对准上口颈上的小孔。开启活塞，放出下层液体，收集在适当的容器中。当液层接近放完时要放慢速度，一旦放完则要迅速关闭旋塞。

e. 取下漏斗，打开玻璃塞，将上层液体由上端口颈倒出，收集到指定容器中。

f. 假如一次萃取不能满足分离的要求，可采取多次萃取的方法，但一般不超过 5 次，将每次的有机相都归并到一个容器中。

（3）离子交换分离

离子交换分离法是利用离子交换剂与溶液中的离子发生交换反应而实现分离的方法。离子交换剂的种类很多，主要分为无机离子交换剂和有机离子交换剂。后者又称为离子交换树脂，是应用较多的离子交换剂。

离子交换树脂是具有可交换离子的有机高分子化合物。它分为阳离子交换树脂和阴离子交换树脂，分别能与溶液中的阳离子和阴离子发生交换反应。例如，阳离子交换树脂（$R—SO_3^-H^+$）和阴离子交换树脂（$R—NH_3^+OH^-$）就分别具有与阳离子交换的 H^+ 和与阴离子交换的 OH^-。当天然水流经这些树脂时，其中阳离子 Na^+、Mg^{2+} 和 Ca^{2+} 等就与 H^+ 发生交换反应（正向交换）

$$R—SO_3H+Na^+ \longrightarrow R—SO_3Na+H^+$$

阴离子 Cl^-、HCO_3^- 和 SO_4^{2-} 等与 OH^- 交换（正向交换）

$$R—NH_3OH+Cl^- \longrightarrow R—NH_3Cl+OH^-$$

在水中

$$H^+ + OH^- \Longrightarrow H_2O$$

经过多次交换，最后得到含离子很少的水，常称为去离子水。

同其他离子交换反应一样，上述离子交换反应也是可逆的，故若用酸或碱浸泡（反向交换）使用过的离子交换树脂，就可以使其“再生”继续使用。

和溶剂萃取法相似，离子交换法的最重要的应用莫过于成功而有效地分离那些性质极其相近的元素，如稀土元素、锆与铪、铌与钽等。

离子交换分离的步骤包括：①装柱；②离子交换；③洗脱与分离；④树脂再生。

（4）蒸发、浓缩与结晶

如果溶液中各物质间的溶解度相差比较大，可以通过蒸发、浓缩与结晶，使液体间的分离转化为固-液间的分离。

当溶液浓度很低而欲制的无机化合物溶解度较大时，为了从溶液中析出该物质的晶体，就需在一定温度下对溶液进行蒸发，使溶液中的溶剂不断挥发到空气中。随着水分的不断蒸发，溶液的浓度不断增加，蒸发到了一定程度时（或冷却），就可析出晶体。

在进行分离时，若物质的溶解度较大，必须蒸发到溶液表面出现晶膜时才停止蒸发；若物质的溶解度较小或高温时溶解度较大而室温时溶解度较小，则不必蒸发到液面出现晶膜即可冷却、结晶；若物质的溶解度随温度变化不大，为了获得较多的晶体，可在结晶析出后继续蒸发。

析出晶体颗粒的大小往往与结晶条件有关。若溶液的浓度较高，溶质的溶解度较小，而冷却速度较快时，析出晶体的颗粒就较细小。反之，若将溶液慢慢冷却或静置，则得到的晶体颗粒就较大。

第一次得到的晶体往往纯度较低，如果要得到纯度较高的晶体，可将晶体溶解于适量的蒸馏水，然后再进行蒸发、结晶、分离，这样可得到较纯净的晶体。这种操作过程叫做重结晶。对有些物质的精制有时需要进行多次重结晶。

（5）Fe^{3+}、Al^{3+}的萃取分离原理

在 6mol/L 盐酸中，Fe^{3+}与Cl^-生成了配离子$[FeCl_4]^-$。在强酸-乙醚萃取体系中，乙醚（Et_2O）与H^+结合，生成了鎓离子（$Et_2O \cdot H^+$）。由于$[FeCl_4]^-$与（$Et_2O \cdot H^+$）鎓离子具有疏松的结构和较低的电荷。因此，容易形成离子缔合物$Et_2O \cdot H^+ \cdot [FeCl_4]^-$，在这种离子缔合物中，$Cl^-$和$Et_2O$分别取代了$Fe^{3+}$和$H^+$的配位水分子，并且中和了电荷，具有疏水性，能够溶于乙醚中。因此，Fe^{3+}可从水相转移到有机相中。

Al^{3+}在 6mol/L 盐酸中与Cl^-生成配离子的能力很弱，因此，仍然留在水相中。将Fe^{3+}由有机相中再转移到水相中去的过程叫做反萃取。将含有Fe^{3+}的乙醚相与水相混合，这时体系中的H^+浓度和Cl^-浓度明显降低。鎓离子（$Et_2O \cdot H^+$）和配离子$[FeCl_4]^-$解离趋势增加，Fe^{3+}又生成了水合铁离子，被反萃取到水相中。由于乙醚沸点较低（35.6℃），因此，采用普通蒸馏的方法，就可以实现醚水的分离。这样Fe^{3+}又恢复了初始的状态，达到了Fe^{3+}、Al^{3+}萃取分离的目的。

器材和试剂

① 器材：圆底烧瓶（250mL）、直管冷凝器、尾接管，抽滤瓶、烧杯、梨形分液漏斗（100mL）、量筒（100mL）、铁架台、铁环。

② 试剂：碘、0.1mol/L NaCl 溶液、CCl_4、10% KI 溶液、0.15% $FeCl_3$ 溶液、5%

$AlCl_3$ 溶液、浓盐酸、乙醚（化学纯）、5% $K_4[Fe(CN)_6]$ 溶液、NaOH 溶液（2mol/L、6mol/L）、茜素 S 酒精溶液、冰水、热水。

实验内容

（1）氯化钠溶液与碘的分离

取适量碘于盛有 20mL 蒸馏水的小烧杯中溶解（振荡至溶液呈亮黄色），取上层清液 1mL 于试管中，加入 1mL 0.1mol/L NaCl 溶液，摇匀。在试管中加入 1mL CCl_4，摇动至上层溶液中黄色消失，CCl_4 层为红色（碘在 CCl_4 中的溶解度大）。将上层溶液倒出，再加入 1mL 10%KI 溶液，用力振荡试管后，碘又进入水溶液（$I_2 + I^- \xlongequal{} I_3^-$）。如此反复，$CCl_4$ 层的红色将会完全消失。

（2）Fe^{3+}、Al^{3+} 的萃取分离

将 10mL 5%$FeCl_3$ 溶液和 10mL 5%$AlCl_3$ 溶液于分液漏斗中混匀。依次加入 20mL 浓盐酸和 40mL 乙醚溶液，按照萃取分离的操作步骤进行萃取。萃取分离后，水相若呈黄色，则表明 Fe^{3+}、Al^{3+} 没有分离完全。可再次用 40mL 乙醚重复萃取，直至水相无色为止。每次分离后的有机相都合并在一起。

（3）蒸馏

打开冷却水，把 80℃的热水倒入水槽中，按普通蒸馏操作步骤，用热水将乙醚蒸出。蒸出的乙醚要测量体积并且回收。

思考题

① 蒸馏时在蒸馏烧瓶中加入碎瓷片的作用是什么？

② 使用分液漏斗时应注意什么问题？

③ 蒸馏乙醚时，能否在电炉上直接加热蒸馏？为什么？

4　参数及常数测定

实验9　化学反应热效应的测定

实验目的

① 掌握反应热效应测定的原理、方法。

② 熟练掌握减量法称量及配制标准溶液的操作。

实验原理

化学反应中常伴随有能量的变化。一个恒温化学反应所吸收或放出的热量称为该反应的热效应。一般把恒温恒压下的热效应又称为焓变（ΔH）。同一个化学反应，若反应温度或压力不同，则热效应也不一样。

热效应通常可由实验测得。先使反应物在量热器中绝热变化，根据量热计温度的改变和体系的热容，便可算出热效应。现以锌粉和硫酸铜溶液反应为例，说明热效应的测定过程

$$Zn + CuSO_4 \longrightarrow ZnSO_4 + Cu$$

该反应是一个放热反应。测定时，先在一个绝热良好的量热器中放入稍微过量的锌粉及已知浓度和体积的硫酸铜溶液。随着反应的进行，不时地记录溶液温度的变化。当温度不再升高并且开始下降时，说明反应完毕。然后根据下列计算公式，求出该反应的热效应

$$\Delta H = \frac{-\Delta TCV\rho}{n}$$

式中，ΔT 为溶液的温升，K；C 为溶液的比热容，kJ/(kg・K)；V 为 $CuSO_4$ 溶液的体积，L；ρ 为溶液的密度，kg/L；n 为体积为 V 的溶液中 $CuSO_4$ 的物质的量，mol。

实验内容

① 用台秤称取 3g 锌粉。

② 用减量法在天平上称取欲配制 250mL 0.2mol/L $CuSO_4$ 溶液所需的 $CuSO_4 \cdot 5H_2O$ 晶体，用 250mL 容量瓶配制成溶液。

③ 用移液管准确移取 50mL 所配制的 $CuSO_4$ 溶液于保温杯中，盖好盖，并插入温度计和搅棒（图 4-1）。

④ 不断搅动溶液，每隔 30s 记录一次温度。2min 后，迅速添加已称好的锌粉，并不断搅动溶液，继续每隔 30s 记录一次温度。当温度升到最高点后，再延续测定 2min。

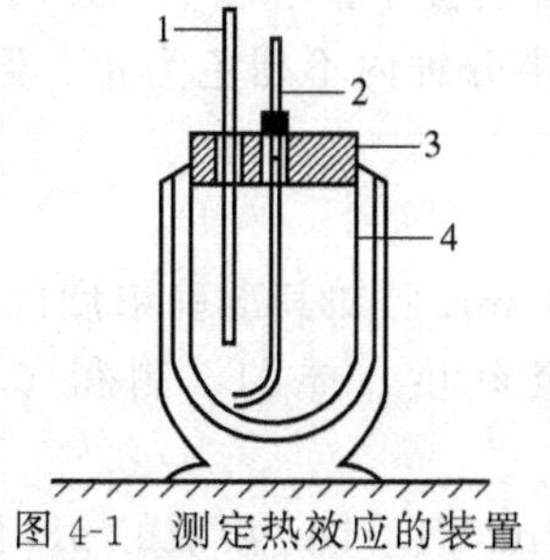

图 4-1　测定热效应的装置

1—温度计；2—搅棒；3—绝热盖板；4—保温夹套

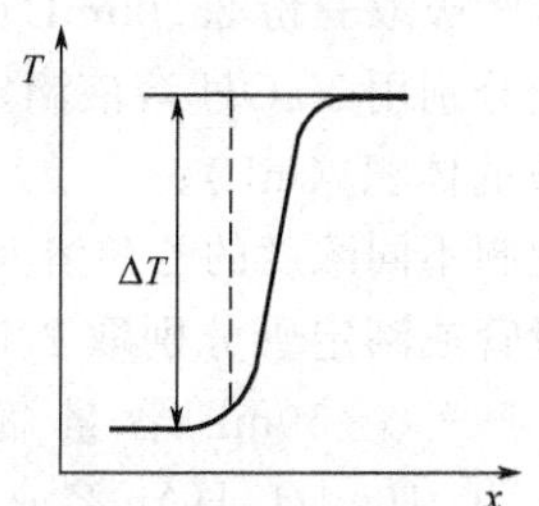

图 4-2　反应温度的变化

数据处理

① 按图 4-2 所示，以温度（T）对时间（τ）作图，求得溶液温升 ΔT。

② 根据实验数据，计算 ΔH。计算时保温杯的热容量忽略不计。已知溶液的比热容为 4.18kJ/(kg·K)；溶液的密度约为 1kg/L。

思考题

① 本实验所用的锌粉为什么不必用天平称量？

② 为什么要不断搅拌溶液及注意温度变化？

③ 若称量或移液操作不准确，对热效应测定有何影响？

实验 10　乙酸电离常数和电离度的测定（pH 电位法）

实验目的

① 测定乙酸的电离常数，加深对电离度的理解。

② 学习正确使用 pH 计。

实验原理

乙酸（CH_3COOH 或简写成 HAc）是弱电解质，在溶液中存在如下电离平衡

$$HAc \longrightarrow H^+ + Ac^-$$

$$K_i = \frac{[H^+][Ac^-]}{[HAc]}$$

式中，$[H^+]$、$[Ac^-]$ 和 $[HAc]$ 分别为 H^+、Ac^-、HAc 的平衡浓度；K_i 为电离常数。

乙酸溶液的总浓度 c 可以用标准 NaOH 溶液滴定测得。其电离出来的 H^+ 的浓度可在一定温度下用 pH 计测定乙酸溶液的 pH 值，根据 $pH=-\lg[H^+]$ 关系式计算出来。另外，再从 $[H^+]=[Ac^-]$ 和 $[HAc]=c-[H^+]$ 关系式求出 $[Ac^-]$ 和 $[HAc]$，代入 K_i 计算公式便可计算出该温度下的 K_i 值。

乙酸的电离度是 $[H^+]/c$。

器材和试剂

① 器材：pHS-25 型酸度计，容量瓶（50mL），吸量管（10mL），碱式滴定管（50mL），锥形瓶（250mL），烧杯（50mL）。

② 试剂：标准 NaOH（0.2mol/L），HAc（0.2mol/L），酚酞指示剂。

实验内容

（1）用 NaOH 标准溶液测定乙酸溶液的浓度（准确到三位有效数字）

用移液管吸取三份 25.00mL 0.2mol/L HAc 溶液，分别置于锥形瓶中，各加 2～3 滴酚酞指示剂。分别用 NaOH 溶液滴定至溶液呈现微红色，半分钟内不褪色为止。记录下所用 NaOH 溶液的体积（mL）。

（2）配制不同浓度的乙酸溶液

用吸量管或滴定管分别取 2.50mL、5.00mL 和 25.00mL 已知其准确浓度的 0.2mol/L HAc 溶液于三个 50mL 容量瓶中，用蒸馏水稀释至刻度，摇匀，制得 0.01mol/L、0.02mol/L、0.1mol/L HAc 溶液。

（3）测定 0.01mol/L、0.02mol/L、0.1mol/L 和 0.2mol/L HAc 溶液的 pH 值

用四个干燥的 50mL 烧杯，分别取 25mL 上述四种浓度的 HAc 溶液，由稀到浓分别用

酸度计（pH 计）测定它们的 pH 值，并记录温度（室温）。酸度计的使用见【附三】。

思考题

① 在标定 HAc 溶液过程中，锥形瓶能否用蒸馏水冲洗？滴定至终点时，滴定管尖嘴部位有一滴溶液未滴下，对实际结果是否有影响？

② 若改变缓冲溶液的缓冲比，对 HAc 的 K_a 是否有影响？对缓冲溶液 pH 是否有影响？

【附三】 pHS-25 型酸度计使用说明

(1) 仪器的构造

仪器的主要部分可分为电极部分和电计部分。

本仪器的电极系统是由 pH 玻璃电极和银-氯化银参比电极组成的复合电极。

电计实际上是一高输入阻抗的毫伏计。由于电极系统把溶液的 pH 值变为毫伏值是与被测溶液的温度有关的，因此，在测 pH 值时，电计附有一个温度补偿器。此温度补偿器所指示的温度应与被测溶液的温度相同。此温度补偿器在测量电极电位时不起作用。

由于电极系统的 pH 零电位都有一定的误差，如不对这些误差进行校正，则会对测量结果带来不可忽略的影响，为了消除这些影响，一般酸度计上都有一个“定位调节器”，这个“定位”调节器在仪器 pH 校正时用来消除电极系统的零电位误差。

电计上的“功能选择器”开关是用于确定仪器的测量功能的。在“pH”挡时，用于 pH 测量和校正“＋mV”挡，用于测量电极电位极性同电计后面板上标志的电极电位值；“－mV”挡，用于测量电极电位极性同电计后面板上标志相反的电极电位值。

电计上的“量程选择器”开关是用于选择测量范围的。中间一挡是仪器处于预热时用的，在不进行测量时，都必须置于这一位置。表 4-1 是处在不同挡时的 pH 测量范围。

表 4-1 不同挡时的 pH 测量范围

功能测量范围挡	pH 测量	电极电位测量/mV
7～0	0～7(pH 值)	0～±700
7～14	7～14(pH 值)	±700～±1400

电计的输入电路采用具有极高输入阻抗（典型值）的高性能集成运算放大器。

电计的电源电路采用具有齐全保护功能的三端集成稳压器。

电计的指示电表采用具有镜面的精密电表，能消除人工读数误差。

(2) 仪器的使用方法

仪器外部各部件的位置和名称见图 4-3。

首先，参照说明书装上电极杆及电极夹，并按要求在需要的位置紧固。然后装上电极，支好支架。在开电源开关前，把“量程选择器”开关置于中间的位置。短路插插入电极插座。

① 电计的检查。通过下列操作方法，可初步判断仪器是否正常。

a. 将“功能选择器”开关置于“＋mV”或“－mV”挡。短路插插入电极插座。

b.“量程选择器”开关置于中间的位置，开仪器电源开关，此时电源指示灯应亮。表针位置在未开机时的位置。

c. 将“量程选择器”开关置于“7～0”挡，指示电表的示值应为 0（±10mV）位置。

d. 将“功能选择器”开关置于“pH”挡，调节“定位调节器”，电表的示值应能调至小于 6（pH 值）。

e. 将“量程选择器”开关置于“7～14”挡，调节“定位调节器”，电表的示值应能调

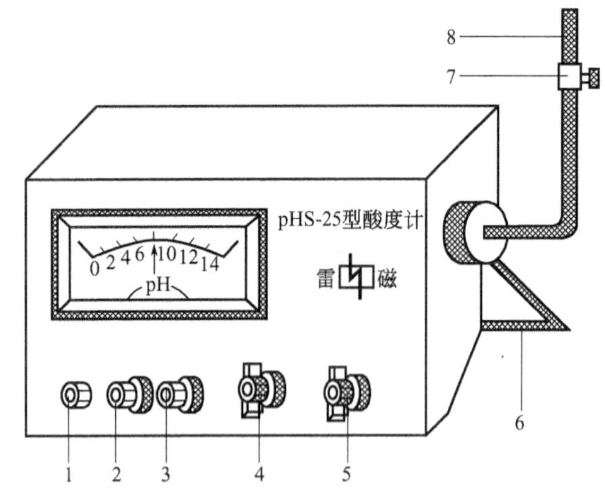

图 4-3 pHS-25 型酸度计面板图

1—电源指示灯；2—温度补偿器；3—定位调节器；4—功能选择器；5—量程选择器；6—仪器支架；7—固定圈；8—电极杆

至大于 8（pH 值）。

当仪器经过以上方法检验，都能符合要求后，则可认为仪器的工作基本正常。

② 仪器的 pH 标定。干放的复合电极在使用前必须浸泡 8h 以上（在蒸馏水中浸泡）。使用前使复合电极的参比电极加液小孔露出，甩去玻璃电极下端气泡，将仪器的电极插座上的短路插拔去，插入复合电极。

仪器在使用之前，即测未知溶液 pH 值前，先要标定，但这并不是说每次使用前都要标定，一般，每天标定一次已能达到要求。仪器的标定可按如下步骤进行。

a. 用蒸馏水清洗电极，电极用滤纸擦干后即可把电极放入一已知 pH 值的缓冲溶液中，调节“温度补偿器”，使所指定的温度同溶液的温度。

b. 将“量程选择器”开关置于所测 pH 标准缓冲溶液的范围这一挡（如 pH4 或 pH 6.88 的溶液则置“7～0”挡）。

c. 调节“定位调节器”旋钮，使电表指示该缓冲溶液的准确 pH 值。

标定所选用的 pH 标准缓冲溶液同被测样品的 pH 值最好能尽量接近，这样能减小测量误差。

经上述步骤标定后的仪器，“定位调节器”旋钮不应再有任何变动。在一般情况下，24h 之内，无论电源是连续开或是间断开，仪器不需要再标定，但遇下列情况之一，则仪器最好事先标定。

a. 溶液温度与标定时的缓冲溶液温度有较大变化时。

b. 干燥过久的电极。

c. 换过了新的电极。

d.“定位调节器”旋钮有变动，或可能有变动。

e. 测量过 pH 值较大（大于 12）或较小（小于 2）的溶液。

f. 测量过含有氟化物且 pH 值小于 7 的溶液之后，或较浓的有机溶剂之后。

③ pH 值测量。已经过 pH 标定的仪器，即可以用来测样品的 pH 值，其步骤如下。

a. 把电极插入未知溶液之内，稍稍摇动烧杯，使之缩短电极响应时间。

b. 调节“温度补偿器”使指示溶液的温度。

c. 将“功能选择器”开关置于“pH”挡。

d. 将“量程选择器”开关置于被测溶液的可能 pH 值范围。

此时仪器所指示的 pH 值即未知溶液的 pH 值。

④ 测量电极电位。仪器在测量电极电位时，只要根据电极电位的极性置“功能选择器”开关，当此开关置“＋mV”挡时，仪器所指示的电极电位极性同电计后面板上标志的电极电位值；当此开关置“－mV”挡时，电极电位极性同电计后面板上标志相反的电极电位值。

当“量程选择器”开关置于“7～0”挡时，测量范围为 0～±700mV；置于“7～14”挡时，测量范围为±700～±1400mV。

实验 11 硫酸钡溶度积的测定（电导法）

实验目的

① 训练硫酸钡沉淀制备的基本方法。

② 学习使用电导仪或电导率仪。

③ 测定难溶电解质硫酸钡的溶度积。

④ 进一步练习固-液分离和洗涤沉淀的基本操作。

实验原理

难溶电解质的饱和溶液都是稀溶液，由于在极稀溶液中，电解质分子的离解度接近于1，离子的活度系数也接近于1，因此处理难溶电解质饱和溶液的平衡问题时，可以只考虑固体与溶液中离子之间的平衡，并用浓度代替活度。

例如，对于难溶电解质 A_mB_n 有

$$A_mB_n(s) \rightleftharpoons mA^{n+}(aq) + nB^{m-}(aq)$$

$$K_{sp,A_mB_n} = [A^{n+}]^m \cdot [B^{m-}]^n$$

当不存在同离子效应时，溶液中的 A_mB_n 的饱和浓度 $[A_mB_n]$ 与离子的平衡浓度 $[A^{n+}]$ 和 $[B^{m-}]$ 有如下关系

$$[A_mB_n] = 1/m[A^{n+}] = 1/n[B^{m-}]$$

代入

$$K_{sp,A_mB_n} = (n/m)^n[A^{n+}]^{m+n}(m/n)^m[B^{m-}]^{m+n}$$

$$= m^m n^n [A_mB_n]^{m+n}$$

从上述关系式可知，只要已知 $[A_mB_n]$、$[A^{n+}]$ 和 $[B^{m-}]$ 三者之中任一个量，都能求出溶度积常数 K_{sp}的值。因此，溶度积的测定可转化为对难溶电解质饱和溶液中某一物质的浓度测定。任何能够准确测定稀溶液中电解质或电解质离子浓度（直接或间接）的方法都可以用于测定 K_{sp}。

本实验用电导法（或电导率法）测定硫酸钡的溶度积。具体的方法是测出硫酸钡饱和溶液的电导率（或电导），然后通过电解质溶液的电导率（或电导）与电解质浓度的关系计算出硫酸钡饱和溶液中硫酸钡的浓度，从而求得 K_{sp} 值。

在推导电导率（或电导）与电解质浓度关系时，需要先了解电导率（K）和电解质的摩尔电导率（λ）的意义及其相互间的关系。

电解质溶液导电能力的大小，通常用电阻 R 或电导 G 来表示。在国际单位制（SI）中电导的单位是 S，称为西门子（1S=1A/V）。

(1) 电导率 K

表示放在相距 1m，面积为 $1m^2$ 两平行电极之间溶液的电导。

若导体具有均匀截面，则其电导与截面积 A 成正比，与长度 L 成反比，即

$$G = \frac{KA}{L} \tag{a}$$

K 为比例常数，称为电导率（过去称比电导），单位为 S/m。

(2) 摩尔电导率

在相距为 1m，面积为 $1m^2$ 的两个平行电极之间，放置含有 1mol 电解质的溶液，此溶液的电导称为摩尔电导率，用 λ 表示，单位为 $S \cdot m^2/mol$。

摩尔电导率 λ 与电导率 K 有如下关系

$$K=\lambda c \qquad ⓑ$$

在使用摩尔这个单位时，必须明确规定基本单元，基本单元可以是分子、原子、离子、电子，或是这些粒子的特定组合，因而表示电解质的摩尔电导率时，亦应标明基本单元。例如若采用 $1/2MgCl_2$ 为基本单元，则 $\lambda_{MgCl_2}=2\lambda_{1/2MgCl_2}$。

(3) 极限摩尔电导率

当溶液无限稀释时，正、负离子之间的影响趋于零，λ 值达到最大值，用 λ_0 表示（λ_0 称为极限摩尔电导率）。实验证明当溶液无限稀释时，每种电解质的极限摩尔电导率 λ_0 是正负两种离子的极限摩尔电导率的简单加和。即

$$\lambda_0=\lambda_{0,+}+\lambda_{0,-} \qquad ⓒ$$

离子的极限摩尔电导率（$\lambda_{0,+}$ 或 $\lambda_{0,-}$）可以从物理化学手册上查到。

对于硫酸钡（$BaSO_4$）而言，其饱和溶液中存在如下平衡

$$BaSO_4(s) \rightleftharpoons Ba^{2+}(aq)+SO_4^{2-}(aq)$$

$$K_{sp,BaSO_4}=[Ba^{2+}]\cdot[SO_4^{2-}]=[BaSO_4]^2 \qquad ⓓ$$

由于 $BaSO_4$ 的溶解度很小，它的饱和溶液可以近似地看成无限稀释的溶液，依据ⓒ式，故有

$$\lambda_{0,BaSO_4}=\lambda_{0,Ba^{2+}}+\lambda_{0,SO_4^{2-}}$$

25℃时，无限稀释的 $1/2\ Ba^{2+}$ 和 $1/2\ SO_4^{2-}$ 的 λ_0 值分别为：$63.6\times10^{-4}S\cdot m^2/mol$ 和 $80.0\times10^{-4}S\cdot m^2/mol$。

$$\begin{aligned}\lambda_{0,BaSO_4}&=2\lambda_{0,1/2BaSO_4}=2(\lambda_{0,1/2Ba^{2+}}+\lambda_{0,1/2SO_4^{2-}})\\&=2(63.6+80.0)\times10^{-4}\\&=287.2\times10^{-4}\ (S\cdot m^2/mol)\end{aligned}$$

因此，只要测得 $BaSO_4$ 饱和溶液的电导率 K_{BaSO_4}（或电导 G_{BaSO_4}），即可由ⓑ式计算出 $BaSO_4$ 饱和溶液的物质的量浓度 c_{BaSO_4}。

$$c_{BaSO_4}=\frac{K_{BaSO_4}}{1000\lambda_{0,BaSO_4}}\ (mol/L) \qquad ⓔ$$

应注意的是，测定得到的 $BaSO_4$ 饱和溶液的电导率都包括了 H_2O 电离出的 H^+ 和 OH^- 的电导率 K_{H_2O}（或 G_{H_2O}），所以实际上

$$K_{BaSO_4}=K_{BaSO_4溶液}-K_{H_2O} \qquad ⓕ$$

或

$$G_{BaSO_4}=G_{BaSO_4溶液}-G_{H_2O}$$

由ⓓ、ⓔ和ⓕ可得

$$K_{sp,BaSO_4}=\left(\frac{K_{BaSO_4溶液}-K_{H_2O}}{1000\lambda_{0,BaSO_4}}\right)^2$$

或

$$K_{sp,BaSO_4}=\left[\frac{(G_{BaSO_4溶液}-G_{H_2O})\ \frac{1}{A}}{1000\lambda_{0,BaSO_4}}\right]^2 \qquad ⓖ$$

式中，$1/A$ 是电导池常数或电极常数。对某一电极来说，$1/A$ 为常数，由电极标出。

器材和试剂

①器材：DDS－11C 型电导率仪，电动离心机，烧杯（50mL）2 只，量筒（50mL）1

只，药勺。

② 试剂：$BaCl_2$(0.1mol/L)，Na_2SO_4(0.1mol/L)，$AgNO_3$(0.1mol/L)，二次蒸馏水。

实验内容

(1) $BaSO_4$ 沉淀的制备

取 10mL 0.1mol/L Na_2SO_4 溶液于干净小烧杯中，另取 10mL 0.1mol/L$BaCl_2$ 溶液于另一干净烧杯中，将盛有 Na_2SO_4 溶液的小烧杯加热至近沸时，在搅拌下缓慢滴加 $BaCl_2$ 溶液，直到 $BaCl_2$ 溶液加完后，盛有 $BaCl_2$ 的烧杯，用 5mL H_2O 洗涤，全部加入到 Na_2SO_4 溶液中，继续加热煮沸 5min，静置陈化（一般陈化时间需要 15～20min）。用倾斜法将 $BaSO_4$ 沉淀上的清液弃去，用近沸的蒸馏水洗涤 $BaSO_4$ 沉淀，至无 Cl^- 为止（可用 $AgNO_3$ 溶液检验）。这样得到了纯净的 $BaSO_4$ 沉淀。

(2) $BaSO_4$ 饱和溶液的制备

往 $BaSO_4$ 沉淀中加入 50mL 已测定电导率的蒸馏水（或二次蒸馏水），加热煮沸 3～5min，并不断搅拌，静置，冷却。

(3) 电导率的测定

① 取 40mL 纯水，测定其电导率 K_{H_2O}（或 G_{H_2O}）。测定时操作要迅速，测定电导率（或电导）后的纯水立即用于制备 $BaSO_4$ 饱和溶液。

② 将制得的 $BaSO_4$ 饱和溶液冷却至室温后（上层液是澄清的），用电导率仪尽快测定其饱和溶液的电导率 $K_{BaSO_4溶液}$ 或电导 $G_{BaSO_4溶液}$。

数据处理

见表 4-2。

表 4-2 数据记录和处理结果①

温度 t/℃	$K_{BaSO_4溶液}$/(S/m)	K_{H_2O}/(S/m)	$K_{sp,BaSO_4}$

① 本实验所用纯水的电导率 $K_{H_2O}<5\times10^{-4}$S/m 时方可使用，$K_{sp,BaSO_4}$ 测定值接近文献值。

思考题

① 为什么要测纯水电导率？

② 何谓极限摩尔电导率，什么情况下 $\lambda_0=\lambda_{0,+}+\lambda_{0,-}$？

③ 在什么条件下可用电导率计算溶液浓度？

实验 12 熔点和沸点测定

实验目的

① 了解熔点及沸点测定的意义。

② 掌握熔点及沸点测定的操作方法。

③ 了解利用对纯粹有机化合物的熔点测定校正温度计的方法。

实验原理

熔点（m.p.）是固体有机化合物固液两态在大气压力下达成平衡的温度，纯净的固体有机化合物一般都有固定的熔点，固液两态之间的变化是非常敏锐的，自初熔至全熔（称为熔程）温度不超过 0.5～1℃。

沸点（b.p.）即化合物受热时其蒸气压升高，当达到与外界大气压相等时，液体开始沸腾，此时液体的温度即沸点，物质的沸点与外界大气压的改变成正比。

化合物温度不到熔点时以固相存在，加热使温度上升，达到熔点时，开始有少量液体出现，此后，固液两相平衡。继续加热，温度不再变化，此时加热所提供的热量使固相不断转变为液相，两相间仍为平衡，最后的固体熔化后，继续加热则温度线性上升。因此在接近熔点时，加热速度一定要慢，每分钟温度升高不能超过 2℃，只有这样，才能使整个熔化过程尽可能接近于两相平衡条件，测得的熔点也比较精确。熔点和沸点都是化合物的重要物理常数，有一定实际意义。

器材和试剂

① 器材：毛细管、齐列管、酒精灯、橡皮塞。

② 试剂：食用油、二苯胺、乙酰苯胺、苯甲酸和水杨酸混合物、无水乙醇、工业乙醇。

实验内容

见图 4-4。

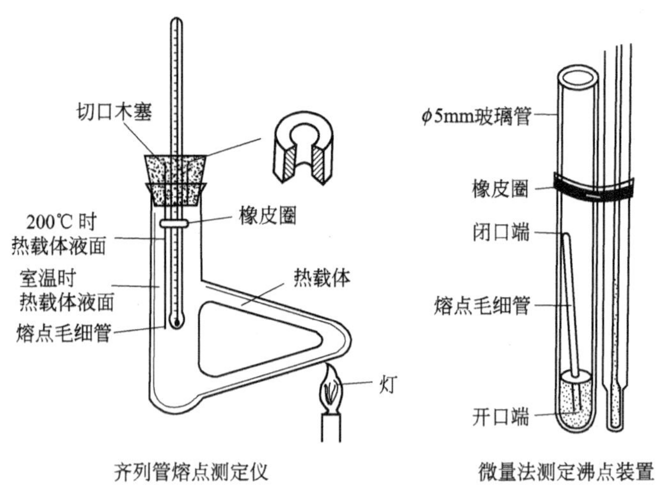

图 4-4 实验装置

（1）熔点的测定

① 熔点管的制备。毛细管的直径一般为 1～2mm，长 50～70mm。毛细管一端用小火封闭，直至毛细管封闭端的内径有两条细线相交或无毛细现象。

② 样品的装填。取样品（二苯胺、乙酰苯胺、苯甲酸和水杨酸混合物）少量放在洁净的表面玻璃上研成粉末，将毛细管开口一端插入粉末中，再使开口一端向上轻轻在桌面上敲击，使粉末落入管底。亦可将装有样品的毛细管反复通过一个长玻璃管，自由落下，这样也可使样品很均匀地落入管底。样品高约 2～3mm。样品必须均匀地落入管底，否则不易传热，影响测定结果。利用传热液体可将毛细管粘贴在温度计旁，样品的位置须在温度计水银球中间。

③ 熔点的测定。熔点测定的操作关键是用小火缓缓加热，以每分钟上升 3～4℃的速度升高温度至与所预料的熔点相差 15℃左右时，减弱加热火焰，以使温度上升速度每分钟约为 1～2℃为宜。此时应特别注意温度的上升和毛细管中样品的情况。记录当毛细管中样品开始塌落并有液相产生时（初熔）和固体完全消失时（全熔）的温度，此即为样品的熔点。

④ 观察及数据处理。观察三种物质的熔化温度及熔距，记录初熔温度和全熔温度；比

较纯物质和混合物的熔距有何不同。

(2) 沸点的测定

① 样品的装填。取1～2滴无水乙醇样品置于沸点管中，使液柱高约1cm。再放入封好一端的毛细管，并使封口朝上，然后将沸点管用小橡皮圈附在温度计旁，放入水浴中进行加热。

② 沸点的测定。随着温度升高，管内的气体蒸气压升高，毛细管中会有小气泡缓缓逸出，在到达该液体的沸点时，将有一连串的小气泡快速逸出。此时可停止加热，使浴温自行下降，气泡逸出的速度即渐渐减慢，当气泡不再冒出而液体刚要进入毛细管的瞬间（即最后一个气泡刚欲缩回至毛细管中时），表示毛细管内的蒸气压与外界压力相等，此时的温度即为该液体的沸点。

③ 数据记录。记下乙醇的沸点，与资料相比，是否有差异。

思考题

① 三个瓶子中分别装有A、B、C三种白色结晶的有机固体，每一种都在149～150℃熔化。一种A与B（体积比50∶50）的混合物在130～139℃熔化，那么，一种B与C（体积比50∶50）的混合物在什么样的温度范围内熔化呢？你能判断A、B、C是同一种物质吗？

② 测定熔点时，若遇下列情况，将产生什么样的结果？

(a) 熔点管壁太厚；(b) 熔点管底部未完全封闭，尚有一针孔；(c) 熔点管不洁净；(d) 样品未完全干燥或含有杂质；(e) 样品研得不细或装得不紧密；(f) 加热太快。

③ 如果液体具有恒定的沸点，那么能否认为它是单纯物质？

实验13 水的纯化及纯度测定

实验目的

① 熟悉自来水中主要杂质种类。

② 掌握上述杂质离子的定性鉴定方法。

③ 了解离子交换法制取去离子水的原理和方法。

实验原理

(1) 基本原理

工农业生产、科学研究和日常生活用水，对水质各有一定的要求。自来水中常存有钠、镁、钙的碳酸盐和酸式碳酸盐、硫酸盐和氯化物以及某些气体和有机物等杂质。为了除去水中杂质，常采用蒸馏法和离子交换法。本实验是用离子交换法制取去离子水。自来水流经阳离子交换树脂时，水中的阳离子如Na^+、Ca^{2+}、Mg^{2+}等被树脂交换吸附，并发生如下反应

$$R—SO_3^- H^+ + Na^+ \rightleftharpoons RSO_3Na + H^+$$

$$2R—SO_3^- H^+ + Ca^{2+} \rightleftharpoons (RSO_3)_2Ca + 2H^+$$

$$2R—SO_3^- H^+ + Mg^{2-} \rightleftharpoons (RSO_3)_2Mg + 2H^+$$

从阳离子交换树脂出来的水流经阴离子交换树脂时，水中的阴离子如Cl^-、SO_4^{2-}、CO_3^{2-}等被树脂交换吸附，并发生如下反应

$$R—N^+OH^- + Cl^- \rightleftharpoons R—NCl + OH^-$$

$$2R—N^+OH^- + SO_4^{2-} \rightleftharpoons (R—N)_2SO_4 + 2OH^-$$

$$2R—N^+OH^- + CO_3^{2-} \rightleftharpoons (R—N)_2CO_3 + 2OH^-$$

阳离子交换树脂中产生的 H^+ 和阴离子交换树脂中产生的 OH^- 结合成水

$$H^+ + OH^- \rightleftharpoons H_2O$$

（2）水质检测

① 用电导仪测定电导。

② 用铬黑 T 检验 Mg^{2+}：在 pH 8～11 的溶液中，铬黑 T 本身显蓝色，若样品液中含有 Mg^{2+}，则与铬黑 T 形成葡萄酒红色。

③ 用 $AgNO_3$ 溶液检验 Cl^-。

④ 用 $BaCl_2$ 溶液检验 SO_4^{2-}。

⑤ 用钙指示剂检验 Ca^{2+}：游离的钙指示剂呈蓝色，在 pH＞12 的碱性溶液中，它能与 Ca^{2+} 结合显红色。在此 pH 值下 Mg^{2+} 不干扰 Ca^{2+} 的检验，因为 pH＞12 时，Mg^{2+} 已生成 $Mg(OH)_2$ 沉淀。

器材和试剂

① 器材：电导率仪（连电极）1 台、离子交换装置 1 套。

② 试剂：强酸型阳离子交换树脂（型号 732）、强碱型阴离子交换树脂（型号 711）、$AgNO_3$(0.1mol/L)、$BaCl_2$(1mol/L)、铬黑 T、钙指示剂。

实验内容

（1）装柱（实验室已装好）

装置流程图如图 4-5 所示。

阳离子交换柱：柱内装有阳离子交换树脂，在底部有孔橡皮塞上面，放有一层支撑树脂用的玻璃纤维或玻璃布，橡皮塞中装有一根 T 形玻璃管，用来连接取样管和连接阴离子交换柱。取样时，旋转取样管上的旋塞，水样即可流出。取样管也可用乳胶管和 T 形玻璃管连接，乳胶管内装有一颗玻璃珠，取样时，手捏玻璃珠，水样即可流出，其操作和碱式滴定管相同。

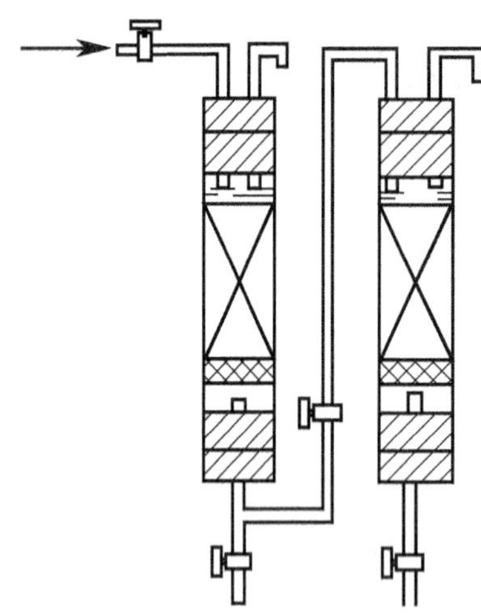

图 4-5 离子交换装置示意

阴离子交换柱：柱内装有阴离子交换树脂（体积均为阳离子交换树脂的 2 倍）。下面橡皮管中也装有 T 形玻璃管，用来取样。

（2）交换

依次使自来水流过阳离子交换柱和阴离子交换柱。

（3）水质检测

依次取自来水试样、阳离子交换柱流出液、阴离子交换柱流出液样品进行以下项目的检测。

① 用电导仪分别检测自来水和阴离子交换柱流出液的电导。

② 用铬黑 T 检验 Mg^{2+}。取自来水试样和阳离子交换柱流出液各 1mL，分别加入 1 滴 2mol/L 氨水和少量固体铬黑 T 指示剂。根据颜色判断有无 Mg^{2+}。

③ 用钙指示剂检验 Ca^{2+}。取自来水试样和阳离子交换柱流出液各 1mL，分别加入 2 滴 2mol/L NaOH，再加入少许钙指示剂。观察颜色，判断有无 Ca^{2+}。

④ 用 $AgNO_3$ 溶液检验 Cl^-。取自来水试样和阴离子交换柱流出液各 1mL，分别加入 2 滴 2mol/L HNO_3，再加入 2 滴 0.1mol/L $AgNO_3$ 溶液。观察有无白色沉淀产生。

⑤ 用 $BaCl_2$ 溶液检验 SO_4^{2-}。取自来水试样和阴离子交换柱流出液各 1mL，分别加入 2

滴 1mol/L $BaCl_2$ 溶液。观察有无白色沉淀产生。

注意检验水样所用的试管必须洁净，并用少量蒸馏水淋洗过。

根据实验原理，得出实验结果。

思考题

① 自来水中的主要无机杂质是什么？为何要用阴离子交换树脂、阳离子交换树脂制去离子水？

② 怎样检测水质？

【附四】 离子交换技术

将化合物通过装有离子交换树脂的离子交换柱后，由于离子键的交换而得到相应产物的方法被称为离子交换法。该法广泛用于元素的分离、提取、纯化、有机物的脱色精制、水的净化以及用作反应的催化剂等方面，离子交换法所需要的物品包括相应的离子交换树脂和离子交换柱等。

离子交换树脂包括天然的和合成的两大类别，其中比较重要的是人工合成的有机树脂，它主要是利用苯乙烯和二乙烯基苯交联成高聚物作为树脂的母体结构，然后再连接上相应的活性基团而合成的。人工合成的离子交换树脂是一种不溶性的具有网状结构的含有活性基团的高分子聚合物，在网状结构的骨架上有许多可以电离的能和周围溶液中的某些离子进行交换的活性基团，离子交换树脂的网状结构在水或者酸性、碱性溶液中极难溶解，且对于多数有机溶剂、氧化剂、还原剂及热均不发生作用。

(1) 离子交换树脂的分类

因所带基团和起的作用不同，离子交换树脂又可以分为阳离子交换树脂、阴离子交换树脂及具有特殊功能的离子交换树脂等类别。

① 阳离子交换树脂。阳离子交换树脂是带有酸性交换基团的树脂，这些酸性基团包括磺酸基（$—SO_3H$）、羧基（—COOH）、酚羟基（—OH）等。在这些树脂中，它们的阳离子可被溶液中的阳离子所交换，根据活性基的酸性的强弱不同，将阳离子交换树脂再细分为强酸性阳离子交换树脂（活性基为$—SO_3H$），如国产的 732 型树脂（新牌号 001-100＃），中等酸性阳离子交换树脂（活性基为$—PO_3H_2$）（国产新牌号 401-500＃）和弱酸性阳离子交换树脂（活性基为—COOH、$—C_6H_4OH$ 等）（如 724 型，新牌号 101-200＃）等，其中以强酸性树脂用途最广。

② 阴离子交换树脂。含有碱性活性基的树脂，这类树脂的阴离子可被溶液中的阴离子交换。根据活性基碱性的强弱差别分为强碱性阴离子交换树脂（活性基为季铵碱，如国产的 711＃、714＃等）和弱碱性阴离子交换树脂（活性基为伯氨基、仲氨基和叔氨基，如 701＃树脂等）。

③ 具有特殊功能的离子交换树脂。如螯合树脂、两性树脂、氧化-还原树脂等（表 4-3）。

在使用中应根据实验的具体要求，选择不同的离子交换树脂。

(2) 离子交换的基本原理

离子交换过程是溶液中的离子通过扩散进入到树脂颗粒内部，再与树脂活性基上的 H^+（或 Na^+ 及其他离子）离子进行交换，被交换的 H^+ 离子又扩散到溶液中并被排出。因此离子交换过程是可逆的，对于阳离子交换树脂来说，离子价越大交换势越大，即与树脂结合的能力越强。如

表 4-3 离子交换树脂的种类

类型		活性基	类别	举例
阳离子交换树脂	强酸性	磺酸基团	H 型(R—SO_3H)Na 型(R—SO_3Na)	732 型、IR-120 型
		磷酸基团	H 型(R—PO_3H_2)Na 型(R—PO_3Na_2)	
	弱酸性	羧酸基团	H 型(R—COOH)Na 型(R—COONa)	724 型、IRC-50 型
		苯酚基团	H 型(R—C_6H_4OH)Na 型(R—C_6H_4ONa)	—
阴离子交换树脂	强碱性	季铵基团	OH 型(R—NR'_3OH) Cl 型(R—NR'_3Cl)	717 型、IRA-400 型
	弱碱性	伯胺基团	OH 型(R—NH_3OH) Cl 型(R—NH_3Cl)	701 型、IR-45 型
		仲胺基团	OH 型(R—$NR'H_2OH$) Cl 型(R—$NR'H_2Cl$)	—
		叔胺基团	OH 型(R—NHR'_2OH) Cl 型(R—NHR'_2Cl)	—
特殊功能的离子交换树脂		螯合树脂、两性树脂、氧化-还原树脂等		

$K^+ < H^+ < Na^+ < K^+ < Ag^+ < Fe^{2+} < Co^{2+} < Ni^{2+} < Cu^{2+} < Mg^{2+} < Ca^{2+} < Ba^{2+} < Sc^{3+}$

同样，对于阴离子交换树脂而言，其交换势也随着离子价的增大而加大，如对强碱性阴离子树脂而言：$Ac^- < F^- < OH^- < HCOO^- < H_2PO_4^- < HCO_3^- < BrO_3^- < Cl^- < NO_3^- < Br^- < NO_2^- < I^- < CrO_4^{2-} < C_2O_4^{2-} < SO_4^{2-}$。

一般离子的交换能力可用交换容量来表示，所谓的交换容量指的是 1g 干树脂可以交换相应离子的物质的量（mmol）。不同类型的树脂交换容量不同，对于强酸性离子交换树脂来说，1g 干树脂一般交换容量≥4.5 物质的量（mmol），由此可计算出某一实验所需的最低树脂量。

（3）影响树脂交换的因素

影响树脂交换的因素很多，主要包括以下几个方面。

① 树脂本身的性质。不同厂家、不同型号的树脂交换容量不同。

② 树脂的预处理或再生的好坏。

③ 树脂的填充，离子交换柱中树脂填充是否有气泡。

④ 柱径比与流出速度。由于离子交换过程是一个缓慢的交换过程，并且这个交换过程是可逆的。因此流出速度对交换结果影响很大：流出速度过大，来不及进行离子交换，离子交换效果较差。同时流出速度又与流动相溶液中离子的浓度和离子交换柱的柱径比［离子交换柱的高度（h）与直径（R）的比值（图 4-6）］等因素有关：如离子浓度小时，可适当增加流出速度；在实验室中柱径比一般要求在 10∶1 以上，柱径比较大时可适当增加流出速度。为了得到较好的结果，流出速度一般要控制在 20～30 滴/min。

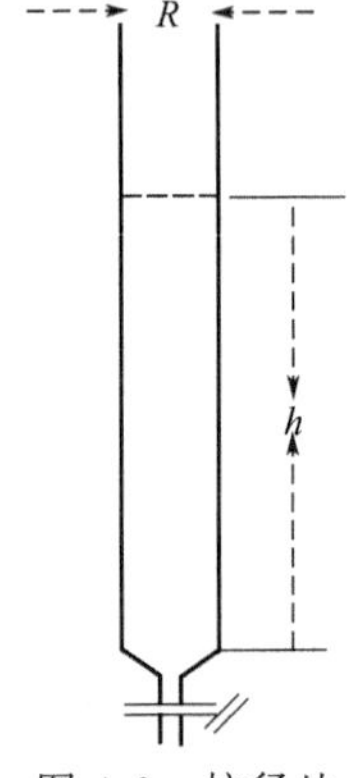

图 4-6 柱径比

（4）新树脂的预处理与老化树脂的再生

① 阳离子交换树脂的预处理。a. 漂洗。目的在于除去一些外源性杂质，将购买的新树脂用自来水浸泡，并不时搅动。弃去浸洗液，不断换水直到浸洗液无色为止。b. 碱洗。因稳定性的要求，购买的新树脂基本上都是 Na 型的，利用碱洗过程，可将某些非 Na 型转换为 Na 型，便于

下一步的处理。加等容量8%的NaOH溶液浸泡30min，分离碱液，用水洗至中性。c. 转换。用7%的HCl溶液处理3次，每次均为等容量并浸泡30min，分离酸液，并用水洗至中性备用（注意：最后几次应该用蒸馏水或去离子水洗涤）。

② 阴离子交换树脂的预处理。a. 将新购阴离子交换树脂加等量50%乙醇搅拌放置过夜，除去乙醇，用水洗至浸洗液无色无味。b. 用7%的HCl溶液处理3次，每次均为等容量并浸泡30min，分离酸液，并用水洗至中性。c. 用8%的NaOH溶液处理3次，每次均为等容量并浸泡30min，水洗至pH值为8～9为止。

③ 离子交换树脂的再生。离子交换树脂用过一段时间后，会发生色变，并失去交换能力，这就是树脂的老化，可通过处理使其再生。再生的方法因树脂不同而异，但基本步骤与预处理相类似，首先是漂洗，然后利用离子交换过程的可逆性原理，用 H^+、Na^+（或 OH^-、Cl^-）交换树脂上的离子即可。再生过程可以使用静态法和动态法等方法。以阳离子交换树脂的再生为例。a. 静态法。将经过漂洗的树脂加入适量（2～3倍体积或更多）的2mol/L的盐酸放置24h以上（放置过程中要经常地加以搅拌），弃去酸液，用水冲洗至中性。b. 动态法。先将离子交换柱的残水放出，加入2～3倍容量的2mol/L（约为7%）的HCl溶液（或其他酸），打开离子交换柱下部的开关旋钮，使液体缓慢流出，并随时检验流出液的pH值，当流出液呈强酸性时，关闭旋钮静置一段时间，使交换充分（静态再生）后再放出酸液，并将其余酸液不断加入（动态再生），最后用水冲洗至中性即可。

④ 注意事项。a. 为避免洗涤过程中自来水中的离子与树脂发生交换作用，最好先用自来水将树脂中的大部分酸（或碱）洗出［此时流出液pH值约为2～3（11～12）］，之后，再用蒸馏水（去离子水）洗涤至pH值为6～7（或8～9）。b. 阴离子树脂在40℃以上极易分解，应特别注意。c. 离子交换树脂在使用过程中会逐渐裂解破碎，但是一般可以用3～4年甚至更长，不要轻易倒掉。d. 对已处理好（或再生好）的树脂，应立即使用，不可放置太久，因为它的稳定性较差。一般阳离子交换树脂Na型比H型稳定，阴离子交换树脂Cl型比OH型稳定。e. 树脂再生时，应根据结合在树脂上的离子选择不同的酸（碱），如结合的是 Pb^{2+}，就不能用HCl，而应该用 HNO_3，因为 $Pb(NO_3)_2$ 是易溶的。

(5) 离子交换法的具体操作

① 树脂的转型。即树脂应先经预处理或再生，转型后的树脂放置在蒸馏水中。

② 装柱。a. 树脂的选择。根据实验目的和具体情况选择不同性能的离子交换树脂，若被吸附的是无机阳离子或有机碱时，宜选用阳离子交换树脂，反之若被吸附的是无机阴离子或有机酸时，应选用阴离子交换树脂，如果是分离氨基酸这样的两性物质时，则使用阳离子、阴离子交换树脂均可。确定了阳、阴离子交换树脂后，需确定交换基的种类，如对于吸附性强的离子，可选用弱酸（碱）性离子交换树脂，而对于吸附性较弱者，宜选用强酸（碱）性离子交换树脂。在数种离子共存时，宜先选用吸附性较弱的，以后再选用吸附性较强的交换树脂。若将树脂作为催化剂时，应选用强酸（碱）性离子交换树脂。b. 树脂装柱。将已经活化好的树脂装入离子交换柱的过程叫装柱。装柱的关键就在于不能使树脂出现断层或气泡，具体做法是：先在离子交换柱中加入部分去离子水，然后将树脂带水装进柱内并打开下部活塞，使水缓缓流出。当树脂加完后，用去离子水将树脂冲洗至流出液的pH为中性。在装柱过程中特别注意不能使树脂层断水，以免产生气泡而引起树脂断层。若不慎有气泡产生时，可利用玻棒搅动树脂，并将气泡带出。

③ 离交。打开离子交换柱下端的开关旋钮，将已经处理好的离子交换柱中的去离

子水放出（注意：此时要再检验一次流出液的 pH，如不为中性则继续用去离子水冲洗至中性）。直到去离子水刚刚掩盖树脂时，将待处理的样品液加入到离子交换柱中（注意：加入时不要使树脂翻动），打开树脂柱下端开关旋钮，控制流速在每分钟 20～30 滴，当样品液几乎全部进入到树脂中时，加入去离子水（注意：在离子交换过程中同样不能让树脂层断水，以免产生气泡，影响离子交换效果）继续离子交换，直到流出液的 pH 值约为 6～7 时为止。

④ 树脂再生。方法如前所述。

实验 14　旋光度的测定

实验目的

① 了解旋光仪的原理、构造及使用方法。

② 观察旋光物质的旋光现象。

③ 学会用旋光仪测糖溶液的旋光度和浓度。

实验原理

旋光性是具有光学活性物质的一种特殊性质，当一束偏振光线通过旋光性物质时，它们可以把偏振光的振动面（即偏振光的振动方向所在的平面，这个平面与光的传播方向垂直）旋转一定角度，旋转的角度称为旋光度。以旋光仪零点为界，向右旋者称为右旋物质，旋光度取正值，向左旋者为左旋物质，旋光度取负值。

物质的旋光度取决于物质的本性和测定条件，如果待测物质为溶液，当入射光的波长和测定温度恒定时，其旋光度与溶液的浓度和光线经过溶液的厚度成正比。通常把偏振光通过厚度为 1dm、浓度为 1g/mL 的旋光物质的溶液时的旋光度定义为该物质的比旋光度，以 $[\alpha]$ 表示，则

$$[\alpha]_{\lambda}^{t}=\frac{\alpha}{l\rho_{B}}$$

式中，l 为光线通过溶液的厚度，即旋光管的长度，dm；ρ_B 为溶液的质量浓度，g/mL；α 为旋光度；t 为测定时的温度，℃；λ 为所用光源的波长，nm。

由于在一定条件下，旋光度与浓度成正比，测定旋光度可以测定溶液的浓度。

器材和试剂

① 器材：旋光仪、容量瓶。

② 试剂：葡萄糖。

实验内容

(1) 旋光仪介绍

旋光仪的结构见图 4-7。钠光灯发出的光经起偏片后成为平面偏振光，在半波片（劳伦特石英片）处产生三分视场，检偏片与刻度盘连在一起，转动度盘调节手轮即转动检偏片，可以看到三分视场各部分的亮度变化情况，如图 4-8 所示。其中 (a)、(c) 为大于或小于零度视场，(b) 为零度视场，(d) 为全亮视场。找到零度视场，从度盘游标处装有放大镜的视窗读数。

将装有一定浓度的某种溶液的试管放入旋光仪后，由于溶液具有旋光性，使平面偏振光旋转了一个角度，零度视场便发生了变化，转动度盘调节手轮，使再次出现亮度一致的零度视场，这时检偏片转过的角度就是溶液的旋光度，从视窗中的读数可求出其数值。观察到的

振动面顺时针旋转时称右旋物质，反之为左旋物质。

读数方法一：读数装置由刻度盘和游标盘组成，其中刻度盘与检偏镜连为一体，并在度盘调节手轮的驱动下可转动。刻度盘分为 720 个小格，每小格为 0.5°，小于 0.5°由游标读数，游标上有 25 个格，每小格为 0.02°。为了避免刻度盘的偏心差，在游标盘上相隔 180°对称地装有两个游标，测量时两个游标都读数，取其平均值。具体读数方法如图 4-9 所示，当游标与度盘有两条线重合时，读数为两线之间。如左面读数为 5.61°，右面读数为 5.65°，该角度应取二者平均值，即：平均值＝(5.65°＋5.61°)/2＝5.63°。该旋光仪测量范围为±180°，钠光灯波长 $\lambda=5.893\times10^{-7}$ m，试管长度分为 0.1m、0.2m 和 0.22m 3 种。

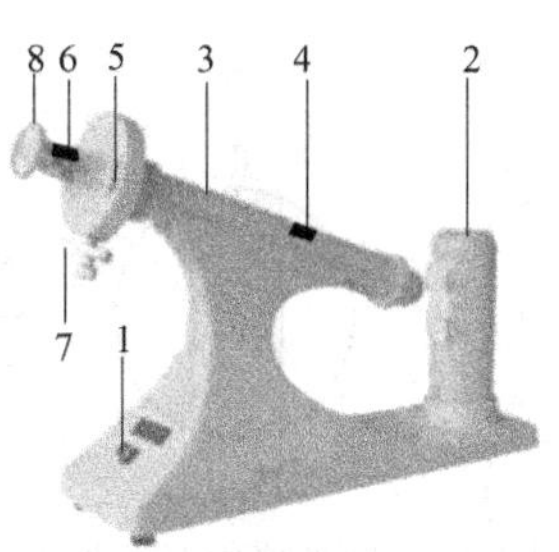

图 4-7 旋光仪的外形图

1—电源开关；2—钠光源；3—镜筒；4—镜筒盖；5—刻度游盘；6—视度调节螺旋；7—刻度盘转动手轮；8—目镜

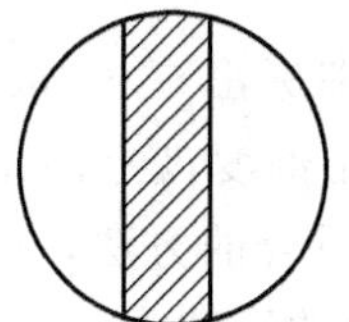

(a) 大于或小于零度视场

(b) 零度视场

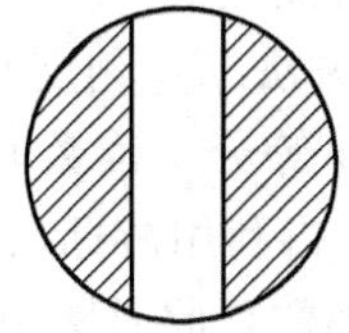

(c) 小于或大于零度视场

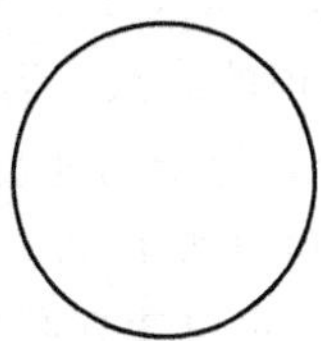

(d) 全亮视场

图 4-8 零度视场的分辨

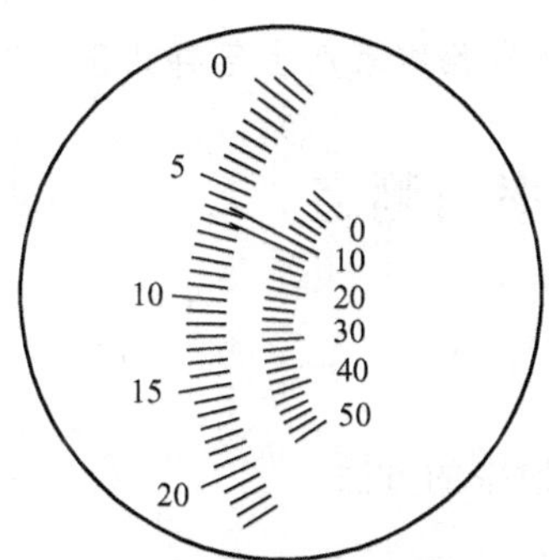

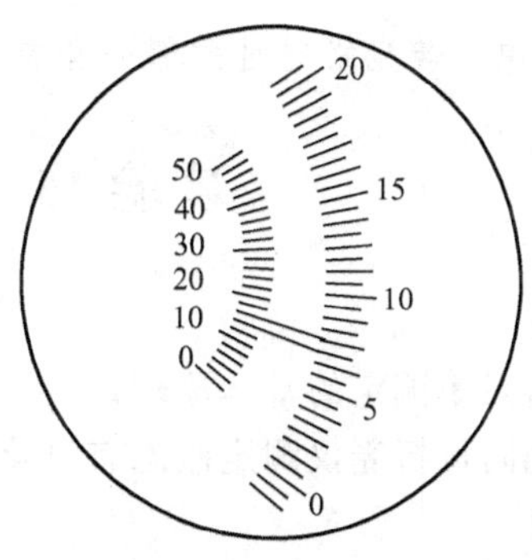

图 4-9 旋光仪读数示意图

(2) 旋光度的测定

① 装待测溶液。测定管有 1dm 和 2dm 的规格，选取适当测定管，洗净后用少量待测液（葡萄糖溶液）润洗 2～3 次，然后注入待测液，使液面在管口呈一凸面，将玻璃盖沿管口边缘平推盖好，勿使管内留有气泡，装上橡皮圈，旋上螺帽至不漏水，螺帽不宜旋得过紧，以免产生应力，影响读数。测定管中若有气泡，应先让气泡浮在凸颈处。

② 旋光仪零点的校正。打开电源开关，经 5min 钠光灯预热，使之发光稳定。通光面两端的雾状水滴应用软布揩干。将装有蒸馏水或其他空白溶剂的试管放入镜筒，盖上镜筒盖。

旋转目镜上视度调节螺旋，直到三分视场界限变得清晰，达到聚焦为止。转动刻度盘手轮，使游标尺上的“0”度线对准刻度盘上 0°，观察三分视场亮度是否一致，如不一致说明零点有误差，转动刻度盘手轮（检偏镜随刻度盘一起转动），直到三分视场明暗程度一致（都很暗），记录刻度盘读数，重复 2～3 次，取平均值，该值为零点校正读数。见图 4-10。

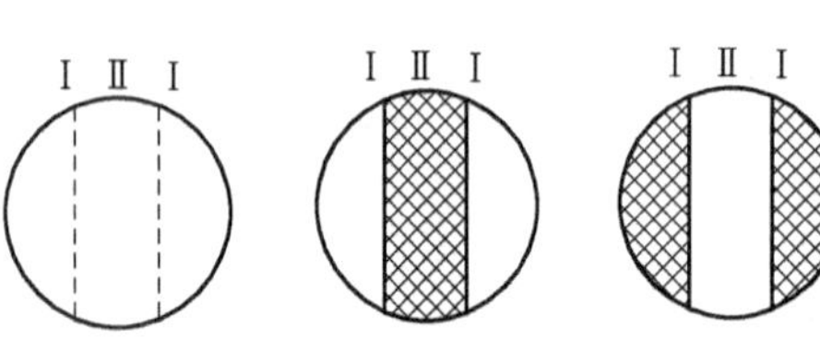

图 4-10 旋光仪中观察到的三分视场图

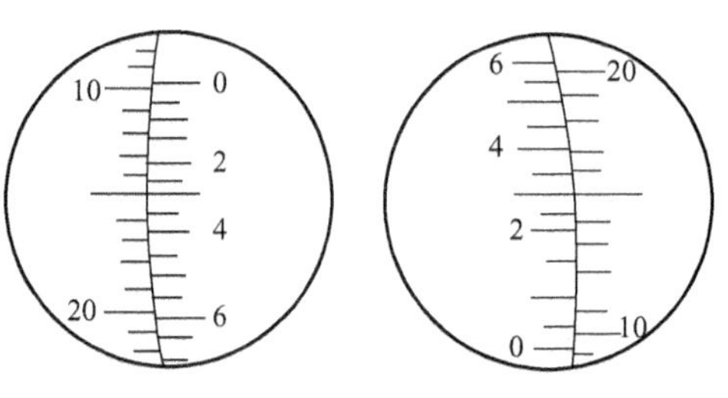

图 4-11 读数示意图

③ 旋光度的测定。取出调零测定管，将待测样品管按相同的位置和方向放入镜筒内，盖好镜筒盖。转动刻度盘手轮，使三分视场的明暗程度一致，记录刻度盘上所示读数，准确至小数点后两位。此读数与零点校正读数之间的差值即为该化合物的旋光度。重复 2～3 次，取平均值。

以同样方法测定第二种待测液。

④ 旋光仪的读数。读数方法二：刻度盘分两个半圆形分别标出 0°～180°，并有固定的游标 20 等分，等于刻度盘 19 等分，读数时先看游标的 0 落在刻度盘上的位置，记下整数值，如图 4-11 中整数为＋9，再利用游标尺与主盘上刻度画线重合的方法，读出游标尺上的数值为小数，可以读到两位小数，此时图中为 0.30，所以最后的读数为 $\alpha=+9.30°$。

测毕，测定管中的溶液要及时倒出，用蒸馏水洗干净，揩干放好，所有镜片不能用手直接揩擦，应用柔软绒布揩擦。

思考题

在样品管中，若光路通过的部分含有气泡会对实验结果产生怎样的影响？

实验 15 折射率的测定

实验目的

① 了解折射率测定的基本原理。

② 掌握用阿贝折光仪测定液态有机化合物折射率的方法。

实验原理

一般来说，光在两个不同介质中的传播速度是不相同的，所以光线从一个介质进入另一个介质，当它的传播方向与两个介质的界面不垂直时，则在界面处的传播方向发生改变，这种现象称为光的折射现象。即

$$\frac{\sin\alpha}{\sin\beta}=\frac{n}{N}$$

若介质 A 是真空，则定其 $N=1$，n 为介质的绝对折射率，则

$$n=\frac{\sin\alpha}{\sin\beta}$$

对于一个确定的化合物，其折射率常受温度和光线的波长两个因素影响。所以表示折射率时必须注明测定时的温度和光线的波长。一般以钠光作为光源（波长为 589nm，以 D 表示），在 20℃时测定化合物的折射率，故折射率以下式表示

$$n_D^{20}=1.4892$$

一般温度升高 1℃，液体化合物的折射率降低 3.5×10^{-4}～5.5×10^{-4}。为了便于不同

温度下折射率的换算，一般采用 4.5×10^{-4} 为温度常数，用下列式子进行粗略计算

$$n_{\text{correct}}=n_{\text{observed}}+0.00045\times(t-20.0)$$

t 为测量时的温度。

例如，乙酸在 16℃时测量的折射率为 1.37317，20℃时的折射率为

$$n_{\mathrm{D}}^{20}=1.37317+0.00045\times(16.0-20.0)=1.37137$$

器材和试剂

① 器材：阿贝折光仪、超级恒温水浴锅。

② 试剂：丙酮、乙醇、擦镜纸。

实验内容

阿贝折光仪的使用　见图 4-12。

① 将阿贝折光仪置于靠窗口的桌上或白炽灯前，避免阳光直射，用超级恒温槽通入所需温度的恒温水于两棱镜夹套中，棱镜上的温度计应指示所需温度，否则应重新调节恒温槽的温度。

② 松开锁钮，打开棱镜，滴 1～2 滴丙酮在玻璃面上，合上两棱镜，待镜面全部被丙酮湿润后再打开，用擦镜纸轻擦干净。

③ 校正。用重蒸蒸馏水较正。

打开棱镜，滴 1 滴蒸馏水于下面镜面上，在保持下面镜面水平情况下关闭棱镜，转动刻度盘罩外手柄（棱镜被转动），使刻度盘上的读数等于蒸馏水的折射率（$n_{\mathrm{D}}^{20}=1.33299$，$n_{\mathrm{D}}^{25}=1.3325$），调节反射镜使入射光进入棱镜组，并从测量望远镜中观察，使视场最明亮，调节测量镜（目镜），使视场十字线交点最清晰。

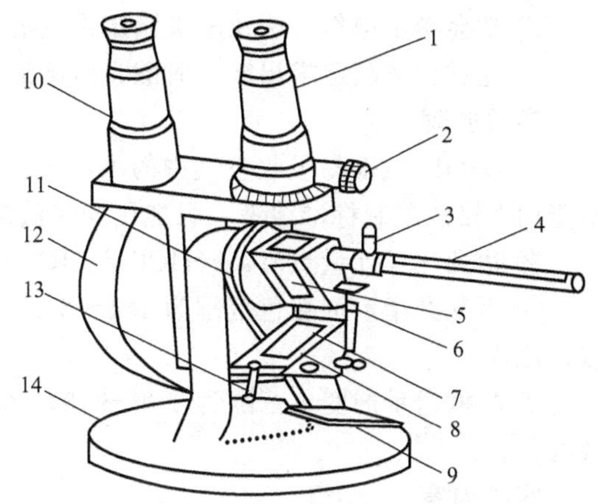

图 4-12　阿贝折光仪

1—测量望远镜；2—消散手柄；3—恒温水入口；4—温度计；5—测量棱镜；6—铰链；7—辅助棱镜；8—加液槽；9—反射镜；10—读数望远镜；11—转轴；12—刻度盘罩；13—闭合旋钮；14—底座

转动消色调节器，消除色散，得到清晰的明暗界线，然后用仪器附带的小旋棒旋动位于镜筒外壁中部的调节螺丝，使明暗线对准十字交点，校正即完毕。

④ 测定。用丙酮清洗镜面后，滴加 1～2 滴样品于毛玻璃面上，闭合两棱镜，旋紧锁钮。如样品很易挥发，可用滴管从棱镜间小槽中滴入。

转动刻度盘罩外手柄（棱镜被转动），使刻度盘上的读数为最小，调节反射镜使光进入棱镜组，并从测量望远镜中观察，使视场最明亮，再调节目镜，使视场十字线交点最清晰。

再次转动罩外手柄，使刻度盘上的读数逐渐增大，直到观察到视场中出现的半明半暗现象，并在交界处有彩色光带，这时转动消散手柄，使彩色光带消失，得到清晰的明暗界线，继续转动罩外手柄使明暗界线正好与目镜中的十字线交点重合。从刻度盘上直接读取折射率。

思考题

什么叫折射率？它的数学意义是什么？

5　定量与定性分析实验

实验 16　酸碱标准溶液的配制及滴定练习

实验目的

① 学习间接法配制酸、碱标准溶液的方法。

② 学会制作化学试剂的标签。

③ 学习酸、碱滴定管的洗涤、涂油、检漏、装管、排气、读数、滴定等操作方法。

④ 学会滴定操作方法及酸碱滴定终点的正确判断。

⑤ 通过比较滴定求出终点时酸、碱溶液的体积比。

实验原理

① NaOH 试剂易吸收空气中的水蒸气和 CO_2。浓 HCl 易挥发放出 HCl 气体，故它们均不能用直接法配制标准溶液，只能用间接法配制。

② 达到化学计量点时：$c(\mathrm{HCl})V(\mathrm{HCl})=c(\mathrm{NaOH})V(\mathrm{NaOH})$。

③ 甲基红指示剂变色范围为 4.4～6.2，当 pH＜4.4，红色；pH＞6.2，黄色；滴定终点，橙色。

④ 酚酞指示剂变色范围为 8.0～9.6，当 pH＜8.0，无色；pH＞9.6，红色；滴定终点，淡红色。

实验内容

(1) 配制 HCl 溶液

用洁净量筒量取 4.3～4.5mL 浓 HCl，用蒸馏水稀释至 500mL 后，转入磨口试剂瓶中，盖好瓶塞，充分摇匀，贴好标签备用。

(2) 配制 NaOH 溶液

用台秤迅速称取 2～2.2g 固体 NaOH 于烧杯中，加约 30mL 无 CO_2 的蒸馏水使之溶解，然后稀释至 500mL，转入橡皮塞试剂瓶中，盖好瓶塞，摇匀，贴好标签备用。或取 50%的 NaOH（取上部清液）2.7～2.9mL，倒入试剂瓶中，加蒸馏水 500mL，摇匀，贴好标签备用。

标签内容：试剂名称、浓度、配制日期、专业、姓名。

(3) 滴定练习

① 由“碱管”（碱式滴定管）放出约 10mL 0.1mol/L NaOH 于锥形瓶中，加 10mL 蒸馏水和 1～2 滴甲基红指示剂，用 0.1mol/L HCl 溶液滴定至由黄色变橙色。

② 由“酸管”（酸式滴定管）放出 10mL 0.1mol/L HCl 溶液于另一锥形瓶中，加 10mL 蒸馏水和 1 滴酚酞指示剂，用 0.1mol/L NaOH 溶液滴定至终点（微红），30s 不褪色。

③ 酸碱相互回滴，反复辨认终点颜色，控制好滴定速度。

(4) 酸碱标准溶液比较滴定

① 将酸/碱式滴定管分别装好“标液”（标准溶液）至零刻度以上，并调整液面至“0.00”刻度附近，准确记录初读数（准确至 0.01mL）。

② 由碱式滴定管以 10mL/min 的流速放出约 25.00mL（准确至 0.01mL）的 NaOH 溶液于锥形瓶中，加 1～2 滴甲基红，用 HCl 溶液滴定至溶液颜色由黄色变成橙色，准确记录酸式滴定管的终读数。

③ 平行测定 2～3 次（每次测定都必须将酸、碱溶液重新装至滴定管的零刻度线附近）。计算酸碱溶液的体积比。

数据处理

见表 5-1。

表 5-1 数据处理

样品 \ 次数	Ⅰ	Ⅱ	Ⅲ
HCl 终读数/mL			
HCl 初读数/mL			
HCl 用量 $V(HCl)$/mL			
NaOH 终读数/mL			
NaOH 初读数/mL			
NaOH 用量 $V(NaOH)$/mL			
$V(HCl)/V(NaOH)$			
$V(HCl)/V(NaOH)$平均值			
相对平均偏差			

思考题

① 配制 NaOH 溶液时，称量固体 NaOH 使用台秤，为什么？

② 配制 HCl 溶液时，为什么用量筒取浓 HCl，需要非常准确吗？

③ 配制 NaOH、HCl 标准溶液时所用蒸馏水是否需要准确量取？

④ 用 HCl 溶液滴定 NaOH 溶液，甲基红变色时，pH 范围是多少？此时是否为化学计量点？

⑤ 计算结果应保留的有效数字位数？

实验 17 酸碱标准溶液的比较滴定及标定

实验目的

① 学习用邻苯二甲酸氢钾作基准物质标定氢氧化钠溶液的原理及方法。

② 学会用已知浓度标准溶液标定未知浓度标准溶液的方法。

③ 进一步熟练滴定操作。

实验原理

邻苯二甲酸氢钾（$KHC_8H_4O_4$，摩尔质量 204.2g/mol）摩尔质量大，易纯化，且不易吸收水分，是标定碱的一种良好的基准物质。用其标定 NaOH 溶液时，可用酚酞作指示剂指示滴定终点，滴定反应式为：

$$KHC_8H_4O_4 + NaOH = KNaC_8H_4O_4 + H_2O$$

实验内容

(1) 称量基准物

在分析天平上用差减法准确称取邻苯二甲酸氢钾 3 份（准确至 0.1mg），每份约 0.4～0.6g，分别置于 250mL 锥形瓶中，加 50mL 蒸馏水（最好用煮沸过的中性水），温热使之溶解，冷却。加 1～2 滴酚酞指示剂。

（2）标定 NaOH 溶液

分别用 0.1mol/L 的 NaOH 溶液滴定上述溶液至由无色变为微红色，30s 内不褪色，即为终点。记录所耗 NaOH 溶液的体积。

（3）标定 HCl 标准溶液

用 25.00mL 移液管取待标定的 HCl 标准溶液于锥形瓶中。加 1～2 滴酚酞指示剂。用 0.1mol/L 的 NaOH 标准溶液滴定至溶液由无色变为淡红色，记录所消耗的 NaOH 溶液的体积。平行滴定 3 份。

数据处理

见表 5-2 和表 5-3。

$$c(\mathrm{NaOH})=\frac{m(\mathrm{KHC_8H_4O_4})\times 1000}{M(\mathrm{KHC_8H_4O_4})V(\mathrm{NaOH})}$$

式中，M 表示邻苯二甲酸氢钾的摩尔质量，g/mol；m 表示邻苯二甲酸氢钾的质量，g；V 表示消耗 NaOH 体积，mL。

表 5-2 NaOH 溶液的标定

编　号	Ⅰ	Ⅱ	Ⅲ
倾出前(称量瓶＋邻苯二甲酸氢钾)质量 m_1/g			
倾出后(称量瓶＋邻苯二甲酸氢钾)质量 m_2/g			
$m(\mathrm{KHC_8H_4O_4})$/g			
NaOH 终读数/mL			
NaOH 初读数/mL			
V(NaOH)/mL			
c(NaOH)/(mol/L)			
$\bar{c}$(NaOH)/(mol/L)			
相对平均偏差($\bar{d}_r$)			

表 5-3 HCl 标准溶液的标定

编　号	Ⅰ	Ⅱ	Ⅲ
V(HCl)/mL	25.00	25.00	25.00
V(NaOH)/mL			
$\bar{c}$(NaOH)/(mol/L)			
c(HCl)/(mol/L)			
$\bar{c}$(HCl)/(mol/L)			
$\bar{d}_r$			

思考题

① 在酸碱滴定中，每次指示剂的用量仅为 1～2 滴，为什么不可多用？

② 若邻苯二甲酸氢钾加水后加热溶解，不等其冷却就进行滴定，对标定结果有无影响？为什么？

③ 基准物质的称量范围是如何确定的？

④ 若邻苯二甲酸氢钾烘干温度＞125℃，致使少部分基准物变成了酸酐，用此物质标定

NaOH 溶液时，对 NaOH 溶液的浓度有无影响？若有，影响如何？

⑤ NaOH 溶液的浓度应保留几位有效数字？为什么？

实验 18　铵盐中含氮量的测定

实验目的

① 掌握甲醛法测定铵盐中含氮量的原理。

② 学会用酸碱滴定法间接测定氮肥中的含氮量。

实验原理

$(NH_4)_2SO_4$ 是常用的氮肥之一。因为 NH_4^+ 的酸性太弱（$K_a=5.6\times10^{-10}$），所以无法用 NaOH 直接滴定，可将铵盐与甲醛作用，反应定量生成质子化的六亚甲基四胺（$K_a=7.1\times10^{-6}$）和 H^+。然后用 NaOH 标准溶液直接滴定，终点时溶液呈弱碱性，可用酚酞作指示剂。其反应式为

$$4NH_4^+ + 6HCHO = (CH_2)_6N_4H^+ + 6H_2O + 3H^+$$

实验内容

(1) 配制中性 18%甲醛

取 37%甲醛于烧杯中，加等量水稀释，滴入 1～2 滴酚酞，用 NaOH 溶液滴定至甲醛溶液呈微红色即可。

(2) 称样与定容

差减法准确称取 1.4～1.5g$(NH_4)_2SO_4$ 试样（准确至 0.1mg）于烧杯中，加约 30mL 蒸馏水溶解，定量转移至 250mL 容量瓶中定容，摇匀。

(3) 测定

用移液管吸取 25.00mL$(NH_4)_2SO_4$ 试液于锥形瓶中，加入 5mL18%中性甲醛，放置 5min 后，加入 1～2 滴酚酞指示剂，用 NaOH 标准溶液滴定至终点（微红色，30s 不褪色）。记录所消耗 NaOH 溶液的体积（V），平行测定 3 次。计算试样中氮的质量分数 w（N）（%）。

数据处理

见表 5-4。

计算公式：$w(\mathrm{N})=\dfrac{c(\mathrm{NaOH})V(\mathrm{NaOH})M(\mathrm{N})}{1000\cdot m_s}\times\dfrac{250.0}{25.00}\times100\%$

式中，M(N) 为氮的摩尔质量，g/mol；V 表示 NaOH 的体积，mL。

表 5-4　$(NH_4)_2SO_4$ 含氮量的测定

称样记录	倾出前(称量瓶＋试样)质量 m_1/g		倾出后(称量瓶＋试样)质量 m_2/g
试样质量 m_s/g	1.3058		
测定序号	Ⅰ	Ⅱ	Ⅲ
NaOH 终读数/mL	22.80	22.82	22.80
NaOH 初读数/mL	0.00	0.00	0.00
V(NaOH)/mL	22.80	22.82	22.80
c(NaOH)/(mol/L)	0.08773		
w(N)/%	21.46	21.48	21.46
w(N)平均值	21.47%		
相对平均偏差	0.046%		

思考题

① 为什么中和甲醛中游离酸以酚酞作指示剂，而中和铵盐中游离酸则以甲基红作指示剂？

② 铵盐中含氮量的测定为何不采用 NaOH 直接滴定法？

实验 19　混合碱的测定（双指示剂法）

实验目的

① 了解测定混合碱的原理。

② 掌握用双指示剂法测定混合碱的方法。

实验原理

工业混合碱通常是 Na_2CO_3 与 NaOH 或 Na_2CO_3 与 $NaHCO_3$ 的混合物。常用双指示剂法测定其含量。

试样若为 Na_2CO_3 与 NaOH 的混合物。由于 NaOH 为一元强碱，它与强酸 HCl 的滴定反应在水溶液中，是所有酸碱反应中完全程度最高的，突跃范围最大，很容易准确滴定，到达化学计量点时 pH＝7.0，而 Na_2CO_3 为二元弱碱，分两步解离，其 $K_{b_1}^{\ominus}=2.08\times10^{-4}$，$K_{b_2}^{\ominus}=2.33\times10^{-8}$，且 $K_{b_1}^{\ominus}/K_{b_2}^{\ominus}\approx10^4$，由多元碱能被强酸滴定的条件 $cK_b^{\ominus}\geqslant10^{-8}$ 及能被分步滴定的条件是 $K_{b_1}^{\ominus}/K_{b_2}^{\ominus}\geqslant10^4$ 可知，Na_2CO_3 第一步和第二步解离产生的 OH^- 均可勉强被分步滴定，有两个突跃。第一化学计量点产物 $NaHCO_3$ 为两性物质，终点时

$$pH=\sqrt{K_{a_1}^{\ominus}\cdot K_{a_2}^{\ominus}}=\sqrt{\frac{K_w^{\ominus}}{K_{b_2}^{\ominus}}\cdot\frac{K_w^{\ominus}}{K_{b_1}^{\ominus}}}=-\lg\sqrt{4.2\times10^{-7}\times5.6\times10^{-11}}\approx8.3$$

以酚酞为指示剂，酚酞变色（变色范围 8.0～9.6）NaOH 被完全滴定，而 Na_2CO_3 被滴定至 $NaHCO_3$，滴定反应到达第一化学计量点。设此时用去盐酸的体积为 V_1（单位为 mL），其滴定反应为

$$NaOH+HCl=\!=\!=NaCl+H_2O$$

$$Na_2CO_3+HCl=\!=\!=NaHCO_3+NaCl$$

第一化学计量点后，继续用盐酸滴定，则滴定反应为

$$NaHCO_3+HCl=\!=\!=NaCl+H_2CO_3$$

$$H_2CO_3\rightarrow CO_2+H_2O$$

到达第二化学计量点时产物为 $H_2CO_3(CO_2+H_2O)$，在室温下，CO_2 饱和溶液浓度约为 0.04mol/L。

$$pH=-\lg\sqrt{cK_{a_1}^{\ominus}}=-\lg\sqrt{0.04\times4.2\times10^{-7}}\approx3.9$$

第一化学计量点后，可加甲基橙（变色范围 3.1～4.4）作指示剂，用 HCl 标准溶液继续滴定至溶液由黄色变为橙色。设此时所消耗的 HCl 标准溶液的体积为 V_2（单位为 mL）。滴定 Na_2CO_3 所需 HCl 溶液是通过两次滴定加入的，两次用量相等。故滴定 NaOH 所消耗的 HCl 溶液的用量为 V_1-V_2。

$$w(NaOH)=\frac{c(HCl)(V_1-V_2)M(NaOH)}{1000\cdot m_s}\times100\%$$

$$w(Na_2CO_3)=\frac{c(HCl)V_2M(Na_2CO_3)}{1000\cdot m_s}\times100\%$$

试样为 Na_2CO_3 与 $NaHCO_3$ 的混合物，$V_1<V_2$。

$$w(Na_2CO_3)=\frac{c(HCl)V_1M(Na_2CO_3)}{1000\cdot m_s}\times 100\%$$

$$w(NaHCO_3)=\frac{c(HCl)(V_2-V_1)M(NaHCO_3)}{1000\cdot m_s}\times 100\%$$

实验内容

准确称取 2～2.2g（准确至 0.1mg）混合碱样品于 150mL 烧杯中，加 50mL 蒸馏水溶解，然后定量转移至 250mL 容量瓶中，加蒸馏水至刻度，摇匀。用 25mL 移液管移取试液三份，分别置于三个锥形瓶中，各加入 2 滴酚酞指示剂，用 HCl 标准溶液滴定至红色恰好消失，记下 HCl 用量 V_1（单位为 mL）。然后加入 2 滴甲基橙，继续用 HCl 标准溶液滴定至溶液由黄色变为橙色（接近终点时应剧烈摇动锥形瓶），记录 HCl 溶液的体积 V_2（单位为 mL）。计算混合碱中各组分的含量。

数据处理

见表 5-5。

表 5-5 混合碱 Na_2CO_3＋NaOH（或 Na_2CO_3＋$NaHCO_3$）的测定

混合碱样品及称量瓶质量 m_1/g				
倾出后混合碱样品及称量瓶质量 m_2/g				
混合碱样品质量 m/g				
测定时混合碱样品质量 m_s/g($m_s=m\times 25/250$)				
测定序号		1	2	3
第一化学计量点（酚酞变色）	HCl 终读数/mL			
	HCl 初读数/mL			
	V_1(HCl)/mL			
第二化学计量点（甲基橙变色）	HCl 终读数/mL			
	HCl 终读数/mL			
	V_2(HCl)/mL			
混合碱组成				
混合碱中各组分含量(质量分数)	$w(Na_2CO_3)$/%			
	w(NaOH 或 $NaHCO_3$)/%			
平均值	$\overline{w}(Na_2CO_3)$			
	$\overline{w}$(NaOH 或 $NaHCO_3$)			

思考题

① Na_2CO_3 是食碱的主要成分，其中常含有少量的 $NaHCO_3$。能否用酚酞指示剂，测定 Na_2CO_3 含量？

② 为什么移液管必须要用所移取溶液润洗，而锥形瓶则不准用所装溶液润洗？

实验 20 EDTA 标准溶液的标定及水硬度的测定

实验目的

① 学习配位滴定法测定水中总硬度的原理和方法。

② 学习 EDTA 标准溶液的配制和标定方法。

③ 熟悉金属指示剂变色原理及滴定终点的判断。

实验原理

① 含有较多钙盐和镁盐的水称为硬水。水的总硬度以水中 Ca^{2+}、Mg^{2+} 总量折算成 CaO 来计算，折算后每升水中相当于含 10mg CaO 为 1 度（1°）。

② 可以准确滴定的条件：$\lg K_{MY}^{\ominus\prime} \geqslant 8$，$\lg K_{MY}^{\ominus\prime} = \lg K_{MY}^{\ominus} - \lg\alpha_{Y(H)}$。

③ 可以连续滴定的条件：$\lg K_{MY}^{\ominus\prime} - \lg K_{NY}^{\ominus\prime} \geqslant 5$，则 N 离子存在不干扰 M 离子的测定。

④ $\lg K_{MgY}^{\ominus} = 8.7$，$\lg K_{CaY}^{\ominus} = 10.7$。

在 pH=10 时，$\lg\alpha_{Y(H)} = 0.5$

$$\lg K_{CaY}^{\ominus\prime} = 10.7 - 0.5 = 10.2 > 8, \quad \lg K_{NY}^{\ominus\prime} = 8.7 - 0.5 = 8.2$$

其稳定性顺序为 $CaY^{2-} > MgY^{2-} > MgIn^{-} > CaIn^{-}$

$\lg K_{CaY}^{\ominus\prime} - \lg K_{MgY}^{\ominus\prime} = 10.7 - 8.7 < 5$，故 Ca^{2+}、Mg^{2+} 不能连续滴定。

⑤ 选用的指示剂：铬黑 T 适用 pH 范围为 7～10，溶液由酒红色变为纯蓝色。

⑥ 选用缓冲溶液：pH=10

$$Ca^{2+} + HY^{3-} = CaY^{2-} + H^{+}$$

$$Mg^{2+} + HY^{3-} = MgY^{2-} + H^{+}$$

实验内容

（1）EDTA 溶液的配制

称取 0.7～0.8g 乙二胺四乙酸二钠盐，溶于 100～150mL 温水中，冷却后用纯水稀释至 250mL 细口瓶中，摇匀备用。

（2）EDTA 溶液的标定

分析天平上准确称取 0.15～0.20g 处理过的金属 Zn，置于 100mL 烧杯中，加入 10mL 1∶1HCl 溶液，盖好表面皿，使 Zn 完全溶解，以少量蒸馏水冲洗表面皿后，将溶液定量转入 250mL 容量瓶中，加蒸馏水稀释至刻度，摇匀。

用移液管吸取 25.00mL 锌溶液于 250mL 锥形瓶中，逐滴加入 1∶1$NH_3 \cdot H_2O$ 至开始出现 $Zn(OH)_2$ 白色沉淀为止，再依次加入 10mL pH10 的缓冲溶液，20mL 蒸馏水，少许（约 0.1g）铬黑 T 指示剂，摇匀。然后用待标定的 EDTA 滴定至溶液由酒红色变为纯蓝色，记下所消耗的 EDTA 溶液体积 V。

平行测定 3 次，计算 EDTA 溶液的物质的量浓度。

（3）水中总硬度的测定

用移液管移取水样 50.00mL 于 250mL 锥形瓶中，加入 5mL $NH_3 \cdot H_2O$-NH_4Cl 缓冲溶液，加少许铬黑 T 指示剂，摇匀。用 EDTA 标准溶液滴定至溶液由紫红色变为纯蓝色，记录用量。平行测定 3 次。

数据处理

见表 5-6。

$$c(\text{EDTA}) = \frac{m(\text{Zn}) \times \frac{25.00}{250.0} \times 1000}{M(\text{Zn})V(\text{EDTA})}$$

$$\text{水的硬度}(°) = \frac{c(\text{EDTA})V(\text{EDTA})M(\text{CaO})}{V(\text{水样})} \times \frac{1}{10}$$

表 5-6 水的总硬度的测定

项 目	Ⅰ	Ⅱ	Ⅲ
$M(Zn)/g$			
$V(EDTA)/mL$			
$c(EDTA)/(mol/L)$			
$\bar{c}(EDTA)/(mol/L)$			
$V(H_2O)/mL$	50.00	50.00	50.00
$V_2(EDTA)/mL$			
水的总硬度/(°)			
水的总硬度平均值/(°)			
$\bar{d}_r$			

思考题

① 测定水的总硬度时，为何要控制溶液的 pH 值为 10。

② 实验能否连续滴定、准确滴定的条件是什么？

实验 21 高锰酸钾法测定水样的 COD

实验目的

① 掌握化学耗氧量（COD）的概念和表示方法。

② 掌握返滴法测定水中化学耗氧量的基本原理和方法。

实验原理

$$MnO_4^- + 8H^+ + 5e^- \rightleftharpoons Mn^{2+} + 4H_2O, \quad \varphi^{\ominus} = 1.491V$$

在微酸性、中性或弱碱性溶液中，MnO_4^- 被还原为棕色不溶物 MnO_2。

$$MnO_4^- + 2H_2O + 3e^- \rightleftharpoons MnO_2 \downarrow + 4OH^-$$

因 MnO_2 能使溶液浑浊，妨碍滴定终点观察，所以高锰酸钾法通常在较强的酸性溶液中进行。滴定时使用 H_2SO_4 控制酸度，避免使用 HNO_3（有氧化性）和 HCl（有还原性）。

$KMnO_4$ 还原为 Mn^{2+} 的反应在常温下进行得较慢。因此，滴定较难氧化的物质时，常需要加热或加催化剂。例如，用 $KMnO_4$ 滴定 $C_2O_4^{2-}$ 时，即使在强酸性溶液中加热的情况下，开始时反应也不会迅速进行。只有待最初加入的 1～2 滴 $KMnO_4$ 溶液的紫色褪去后，溶液中有了 Mn^{2+}，接着的反应才能较快进行。这种由于反应生成物本身引起的催化作用称为自动催化作用。

高锰酸钾法的指示剂是 $KMnO_4$ 本身，在 100mL 水中只要加 1 滴 0.1mol/L $KMnO_4$ 溶液就可以呈现明显的紫红色，而它的还原产物 Mn^{2+} 则近无色。所以高锰酸钾法不需另加指示剂。

$KMnO_4$ 氧化性强，在强酸性溶液中可直接滴定一些还原性物质，如 Fe^{2+}、AsO_3^-、Sb^{3+}、H_2O_2、$C_2O_4^{2-}$、甲醛、葡萄糖和水杨酸等；也可间接滴定一些氧化性物质，如 MnO_2、PbO_2、CrO_3^-、ClO_3^- 等；还可测定一些能与氧化剂或还原剂起反应，但无氧化性或还原性的物质，如 Ca^{2+}、Ba^{2+}、Zn^{2+} 和 Cd^{2+} 等。例如，Ca^{2+} 能与 $C_2O_4^{2-}$ 形成沉淀溶于

H_2SO_4 中，然后用 $KMnO_4$ 溶液滴定生成 $H_2C_2O_4$，从而测出 Ca^{2+} 的含量。

在酸性溶液中，H_2O_2 被 $KMnO_4$ 氧化。

$$2MnO_4^- + 5H_2O_2 + 6H^+ \longrightarrow 2Mn^{2+} + 5O_2 + 8H_2O$$

器材和试剂

① 器材：酸式滴定管、锥形瓶、烧杯（100mL）、容量瓶（250mL）、移液管（1mL、5mL、10mL）。

② 试剂：高锰酸钾标准滴定溶液 [$c(1/5KMnO_4)=0.01mol/L$（临用前用浓溶液稀释，标定后立即使用）]、硫酸溶液 [$c(1/2H_2SO_4)=6mol/L$]、草酸钠。

实验内容

（1）$c(1/2Na_2C_2O_4)=0.01mol/L$ 草酸钠标准滴定溶液制备

称取草酸钠基准试剂 1.7g（称准至 0.0001g）于小烧杯中，加少量水溶解，定量转移至 250mL 容量瓶中，稀释至刻度，摇匀。再移取上述溶液 25.00mL 于 250mL 容量瓶中，稀释至刻度，摇匀。

草酸钠标准滴定溶液浓度 $c(1/2Na_2C_2O_4)$，单位为 mol/L，按下式计算

$$c(1/2Na_2C_2O_4)=\frac{m(Na_2C_2O_4)\times\dfrac{25.00}{250.00}\times 1000}{M(1/2Na_2C_2O_4)\times 250.00}$$

式中，$m(Na_2C_2O_4)$ 为草酸钠的质量，g；$M(1/2Na_2C_2O_4)$ 为草酸钠的摩尔质量，g/mol。$M(1/2Na_2C_2O_4)=66.999g/mol$。

（2）水中化学耗氧量的测定

取水样 100.00mL，加入 7.5mL 硫酸溶液 $c(1/2H_2SO_4)=6mol/L$，自滴定管准确加入高锰酸钾标准滴定溶液 [$c(1/5KMnO_4)=0.01mol/L$] 10.00mL(V_1)，在沸水浴中加热 10min，趁热加入 15.00mL 草酸钠标准滴定溶液 $c(1/2Na_2C_2O_4)=0.01mol/L$，摇匀后加热至 75～85℃（开始冒蒸汽），立即用高锰酸钾准确滴定溶液 [$c(1/5KMnO_4)=0.01mol/L$] 到淡红色，保持 30s 不褪色为终点。记下消耗高锰酸钾标准滴定溶液的体积（V_2），所用去的高锰酸钾标准滴定溶液总体积 V（$KMnO_4$）V_1+V_2。平行测定 2 次。

数据处理

水中化学耗氧量（COD），单位为 mg/L，按下式计算

$$COD=\frac{[c(1/5KMnO_4)V(KMnO_4)-c(1/2Na_2C_2O_4)V(Na_2C_2O_4)]M(1/4O_2)\times 1000}{V_s}$$

式中，$c(1/5KMnO_4)$ 为高锰酸钾标准滴定溶液的浓度，mol/L；$V(KMnO_4)$ 为高锰酸钾标准滴定溶液的体积，mL；$c(1/2Na_2C_2O_4)$ 为草酸钠标准滴定溶液的浓度，mol/L；$V(Na_2C_2O_4)$ 为草酸钠标准滴定溶液的体积，mL；$M(1/4O_2)$ 为氧气摩尔质量的 1/4，g/mol。$M(1/4O_2)=8.000g/mol$；V_s 为水样的体积，mL。

思考题

① 水样中加入高锰酸钾溶液煮沸时，如果褪到无色，说明了什么？应如何进行处理？

② 本实验中所用的 $c(1/5KMnO_4)=0.01mol/L$ 高锰酸钾标准滴定溶液，可由 $c(1/5KMnO_4)=0.1mol/L$ 高锰酸钾标准滴定溶液制备，其操作应如何进行？

实验22 可见分光光度法测定铁含量

实验目的

① 掌握邻菲咯啉分光光度法测定铁的原理和方法。

② 学会分光光度法确定配合物组成的测定方法。

③ 学会721型或722型分光光度计的使用方法。

实验原理

① 朗伯-比尔定律。数学表达式为

$$A=Kbc$$

式中，A 为吸光度；K 为比例常数；b 为液层厚度，cm；c 为吸光物质的浓度。

② 微量半微量铁的最常用的方法是邻菲咯啉法。此方法灵敏度高，准确度高，重现性好，生成的橘红色配合物十分稳定。

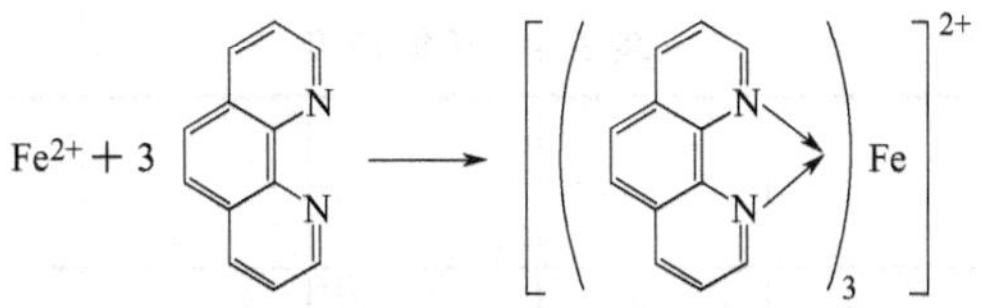

该配合物为橘红色，摩尔吸光系数 $k=1.1\times10^4$ L/(mol·cm)，λ_{max}为510nm。

若溶液中存在 Fe^{3+}，必须将 Fe^{3+} 还原为 Fe^{2+}，再与邻菲咯啉反应，否则 Fe^{3+} 也会和邻菲咯啉反应生成3∶1的蓝色配合物，为了保证生成反应定量完成反应前加盐酸羟胺作还原剂。

Fe^{2+} 与邻菲咯啉在pH2～9都能显色，为减少其他离子的干扰，通常在pH5显色。

本方法具有很高的选择性。相当于铁含量40倍的 Sn^{4+}、Al^{3+}、Ca^{2+}、Mg^{2+}、Zn^{2+}、SiO_3^{2-}；20倍的 Cr^{3+}、Mn^{2+}、PO_4^{3-}；5倍的 Co^{2+}、Cu^{2+} 均不干扰测定。

器材和试剂

① 器材：分析天平、722型分光光度计、研钵、容量瓶（50mL）、干燥箱、电热恒温水浴锅、加热搅拌器。

② 试剂：Fe^{2+} 标准液、盐酸羟胺、邻菲咯啉、NaAc。

实验内容

（1）溶液配制

向7只50mL容量瓶中，分别用吸量管加入0.00mL、0.20mL、0.40mL、0.60mL、0.80mL、1.00mL Fe^{2+} 标准液（1mg/mL），1.00mL Fe^{2+} 未知液，再向上述7只容量瓶中各加入还原剂（1.0mL盐酸羟胺），显色剂（2.0mL邻菲咯啉），5.0mL NaAc用水稀释至刻度，摇匀备用。

（2）吸收曲线的制作

以试剂溶液作参比，用1cm比色皿，在440～560nm波长处每间隔10nm测定1.00mL Fe^{2+} 标准液的吸光度，从吸收曲线上找到 $\lambda_{max}=510$nm。

（3）标准曲线制作及未知液微量铁的测定

以试剂溶液作参比，用1cm比色皿，在 $\lambda_{max}=510$nm下分别测定0.20mL、0.40mL、0.60mL、0.80mL、1.00mL Fe^{2+} 标准液吸光度，作标准曲线，并从图上找出 ρ_x，计算出原

Fe^{2+}未知液 $\rho=\rho_x\times50$。

数据处理

（1）不同波长吸光度

① 数据记录

见表 5-7。

表 5-7 不同波长吸光度

波长 λ/nm	440	450	460	470	480	490	500	510	520	530	540	550	560
吸光度(A)													

② 作吸收曲线图，确定最大吸收波长 λ_{max}＝______ nm

（2）标准曲线的制作和铁含量的测定

① 数据记录（0 号为参比溶液）

见表 5-8。

表 5-8 数据记录

数值 序号 / 量/单位	0	1	2	3	4	5	6
$\rho(Fe^{2+})$/(mg/L)	0.00	0.40	0.80	1.20	1.60	2.00	未知
吸光度(A)							

② 作标准曲线图

③ 从标准曲线上查得容量瓶中 $\rho(Fe^{2+})$＝________ mg/L

原试液中 Fe 的质量浓度 $\rho(Fe)$＝________ mg/L

思考题

① 用邻菲咯啉法测定铁时，为什么在测定前需要加入盐酸羟胺？若不加入盐酸羟胺，对测定结果有何影响？

② 根据本实验结果，计算邻菲咯啉-Fe(Ⅱ) 配合物在 λ_{max}时的摩尔吸光系数。

③ 什么是朗伯-比尔定律？

④ 分光光度法定量分析的依据是什么？

⑤ 偏离朗伯-比尔定律的因素有哪些？

⑥ 改变一次波长，为什么用参比溶液调 T 为 100%？

【附五】 721 型分光光度仪操作

操作步骤如下：

① 灵敏度调节旋钮置于“1”挡，此时信号放大倍率最小，选择开关置于“T”。

② 按下电源开关，指示灯亮，调节波长旋钮，使所需波长对准标线。

调节 100%T 按钮。使透射比为 70%左右，仪器预热 20min。

③ 待数字显示器实现数字稳定后，打开试样室盖，调节 0%T 按钮，使数字显示为“000.00”。

④ 将盛有参比溶液和待测液的吸收池分别置于试样架的第一格和第二格内，盖上试样室盖，将参比溶液置于光路中，调节 100%T 旋钮数字显示不到 100.0，则应适当增加灵敏

度挡。

⑤ 重复④操作，直到显示稳定。

⑥ 选择开关置于“A”挡，调节吸光度调零旋钮，使数字显示为“.000”，将待测液置于光路中，显示此溶液的吸光度。

⑦ 若测量浓度，将选择开关置于“C”，将已知浓度的溶液置于光路中，调节浓度旋钮，使数字显示为标准值，将待测溶液移入光路，显示值即为待测溶液浓度。

⑧ 测量完毕，打开试样室盖，取出吸收池，洗净擦干。然后关闭仪器电源，待仪器冷却后，盖上试样室盖，罩上仪器罩。

实验 23　分光光度法测定维生素 C 的含量

实验目的

① 掌握比色法测维生素 C 的原理和方法。

② 学会分光光度法确定配合物组成的测定方法。

③ 学会 721（或 722、751 等）型分光光度计的使用。

实验原理

朗伯-比尔定律：数学表达式为

$$A=Kbc$$

式中，A 为吸光度；K 为比例常数；b 为液层厚度，cm；c 为吸光物质的浓度。

抗坏血酸与 2,4-二硝基苯肼反应生成有色物质，在 490nm 处有吸收。

器材和试剂

① 器材：分析天平，722（或 722、751 等）型分光光度计，研钵，容量瓶（50mL），干燥箱，电热恒温水浴锅，加热搅拌器。

② 试剂：抗坏血酸标准溶液 1g/L，2% 2,4-二硝基苯肼溶液，9mmol/L 硫酸，2%草酸溶液，1%草酸溶液，1%硫脲溶液，2%硫脲溶液，85%硫酸溶液，活性炭，1mmol/L 盐酸，10%亚铁氰化钾。

实验内容

（1）标准曲线绘制

取标准 1g/L 抗坏血酸 0mL、2mL、4mL、8mL、10mL、12mL，用 1%硫脲溶液稀释到 100mL。然后分别加 0.12g 活性炭于 50mL 标准稀释液中，振摇 1min，过滤。分别取过滤后的样品滤液 4mL 置于试管中，加 1%硫脲 2mL，2% 2,4-二硝基苯肼 1mL，置于 37℃恒温水浴中反应 3h 后，将试管放在冰水中，加 85%硫酸 5mL，在室温放置 30min 于波长 490nm 处测定吸光度，用抗坏血酸的含量作横坐标，吸光度作纵坐标。在分光光度计上对其生成的脎进行扫描，其峰值范围为 488～492nm，本法选择 490nm 为测定波长。

（2）样品分析

分别称取 100g 新鲜梨和苹果，加入 2%草酸 100mL，在研钵中研成匀浆分别倒入 100mL 量瓶中，用 1%草酸稀释到刻度，混匀、过滤，以下同标准曲线绘制试验方法，以试剂空白为参比，测得吸光度，由标准曲线上查出对应维生素 C 的含量。

取维生素 C 20 片，精密称量，研细，精密称出适量（相当于维生素 C 50mg），置于 100mL 量瓶中，加硫酸溶液溶解并稀释至刻度，滤过，精密量取过滤液 2mL 置于另一

100mL 量瓶中，加硫酸溶液稀释至刻度，测出其吸光度。由标准曲线查出样品的浓度。

数据处理

（1）不同波长吸光度

① 数据记录

见表 5-9。

表 5-9 不同波长吸光度

波长(λ)/nm	440	450	460	470	480	490	500	510	520	530	540	550	560
吸光度(A)													

② 作吸收曲线图，确定最大吸收波长 $\lambda_{max}=$________ nm

（2）标准曲线的制作和维生素 C 含量的测定

① 数据记录（0 号为参比溶液）

见表 5-10。

表 5-10 数据记录

量/单位 \ 数值 \ 序号	0	1	2	3	4	5	6
维生素 C 的质量浓度(ρ)/(mg/L)	0.00	0.40	0.80	1.20	1.60	2.00	未知
吸光度(A)							

② 作标准曲线图

③ 从标准曲线上查得容量瓶中 $\rho=$________ mg/L

原试液中维生素 C 的质量浓度 $\rho=$________ mg/L

思考题

① 分光光度法定量分析的依据是什么？

② 吸光度的加和性原则是什么？

③ 同时测定两组分混合溶液时如何选择波长？

④ 摩尔吸光系数与哪些因素有关？

⑤ 改变一次波长，为什么用参比溶液调 T 为 100%？

⑥ 若同时测定三组分混合溶液的组成，则应如何设计实验？

⑦ 测定维生素 C 含量时，溶解试样为什么要用新煮沸并冷却的纯水？为什么加硫酸？

⑧ 测定维生素 C 含量时，为什么要在乙酸酸性溶液中进行？

实验 24　分光光度法测定叶绿素含量

实验目的

① 掌握双波长检测物质成分含量的方法。

② 掌握测定叶绿素含量的原理和方法。

实验原理

叶绿素广泛存在于果蔬等绿色植物组织中，并在植物细胞中与蛋白质结合成叶绿体。当植物细胞死亡后，叶绿素即游离出来，游离叶绿素很不稳定，对光、热较敏感；在酸性条件下叶绿素生成绿褐色的脱镁叶绿素，在稀碱液中可水解成鲜绿色的叶绿酸盐以及叶绿醇和甲醇。高等植物中叶绿素有两种：叶绿素 a 和叶绿素 b，两者均易溶于乙醇、乙醚、丙酮和氯仿。

叶绿素的含量测定方法有多种，其中主要有以下几种。

① 原子吸收光谱法：通过测定镁元素的含量，进而间接计算叶绿素的含量。

② 分光光度法：利用分光光度计测定叶绿素提取液在最大吸收波长下的吸光值，即可用朗伯-比尔（Lambert Beer）定律计算出提取液中各色素的含量。

叶绿素 a 和叶绿素 b 在 645nm 和 663nm 处有最大吸收，且两吸收曲线相交于 652nm 处。因此测定提取液在 645nm、663nm、652nm 波长下的吸光值，并根据经验公式可分别计算出叶绿素 a、叶绿素 b 和总叶绿素的含量。

叶绿素 a、叶绿素 b 在波长方面的最大吸收峰位于 665nm 和 649nm，同时在该波长时叶绿素 a、叶绿素 b 的比吸收系数 K 为已知，即可以根据朗伯-比尔定律，列出浓度 c 与光密度 D 之间的关系式

$$D_{665}=82.04c_{\mathrm{a}}+9.27c_{\mathrm{b}} \quad ⓐ$$

$$D_{649}=16.75c_{\mathrm{a}}+45.6c_{\mathrm{b}} \quad ⓑ$$

式ⓐ、ⓑ中的 D_{665}、D_{649} 为叶绿素溶液在波长为 665nm 和 649nm 时的光密度；c_{a}、c_{b} 为叶绿素 a、b 的浓度，单位为 g/L；82.04、9.27 为叶绿素 a、叶绿素 b 在波长为 665nm 时的比吸收系数；16.75、45.6 为叶绿素 a、叶绿素 b 在波长为 649nm 时的比吸收系数。

解方程式ⓐ、ⓑ，则得

$$c_{\mathrm{A}}=12.7D_{665}-2.69D_{649} \quad ⓒ$$

$$c_{\mathrm{B}}=22.9D_{649}-4.68D_{665} \quad ⓓ$$

$$c=c_{\mathrm{A}}+c_{\mathrm{B}}=8.02D_{665}+20.21D_{649} \quad ⓔ$$

此时，c 为总叶绿素浓度，c_{A}、c_{B} 为叶绿素 a、叶绿素 b 浓度，单位为 mg/L，利用上面ⓒ、ⓓ、ⓔ，即可以计算叶绿素 a、叶绿素 b 及总叶绿素的含量。

器材和试剂

① 器材：高级分光光度计、电子顶载天平（感量 0.01g）、研钵、棕色容量瓶、小漏斗、定量滤纸、吸水纸、擦镜纸、滴管。

② 试剂：95%乙醇（或 80%丙酮）、石英砂、碳酸钙粉。

原料为新鲜（或烘干）的植物叶片。

实验内容

取新鲜植物叶片（或其他绿色组织）或干材料，擦净组织表面污物，去除中脉剪碎。称取剪碎的新鲜样品 2g，放入研钵中，加少量石英砂和碳酸钙粉及 3mL95%乙醇，研成匀浆，再加乙醇 10mL，继续研磨至组织变白。静置 3～5min。

取滤纸 1 张置于漏斗中，用乙醇湿润，沿玻棒把提取液倒入漏斗，滤液流至 100mL 棕色容量瓶中；用少量乙醇冲洗研钵、研棒及残渣数次，最后连同残渣一起倒入漏斗中。

用滴管吸取乙醇，将滤纸上的叶绿体色素全部洗入容量瓶中。直至滤纸和残渣中无绿色为止。最后用乙醇定容至 100mL，摇匀。

取叶绿体色素提取液在波长为 665nm、645nm 和 652nm 下测定吸光度，以 95%乙醇为空白对照。

数据处理

按照实验原理中提供的经验公式，分别计算植物材料中叶绿素 a、b 和总叶绿素的含量。

$$叶绿素\ a\ 含量：(12.7D_{665}-2.69D_{645})\times\frac{V}{1000\times w}$$

$$叶绿素\ b\ 含量：(22.9D_{645}-4.68D_{665})\times\frac{V}{1000\times w}$$

$$总叶绿素含量：(8.02D_{665}+20.21D_{645})\times\frac{V}{1000\times w}$$

或
$$总叶绿素含量=\frac{D_{652}}{34.5}\times\frac{V}{1000\times w}$$

注：34.5 为叶绿素在波长为 652nm 时的比吸收系数。

思考题

① 叶绿素 a 和叶绿素 b 在红光区和蓝光区都有最大吸收峰，能否用蓝光区的最大吸收峰波长进行叶绿素 a 和叶绿素 b 的定量分析，为什么？

② 测定叶绿素含量实验中，使用分光光度计应注意哪些问题？

实验 25　荧光光度分析法测定维生素 B_2

实验目的

① 学习和掌握荧光光度分析法的基本原理和方法。

② 熟悉荧光分光光度计（或荧光光度计）的结构和使用方法。

实验原理

在紫外光或波长较短的可见光照射后，一些物质会发射出比入射光波长更长的荧光，以测量荧光强度和波长为基础的分析方法叫做荧光分光光度分析法。

对同一物质而言，若 $alc\ll0.05$，即对于很稀的溶液，荧光强度 F 与该物质的浓度 c 有以下的关系

$$F=2.3\varphi_f I_0 alc$$

式中，φ_f 为荧光过程的量子效率；I_0 为入射光强度；a 为荧光分子的吸收系数；l 为试液的吸收光程。

I_0 和 l 不变时

$$F=Kc$$

式中，K 为常数。因此，在低浓度的情况下，荧光物质的荧光强度与浓度成线性关系。

维生素 B_2（即核黄素）在 430～440nm 蓝光的照射下，发出绿色荧光，其峰值波长为 535nm。维生素 B_2 的荧光在 pH6～7 时最强，在 pH11 时消失。

荧光分析实验首先选择激发光单色器波长和荧光单色器波长，基本原则是使测量获得最强荧光，且受背景影响最小。激发光谱是选择激发光单色器波长的依据，荧光物质的激发光谱是指在荧光最强的波长处，改变激发光单色器的波长测量荧光强度，用荧光强度对激发光波长作图所得的谱图。大多数情况下，荧光物质的激发光谱与其吸收光谱相同。荧光光谱是选择荧光单色器波长的主要依据，荧光物质的荧光光谱是将激发光单色器波长固定在最大激发光波长处，改变荧光单色器波长测量荧光强度，用荧光强度对荧光波长作图所得的谱图。图 5-1 为维生素 B_2 的吸收（激发）光谱及荧光光谱示意图。

本实验采用标准曲线法来测定维生素 B_2 的含量。激发光单色器波长选 440nm。荧光单色器波长选 525nm，可将 440nm 的激发光及水的拉曼光（360nm）滤除，从而避免了它们的干扰。

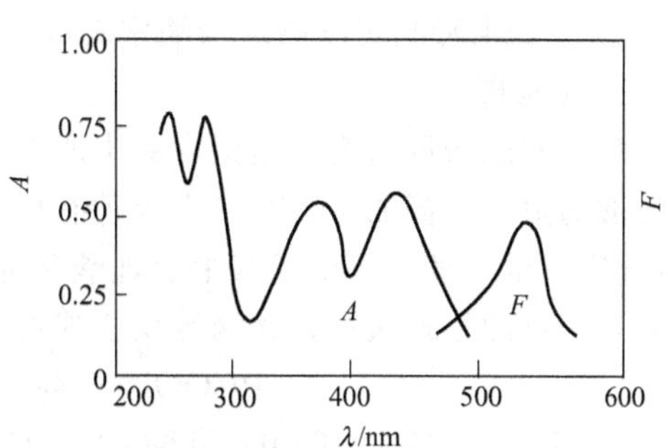

图 5-1 维生素 B_2 的吸收（激发）光谱及荧光光谱示意图

A—吸光度；F—荧光强度

器材和试剂

① 器材：荧光光度计、容量瓶。

② 试剂：维生素 B_2。

实验内容

（1）标准系列溶液的配制

在 5 个干净的 50mL 容量瓶中，分别加入 1.00mL、2.00mL、3.00mL、4.00mL 和 5.00mL 5.00mg/L 维生素 B_2 标准溶液，用蒸馏水稀释至刻度，摇匀。

（2）标准系列溶液的测定

开启仪器电源，预热约 10min。用蒸馏水作空白，从稀到浓测量标准系列溶液的荧光强度。

（3）未知试样的测定

取 2.50mL 待测液置于 50mL 容量瓶中，用蒸馏水稀释至刻度，摇匀。用测定标准系列溶液时相同的条件，测量其荧光强度。

数据处理

① 记录数据

见表 5-11。

表 5-11 维生素 B_2 标准溶液浓度及荧光强度测定数据

测定次数	1	2	3	4	5
ρ/(mg/L)					
F					

② 用标准系列溶液的浓度及荧光强度绘制标准曲线。

③ 根据待测液的荧光强度，从标准曲线上求得其浓度。

④ 按下式计算药片中维生素 B_2 的含量，用 mg/片表示（c_x 为待测液的浓度）。

$$c_x(\text{mg/L})\times\frac{50}{5}\times 1\text{L/片}=\underline{\qquad}\ \text{mg/片}$$

思考题

① 荧光分光光度计与紫外分光光度计的两点主要区别是什么？

② 荧光是如何产生的？

③ 荧光池为什么四面透光？

④ 缺乏维生素 B_2 会引起什么症状？

⑤ 怎样选择激发光单色器波长和荧光单色器波长？

实验 26 酱油中总酸量（度）和氨基氮的测定

实验目的

① 学习酸度计的使用方法。

② 掌握电势滴定法测定酱油中总酸量和氨基氮的方法与原理。

实验原理

食品的总酸量（度）是指食品中所有酸性成分的总量。它包括未电离的酸的浓度和已电离的酸的浓度，酱油中含有二十余种有机酸，其含量可借标准碱滴定，故总酸量（度）又称“可滴定酸量（度）”。由于其中以乳酸含量最高，故总酸量（度）测定结果通常以乳酸（或乙酸）含量的形式表示，其滴定反应式可表示如下

$$RCOOH+NaOH = RCOONa+H_2O$$

或 $$CH_3CH(OH)COOH(\text{乳酸})+NaOH = CH_3CH(OH)COONa+H_2O$$

反应产物为弱碱，溶液 pH≈8.2，所以只要用 NaOH 标准溶液滴定至 pH8.2 时，即为滴定终点。指示滴定终点的方法很多，如电势法、比色法及化学法等，常用的方法是电势法。因为电势法不受氧化剂、还原剂或胶体等的干扰，也几乎不受色度、浊度的影响，准确度高，广泛应用于工农业生产及科学研究等部门。

电势法确定酸碱滴定终点的方法是：用玻璃电极作指示电极，饱和甘汞电极作参比电极与待测溶液（酱油试液）组成原电池

$$Ag(s)|AgCl(s)|HCl|\text{玻璃膜}|\text{试液}(a_{H^+})\|KCl(\text{饱和})|Hg_2Cl_2(s)|Hg(l)$$

在一定条件下，测得的电池电动势（E）与试液的 pH 有线性关系

$$E(\text{试})=K'+0.0592pH(\text{试}) \quad (25℃) \qquad ⓐ$$

由测得的电池电动势（E）可计算出待测溶液的 pH。但上式中的 K' 值是由内参比电极的电势及难以计算的不对称电势和液接电势所决定的常数，其值不易求得。因此，在实际工作中，用酸度计测定溶液的 pH，一般先用已知 pH 的标准缓冲溶液校正酸度计（即“定位”），然后作相对测量，以避免涉及 K' 值。因为在测量标准溶液时（25℃）

$$E(\text{标})=K'+0.0592pH(\text{标}) \quad (25℃) \qquad ⓑ$$

将式ⓑ减式ⓐ得

$$pH(\text{试})=pH(\text{标})+\frac{E(\text{试})-E(\text{标})}{0.0592}$$

可见，实际测得试液的 pH 是以标准缓冲溶液为基础的，为减小测量误差，校正酸度计时应选用与待测试液的 pH 相接近的标准缓冲溶液（一般，相差应在 3 个 pH 单位以内）。

酸度计校正（定位）之后，只要用 NaOH 标准溶液滴定至酸度计指示 pH＝8.2 时，即可根据 NaOH 的用量计算酱油中的总酸量（度）。

酱油中氨基氮的测定原理如下。

氨基酸具有酸性的羧基（—COOH）和碱性的氨基（$—NH_2$），加入甲醛与$—NH_2$ 结合，可以固定氨基的碱性，使羧基显示出酸性，用 NaOH 标准溶液滴定后定量，以酸度计测定终点（pH＝9.2）。本法适用于以粮食及其副产品豆饼、麸皮为原料酿造的酱油，酱油中的氨基氮的测定，反应式如下

$$RCH(NH_2)COOH+HCHO \longrightarrow RCH(NCH_2)COOH+H_2O$$

$$RCH(NCH_2)COOH+NaOH \longrightarrow RCH(NCH_2)COONa+H_2O$$

器材和试剂

① 器材：酸度计、磁力搅拌器、容量瓶、烧杯。

② 试剂：中性甲醛溶液、0.05mol/L NaOH 标准溶液。

实验内容

(1) 按照所用型号酸度计测量 pH 的方法进行操作

一般操作如下：

① 调零。接通电源，按下电源开关，仪器预热 10min，调节零点。

② 定位。清洗和安装电极，用吸水纸将电极上的水滴吸干，用标准缓冲溶液定位。

(2) 总酸量的测定

准确吸取酱油 5.0mL，置于 100mL 容量瓶中，加水至刻度，混匀，吸取 20.0mL 置于 200mL 烧杯中，加 60mL 水，放入搅拌磁子。

用蒸馏水清洗电极，并用吸水纸将水滴吸干，把电极插入试液中，开动磁力搅拌器。用 0.05mol/L NaOH 标准溶液滴定至酸度计指示 pH＝8.2，记下消耗 NaOH 标准溶液体积 $V(\mathrm{NaOH})$，供计算总酸含量。

(3) 氨基氮的测定

继续在已经测定总酸量的烧杯中，加入 10.0mL 中性甲醛溶液，混匀。再用 0.05mol/L NaOH 标准溶液继续滴定至 pH＝9.2，记下消耗 NaOH 标准溶液体积 $V'(\mathrm{NaOH})$。

同时取 80mL 蒸馏水置于另一 200mL 洁净烧杯中，先用 0.05mol/L NaOH 标准溶液调节至 pH 为 8.2（此时不计耗碱量），再加入 10.0mL 中性甲醛，用 0.05mol/L NaOH 标准溶液滴定至 pH 为 9.2，作为试剂空白试验，记下试剂空白试验消耗的 NaOH 标准溶液体积 $V_0(\mathrm{NaOH})$，供计算样品中氨基氮含量。

(4) 结束

测量完毕，关闭电源开关，冲洗电极，妥善保存电极。

数据处理

(1) 总酸量（以乳酸含量形式表示）

$$\rho(\text{乳酸})=\frac{c(\mathrm{NaOH})V(\mathrm{NaOH})M(\text{乳酸})}{V(\text{样品})}$$

(2) 氨基氮含量

$$\rho(\mathrm{N})=\frac{c(\mathrm{NaOH})[V'(\mathrm{NaOH})-V_0(\mathrm{NaOH})]M(\mathrm{N})}{V(\text{样品})}$$

式中，$\rho(\text{乳酸})$ 为以乳酸质量浓度（g/L 或 mg/mL）表示的酱油试样总酸量（度）；$\rho(\mathrm{N})$ 为酱油试样氨基氮含量（g/L 或 mg/mL）；$M(\text{乳酸})$ 为乳酸的摩尔质量（90.0g/mol）；$M(\mathrm{N})$ 为氮的摩尔质量（14.0g/mol）；$V(\text{样品})$ 为滴定用酱油试样的体积（mL）（本实验中 $V=5.0\times20.0/100$）；$V(\mathrm{NaOH})$ 为样品在滴定至 pH＝8.2 时所消耗的 NaOH 标准溶液体积；$V'(\mathrm{NaOH})$ 为样品在加入甲醛后滴定至终点（pH＝9.2）所消耗的 NaOH 标准溶液体积；$V_0(\mathrm{NaOH})$ 为空白试验加入甲醛后滴定至终点（pH＝9.2）所消耗的 NaOH 标准溶液体积。

思考题

① 电势法测定溶液的 pH 时，为什么需要用标准缓冲溶液校正 pH 计？校正时应注意什么问题？

② 玻璃电极或复合电极在使用前应如何处理？为什么？

③ 酱油中总酸量及氨基氮测定的原理是什么？

④ 使用酸度计应注意哪些事项？

实验 27 茶叶中多酚类及咖啡碱含量的分光光度测定

Ⅰ 茶叶中多酚类含量的分光光度测定

实验目的

① 学习分光光度法原理。

② 学习分光光度仪的使用方法。

③ 学习检测成分的提取方法。

实验原理

茶叶中多酚类物质能与亚铁离子形成紫蓝色配合物。用分光光度法测定其含量。

器材和试剂

① 器材：巨轮牌植物粉碎机、恒温水浴锅、紫外-可见分光光度计循环水式真空泵、电热恒温鼓风干燥箱、电子分析天平、布氏漏斗、抽滤瓶。

② 试剂：磷酸二氢钾（AR）、磷酸氢二钠（AR）、盐酸（AR）、酒石酸钾钠（AR）、硫酸亚铁（AR）、乙醇（工业级）。

所用材料为茶叶。

实验内容

（1）茶汤制备

称取研磨样品 1.0g 于锥形瓶中，加沸水 80mL，于沸水浴中浸提 30min，趁热抽滤，定容至 100mL，摇匀。

（2）测定

准确吸取茶汤 1mL，注入 25mL 容量瓶中，加 4mL 蒸馏水，酒石酸铁溶液 5mL，用缓冲溶液定容至刻度，混匀。用 10mL 比色皿，以试剂空白作参比，于波长 540nm 处测吸光度。

数据处理

茶叶中茶多酚的含量以干态质量分数表示，按下式计算

$$\frac{A\times 1.957\times 2}{100}\times\frac{L_1}{L_2 m_1 m_2}\times 100\%$$

式中，L_1 为试液的总量，mL；L_2 为测定时的用液量，mL；m_1 为试样的质量，g；m_2 为试样干物质含量，%；A 为试样的吸光度；1.957 为用 10mm 比色杯，当吸光度等于 0.50 时，每毫升茶汤中含茶多酚相当于 1.957mg。

思考题

① 为什么茶汤制备要趁热抽滤？

② 为什么选择波长是 540nm？

③ 显色反应多长时间内比色？超过多长时间比色所得值不准？偏大还是偏小？

Ⅱ 茶叶中咖啡碱含量的分光光度测定

实验目的

① 学习分光光度法原理。

② 学习分光光度仪的使用方法。

③ 学习标准曲线的绘制。

实验原理

咖啡因的三氯甲烷溶液在 276.5nm 波长下有最大吸收，其吸收值的大小与咖啡因浓度成正比，从而可进行定量。

器材和试剂

① 器材：紫外分光光度计。

② 试剂：无水硫酸钠、三氯甲烷（使用前重新蒸馏）、1.5%（w/V）高锰酸钾溶液、亚硫酸钠和硫氰酸钾混合溶液、15%（体积分数）磷酸溶液、20%（w/V）氢氧化钠溶液、20%（w/V）醋酸锌溶液、10%（w/V）亚铁氰化钾溶液、咖啡因标准品、咖啡因标准储备液。

实验内容

（1）茶叶及其固体制成品

在 100mL 烧杯中称取经粉碎成低于 30 目的均匀样品 0.5～2.0g，加入 80mL 沸水，加盖，摇匀，浸泡 2h，然后将浸出液全部移入 100mL 容量瓶中，加入 20%醋酸锌溶液 2mL，加入 10%亚铁氰化钾溶液 2mL，摇匀，用水定容至 100mL，摇匀，静置沉淀，过滤。取滤液 5.0～20.0mL 加入 1.5%高锰酸钾溶液 5mL，摇匀，静置 5min，加入混合溶液 10mL，摇匀，加入 50mL 重蒸三氯甲烷。振摇，静置分层，收集三氯甲烷。水层再加入 40mL 重蒸三氯甲烷，振摇 100 次，静置分层。合并两次三氯甲烷萃取液，并用重蒸三氯甲烷定容至 100mL，摇匀，备用。

（2）标准曲线的绘制

从 0.5mg/mL 的咖啡因标准储备液中，用重蒸三氯甲烷配制成浓度分别为 0μg/mL、5μg/mL、10μg/mL、15μg/mL、20μg/mL 的标准系列，以 0μg/mL 作参比管，调节零点，用 1cm 比色杯于 276.5nm 下测量吸光度，作吸光度-咖啡因浓度的标准曲线或求出直线回归方程。

（3）样品的测定

在 25mL 具塞试管中，加入 5g 无水硫酸钠，倒入 20mL 样品的三氯甲烷制备液，摇匀，静置。将澄清的三氯甲烷用 1cm 比色杯于 276.5nm 测出其吸光度，根据标准曲线（直线回归方程）求出样品的吸光度，相当于咖啡因的浓度 c(μg/mL)。同时用重蒸三氯甲烷作试剂空白。

数据处理

$$\text{咖啡因含量(mg/100g)}=\frac{(c-c_0)\times100\times100\times100}{V_1\times V\times1000}$$

式中，c 为样品吸光度，相当于咖啡因浓度，μg/mL；c_0 为试剂空白吸光度，相当于咖啡因浓度，μg/mL；V 为移取样品的体积，mL；V_1 为移取样品处理后水溶液的体积，mL。

思考题

① 为什么要把咖啡碱提取物配制成一定浓度？

② 加无水硫酸钠的作用是什么？

③ 绘制标准曲线时为什么选择 0μg/mL 作参比管？

实验 28　茶多酚中乙酸乙酯残留量的气相色谱分析——内标法定量

实验目的

① 学会使用气相色谱仪。

② 学会农药残留检测简单前处理。

③ 学会挑选内标物并会使用内标法定量。

实验原理

茶多酚是从茶叶中提取分离得到的天然抗氧化剂。具有抗衰老、抗辐射、消除自由基、降血糖脂、防治心血管病等药理功能。目前已应用于食品、医药、化妆品等领域。其生产方法主要有以绿茶或其脚料为原料，热水浸提离子沉淀分离法，有机溶剂浸提树脂分离法，有机溶剂浸提、萃取分离法。其中有机溶剂浸提、萃取分离法由于茶多酚的得率高，生产成本较低，得到较广泛的应用。在此方法中，氯代甲烷（如氯仿、二氯甲烷）由于在去除色素、树脂和脱除咖啡因等方面效果显著，常被用于去杂工艺，乙酸乙酯对茶多酚有很好的溶解性，被用于纯化工艺。这两种溶剂均不利于人体健康，特别是氯代甲烷对人体伤害更大。由于这两种溶剂是在茶多酚生产的后段工艺中使用，成品茶多酚中残留的检测十分必要。目前，我国茶多酚产品中的溶剂残留尚无统一的测定方法和标准，而 20 世纪 90 年代初日本、欧盟中的许多国外公司对茶多酚产品中的溶剂残留已是必检项目。

本实验测定茶多酚中乙酸乙酯残留，操作简便，检出限低，测定结果准确，是一种有实际意义的测定方法。

本实验用气相色谱法，选用 10%的 PEG-2500 为固定相，乙酸丙酯为内标，对茶多酚及其片剂中的残留乙酸乙酯进行了含量测定，该方法操作简便，精密度和回收率均较好，可作为制定乙酸乙酯控制方法质量标准的参考。

要测定茶多酚中的乙酸乙酯，为了避免样品前处理过程中所造成的测定误差，采用内标法定量。由于乙酸丙酯与乙酸乙酯的结构相近，在气相色谱中出峰比较接近，而且在茶多酚中本身不含有乙酸丙酯，选用乙酸丙酯作为内标比较合适。

器材和试剂

① 器材：HP6890 气相色谱（Agilent 公司），FID 检测器（Agilent 公司）。

② 试剂：乙酸乙酯、乙酸丙酯均为分析纯。

实验内容

（1）标准曲线的绘制

在 5 个 60mL 分液漏斗中分别加 10mL 蒸馏水和 1mol/L 的 Na_2CO_3 1mL，混匀，分别准确加入乙酸丙酯 5μg，正己烷标准溶液 10.00mL，再分别加入乙酸乙酯 0.5μg、1μg、1.5μg、5μg、10μg，萃取 30min，静置 30min 分层。分别取上层液 3μL 在上述色谱条件下直接进样测定。以乙酸乙酯峰面积/乙酸丙酯峰面积为纵坐标，乙酸乙酯浓度为横坐标作图，得到回归方程，及相关系数。

（2）样品处理

准确称取 2g 样品茶多酚用 10mL 蒸馏水溶解，并完全转移至 60mL 的分液漏斗中，加 1mol/L 的 Na_2CO_3 1mL，乙酸丙酯 5μg，准确加入 10.00mL 的正己烷溶液，萃取 30min，静置 30min 分层，取 3μL 的上层液注入气相色谱仪测定。

（3）色谱条件

2m×3mm i. d. 不锈钢柱（Altech，USA），10%的 PEG-2500 涂于 60～80 目 ChromosorbW/AW 上作为固定相。进样口、色谱柱温度均为150℃，检测器温度为 350℃，载气为高纯氮气（纯度 99.999%），流量 40mL/min，氢气流量 50mL/min，空气流量 400mL/min，进样量 3μL。

数据处理

根据进样后出来的图谱，根据保留时间，找到乙酸丙酯和乙酸乙酯的色谱峰。算出峰面积比值，代入到标准曲线内，求得乙酸乙酯的浓度。

注意事项

① 作标准曲线前，先分别进样乙酸乙酯和乙酸丙酯，找到对应的色谱峰，方便后面定性。

② 所选用的萃取剂不得与水互溶，也不能溶解茶多酚，但要最大限度地从水相中提取氯仿和乙酸乙酯。通过对比正己烷、石油醚、甲苯等萃取效果，最后选择正己烷为萃取剂。

③ Na_2CO_3 的作用：本实验运用了碳酸钠的碱性增加茶多酚的水溶性，使得缔合在多酚表面的溶剂残留物更容易被萃取到正己烷中，提高测定的灵敏度。

思考题

① 如果不加内标直接进样分析，结果会如何？

② 内标的选择原则是什么？

实验 29 果蔬中农药残留的气相色谱分析——纯物质对照法

实验目的

① 学会用气相色谱 ECD-FPD 检测器串联同时检测有机氯及有机磷农药残留的方法。

② 学会使用固相萃取仪、氮气吹干仪。

③ 学会农药残留检测前处理。

实验原理

农药残留是蔬菜、水果最大的卫生质量问题，如何在较短的时间内检测果蔬中所含有的残留农药是迫切需要解决的问题。目前，常用的农药残留检测方法主要是气相色谱法、气质联用法，前者需把各类型农药以不同的检测器分次进行检测，操作烦琐，后者仪器设备昂贵，对仪器的性能和操作人员的素质有较高的要求，基层单位很难做到。本实验探讨应用气相色谱 ECD-FPD 检测器串联进行瓜果、蔬菜中有机氯及有机磷农药测定，特点是简单、快速。

本实验分别用纯物质进样，根据其在色谱仪中的保留时间定性，然后将进行过前处理的样品在同一条件下进样，进行对比，根据保留时间判断是否含有该农药。

器材和试剂

① 器材：HP6890 气相色谱（Agilent 公司），配备 ECD-FPD 串接检测器，AS300 自动进样器和化学工作站；Agilent 固相萃取仪；氮气吹干仪；超声波清洗器。

② 试剂：甲基对硫磷、马拉硫磷、对硫磷、氧化乐果、甲胺磷、乙酰甲胺磷、六六六、滴滴涕标准品；丙酮、石油醚、无水硫酸钠等试剂均为分析纯。

实验内容

（1）标准品进样

取甲基对硫磷、马拉硫磷、对硫磷、氧化乐果、甲胺磷、乙酰甲胺磷、六六六、滴滴涕标准品各 10μg，加适当石油醚溶解，在该色谱条件下进样，得到相应的色谱图，记录保留时间。

（2）样品前处理

将新鲜蔬果样品用食品搅碎机搅碎混匀，称取 25.0g 置于 250mL 碘量瓶中，加入 40mL 丙酮-石油醚（1∶1）混合提取液，20mL 硫酸钠溶液（20g/L）。超声提取 20min，过滤于 250mL 分液漏斗中，残渣再提取一次，合并有机层，滤过无水硫酸钠柱，滤液于氮气吹干仪上蒸发至剩余约 2mL 时，用固相萃取仪净化后吹至近干，用石油醚定容至 1.0mL，供气相色谱分析。

（3）样品进样

经过前处理的样品溶液在上述色谱条件下进样，记录相应的色谱图，与标准谱图比较，检测是否含有该物质。如果有，则在相应的保留时间上会有峰出现。

色谱条件：

色谱柱：DB-1(30m×0.25mm×0.25μm) 毛细管柱；载气，高纯氮气；程序升温，初温 50℃，保持 1min，以 25℃/min 的速率升至 150℃，再以 5℃/min 的速率升至 250℃，保持 5min；进样量 1μL，进样口温度 250℃；进样 0.8min 后，分流流量 60mL/min；载气流速 1.0mL/min；ECD 基座温度 250℃；检测器温度 300℃；FPD 检测器温度 200℃；以保留时间定性。

注意事项

（1）色谱分析条件的选择

为了达到六六六、滴滴涕农药的 8 种异构体能完全分开，而又不能影响 6 种有机磷农药的灵敏度，选择了不分流进样，并把测定时间延迟至 0.5h，分两个阶段进行升温的方式，先用 50℃/min 的初始温度，使甲胺磷可以分离出来，再以 25℃/min 的速率升温使六六六先出峰，再以 5℃/min 的速率使滴滴涕紧跟在后面出峰，并不影响 6 种有机磷的分离，载气流速以 1mL/min 为宜，流速过高，六六六 4 个峰难以分开。

（2）样品提取条件的选择

国标方法中蔬菜类有机磷农药是用丙酮和二氯甲烷进行提取，有机氯农药是用丙酮和石油醚进行提取，考虑到使用电子捕获检测器时，不能使用含氯溶剂二氯甲烷，因此采用丙酮和石油醚（1∶1）混合液进行提取较适宜，使用超声波振荡，缩短提取时间，并加入硫酸钠溶液使有机相能与水相有效分离，农药充分转入有机相中，达到满意的提取率。

思考题

① 气相色谱定性方法有哪些？

② 气相色谱的检测器有哪些？各用在什么领域？

实验 30 饮料中咖啡因的高效液相色谱分析——外标法定量

实验目的

① 学会高效液相的开机、关机、软件使用与仪器简单维护。

② 了解并掌握外标法定量。

实验原理

咖啡因又称咖啡碱，化学名为1,3,7-三甲基黄嘌呤，溶于水、醇、氯仿、二氯甲烷等溶剂。它是一种中枢神经兴奋剂。一些人体和动物实验认为咖啡因是一种较弱的致突变和致畸物，还可引起局部缺血性心脏病，心律不齐。我国食品添加剂使用卫生标准规定，在可乐型饮料中加入咖啡因，限量为150mg/kg；美国、加拿大、日本、阿根廷、菲律宾为200mg/L。

咖啡因的含量是饮料中的一个重要品质指标，其含量测定一直受到分析工作者的关注。目前测定咖啡因的方法很多，如薄层色谱法、紫外分光光度法和高效液相色谱法。

本实验采用反相高效液相色谱法测定咖啡因的含量，对可乐型饮料采用直接稀释的处理方法，用外标法定量直接、简捷。

器材和试剂

① 器材：Agilent1100高效液相色谱工作站，配有自动进样器，在线脱气装置，二极管阵列检测器及色谱工作站。

② 试剂：乙腈为色谱纯，其余试剂均为分析纯；实验用水均为二次蒸馏水；可乐型饮料为市售；咖啡因对照品。

实验内容

(1) 标准曲线的制备

精密称取咖啡因对照品适量，加水溶解使达到0.5mg/mL，作为对照品储备液。精密量取1mL，加水稀释至100mL（0.005mg/mL）。分别精密量取上述溶液1μL，2μL，5μL，10μL，20μL和50μL于50mL容量瓶中，蒸馏水定容，分别进样。以峰面积为纵坐标，对照品浓度为横坐标，作标准曲线，得线性方程与相关性。

(2) 精密度实验

取其中一种浓度对照品，重复测定6次，求精密度。

(3) 样品处理

取市售可乐适量，超声脱气，加水稀释10倍后进样，得到色谱图。根据保留时间找出咖啡因的色谱峰，将此峰面积代入到标准曲线中，算出咖啡因含量，最后换算之。

(4) 色谱条件

色谱柱为Kromasil ODS柱（250mm×4.6mm×5μm），柱温30℃，流动相为乙腈-水(20∶80)，流速1mL/min，检测波长为274nm，进样量10μL。

注意事项

(1) 色谱条件的确定

流动相的选择尝试了乙腈-水以及文献报道的甲醇-缓冲液等多种流动相，结果表明咖啡因与饮品中其他成分的分离受流动相中有机相的比例影响较大，而与缓冲液的种类和浓度的关系较小，最后从分离效果、流动相成分的简易和分析时间等方面考虑，选择乙腈-水(20∶80）作为流动相。

(2) 检测波长的选择

二极管阵列检测器在线扫描的结果表明测试品和对照品中咖啡因峰的最大吸收均在274nm，并且紫外吸收光谱完全一致，因此测定波长定为274nm。

思考题

① 如果测绿茶中的咖啡因，该如何进行前处理呢？

② 外标法定量与内标法定量的优缺点是什么？

实验 31　茶叶中儿茶素的高效液相色谱分析

实验目的

① 巩固高效液相色谱仪的使用与维护。

② 巩固内标法定量。

实验原理

儿茶素是良好的抗氧化剂，具有生物活性和诸多药效（如抗肿瘤，抗诱变，预防龋齿等），因而儿茶素已成为一类重要的食品添加剂和药物。儿茶素是茶多酚的主要组分，其质量分数约占茶多酚总量的 90%左右，而茶多酚在干茶叶中的质量分数达 30%左右。茶叶的味道、绿茶的苦味和涩味主要是由儿茶素引起的。

本实验用等度反相高效液相色谱分析法对茶叶中的儿茶素进行分离，用与儿茶素结构接近的表儿茶素作为内标物，用内标法对其进行定量分析。

器材和试剂

① 器材：Agilent1100 高效液相色谱工作站，配有自动进样器，在线脱气装置，二极管阵列检测器及色谱工作站。

② 试剂：儿茶素、槲皮素标准品；乙腈为分析纯，水为二次蒸馏水。

实验内容

（1）标准曲线的制备

取 100mL 容量瓶 5 个，分别于其中加入槲皮素 0.5g，儿茶素 0.1g、0.2g、0.3g、0.4g、0.5g，超声 20min，移取 1.0mL 于 10mL 容量瓶中，用乙醇溶液定容，超声溶解 15min，在 0.45μm 微孔过滤器中过滤后进样分析。以儿茶素峰面积/槲皮素峰面积为纵坐标，以儿茶素的浓度为横坐标，绘标准曲线，并求得其相关性。

（2）儿茶素的提取与分离

称取一定量的龙井茶叶，研细并干燥至恒重，以 1g 茶叶加 10mL 蒸馏水的比例混合，90℃水浴加热 40min，过滤，抽滤，得到提取液，加入一定量的 $ZnCl_2$，用 $NaHCO_3$ 调节 pH，静置 30min，过滤，水洗，取沉淀，用 H_2SO_4（4∶96）溶解沉淀，再抽滤。滤液通过聚酰胺树脂柱，使儿茶素充分吸附在柱子上，并用适量蒸馏水洗柱子，除去咖啡因。再用 95%的乙醇淋洗柱子，将儿茶素充分洗脱下来，收集洗脱液，50℃水浴真空旋转蒸发制得淡黄色儿茶素固体粉末。

（3）样品测定

称取茶叶提取样品 100mg，用乙醇定容于 100mL 容量瓶中，加槲皮素 0.5g，超声 20min，移取 1.0mL 于 10mL 容量瓶中，用乙醇溶液定容，超声溶解 15min，在 0.45μm 微孔过滤器中过滤后进样分析。根据儿茶素与槲皮素的峰面积比值，代入标准曲线后，算出其含量。

（4）色谱分析条件

色谱柱：Resolve C_{18}（3.9mm i.d. ×300mm×5μm）。

流动相：乙醇-乙酸-水（体积比为 14.5∶1.0∶84.5）；流速 1.0mL/min；柱温常温；检测波长为 278nm。

思考题

① $ZnCl_2$ 在提取过程中的作用是什么？

② 通过聚酰胺树脂有什么作用？

实验32 醇和酚性质的测定

实验目的

① 进一步认识醇类的一般性质。

② 比较醇和酚的化学性质的差别。

③ 认识羟基和烃基的互相影响。

器材和试剂

① 器材：试管、恒温水浴锅、pH 试纸。

② 试剂：甲醇、乙醇、丁醇、辛醇、钠、酚酞、仲丁醇、叔丁醇、无水 $ZnCl_2$、浓盐酸、1%$KMnO_4$、异丙醇、NaOH、$CuSO_4$、乙二醇、甘油、苯酚、饱和溴水、1%KI、苯、H_2SO_4、浓 HNO_3、5%Na_2CO_3、0.5%$KMnO_4$、$FeCl_3$。

实验内容

(1) 醇的性质

① 比较醇的同系物在水中的溶解度。四支试管中分别加入甲醇、乙醇、丁醇、辛醇各 10 滴，振荡观察溶解情况，如已溶解则再加 10 滴样品，观察，从而可得出什么结论？

② 醇钠的生成及水解。在一干燥的试管加入 1mL 无水乙醇，投入一小粒钠，观察现象，检验气体，待金属钠完全消失后，向试管中加入 2mL 水，滴加酚酞指示剂，并解释。

③ 醇与 Lucas 试剂的作用。在 3 支干燥的试管中，分别加入 0.5mL 正丁醇、仲丁醇、叔丁醇，再加入 2mL Lucas 试剂，振荡，保持 26～27℃，观察 5min 及 1h 后混合物的变化。

④ 醇的氧化。在试管中加入 1mL 乙醇，滴入 1% $KMnO_4$ 2 滴，振荡，微热观察现象。以异丙醇做同样实验，其结果如何？

⑤ 多元醇与 $Cu(OH)_2$ 作用。用 6mL 5% NaOH 及 10 滴 10% $CuSO_4$，配制成新鲜的 $Cu(OH)_2$，观察现象。

试样：乙二醇、甘油。

(2) 酚的性质

① 苯酚的酸性。在试管中盛放苯酚的饱和溶液 6mL，用玻璃棒蘸取一滴于 pH 试纸上试验其酸性。

② 苯酚与溴水作用。取苯酚饱和水溶液 2 滴，用水稀释至 2mL，逐滴滴入饱和溴水，至淡黄色，将混合物煮沸 1～2min，冷却，再加入 1%KI 溶液数滴及 1mL 苯，用力振荡，观察现象。

③ 苯酚的硝化。在干燥的试管中加入 0.5g 苯酚，滴入 1mL 浓硫酸，沸水浴加热并振荡，冷却后加水 3mL，小心地逐滴加入 2mL 浓 HNO_3 振荡，置沸水浴加热至溶液呈黄色，取出试管，冷却，观察现象。

④ 苯酚的氧化。取苯酚饱和水溶液 3mL，置于干试管中，加 5% Na_2CO_3 0.5mL 及 0.5% $KMnO_4$ 1mL，振荡，观察现象。

⑤ 苯酚与 $FeCl_3$ 作用。取苯酚饱和水溶液 2 滴，放入试管中，加入 2mL 水，并逐滴滴入 $FeCl_3$ 溶液，观察颜色变化。

注意事项

做醇钠的生成和水解实验时应注意：

① 要用无水乙醇和干燥的试管。

② 切取金属钠时要用镊子夹取钠块，不能直接用手拿。剩余的金属钠要放回瓶中。整个过程动作要迅速，不能让钠在空气中暴露太久或与水接触。

③ 在进行水解醇钠之前要检查金属钠是否全部反应。若仍有残余的金属钠，应先用镊子取出钠粒，加酒精销毁，然后加水水解。否则，金属钠遇到水剧烈反应，不但影响实验结果，还会造成意外事故。

苯酚有很强的腐蚀性，操作时应避免接触皮肤，以免灼伤。

思考题

① 用 Lucas 试剂检验伯醇、仲醇、叔醇的实验成功的关键何在？对于六个碳以上的伯醇、仲醇、叔醇是否都能用 Lucas 试剂进行鉴别？

② 与氢氧化铜反应产生绛蓝色是邻羟基多元醇的特征反应，此外，还有什么试剂能起类似的作用？

实验 33 醛和酮性质的测定

实验目的

① 进一步加深对醛、酮化学性质的认识。

② 掌握鉴别醛、酮的化学方法。

器材和试剂

① 器材：试管、恒温水浴锅。

② 试剂：2,4-二硝基苯肼、甲醛、乙醛、丙酮、苯甲醛、乙醇、$NaHSO_3$、二苯酮、3-戊酮、氨基脲盐酸盐、NaAc、庚醛、3-己酮、苯乙酮、I_2、KI、异丙醇、1-丁醇、对品红盐酸盐、Na_2SO_3、浓盐酸、$AgNO_3$、$NH_3 \cdot H_2O$、环己酮、柠檬酸钠、碳酸钠、硫酸铜、CrO_3、浓 H_2SO_4、丁醛、叔丁醇。

实验内容

(1) 醛、酮的亲核加成反应

① 2,4-二硝基苯肼实验。5 支试管，各加入 1mL 2,4-二硝基苯肼，分别滴加 1～2 滴试样，摇匀静置，观察结晶颜色。

试样：甲醛、乙醛、丙酮、苯甲醛、二苯酮。

② 与饱和 $NaHSO_3$ 溶液加成。4 支试管分别加入 2mL 新配制的饱和 $NaHSO_3$，分别滴加 1mL 试样，振荡置于冰水中冷却数分钟，观察沉淀析出的相对速度。

试样：苯甲醛、乙醛、丙酮、3-戊酮。

③ 缩氨脲的制备。将 0.5g 氨基脲盐酸盐，1.5g 碳酸钠溶于 5mL 蒸馏水中，然后分装入 4 支试管中，各加入 3 滴试样和 1mL 乙醇摇匀。将 4 支试管置于 70℃水浴中加热 15min，然后各加入 2mL 水，在水浴中再放置 10min，待冷却后试管置于冰水中，用玻璃棒摩擦试管至结晶完全。

试样：庚醛、3-己酮、苯乙酮、丙酮。

(2) 醛、酮 α-H 活泼性：碘仿实验

5 支试管，分别加入 1mL 蒸馏水和 3～4 滴试样，再分别加入 1mL 10% NaOH 溶液，

滴加 $KI-I_2$ 至溶液呈黄色，继续振荡至浅黄色消失，析出浅黄色沉淀，若无沉淀，则放在50～60℃水浴中微热几分钟，(可补加 $KI-I_2$ 溶液）观察结果。

试样：乙醛、丙酮、乙醇、异丙醇、1-丁醇。

(3）醛、酮的区别

① Schiff 实验。在 5 支试管中分别加入 1mL 品红醛试剂（Schiff 试剂)，然后分别滴加 2 滴试样，振荡摇匀，放置数分钟，然后分别向溶液中逐滴加入浓硫酸，边滴边摇，观察现象。

试样：甲醛、乙醛、丙酮、苯乙酮、3-戊酮。

② Tollen 实验。在 5 支洁净的试管中分别加入 1mL Tollen 试剂，再分别加入 2 滴试样，摇匀，静置，若无变化，在 50～60℃水浴中温热几分钟，观察现象。

试样：甲醛、乙醛、苯甲醛、丙酮、环己酮。

③ 费林（Fehling）实验。在 4 支试管中分别加入 Benedict 试剂各 1mL，摇匀分别加入 3～4 滴试样，摇匀，沸水浴加热 3～5min，观察现象。

试样：甲醛、乙醛、苯甲醛、丙酮。

④ 铬酸实验。在 6 支试管中分别加入 1 滴试样，分别加入 1mL 丙酮，振荡，再加入铬酸试剂数滴，边加边摇，观察现象。

试样：丁醛、叔丁醇、异丙醇、环己酮、苯甲醛、乙醇。

注意事项

① 醛、酮与 Fehling 试剂的反应，试剂的量稍多和加热时间稍长才能观察到明显的现象。

② 当用 Tollen 试剂与醛类反应制备银镜时，应注意所用玻璃器皿应无还原性物质。为此，可依次用温热的浓硝酸、水、蒸馏水洗净。也可以依次用温热的浓硫酸、水、10% NaOH 溶液、水、蒸馏水洗净。

③ Tollen 实验结束，为防止生成易爆炸的 Ag_3N 和 AgONC，必须及时地用大量的水将剩余的 Tollen 试剂和反应混合液冲入下水道，试管壁所附着的银镜可加少许硝酸溶液浸泡或温热予以清除。

④ 硝酸银溶液与皮肤接触，立即形成难以洗去的黑色金属银，故滴加和摇动时应小心操作。

思考题

① 在醛和酮与氨基脲的加成实验中，为什么要加入乙酸钠？

② Tollen 试剂为什么要在临用时才配制？Tollen 实验完毕后，应该加入硝酸少许，立刻煮沸洗去银镜，为什么？

③ 如何用简单的化学方法鉴定下列化合物？

环己烷 环己烯 环己醇 苯甲醛 丙酮

④ 能与饱和 $NaHSO_3$ 溶液呈阳性反应的醛酮有哪些？其加成产物是什么？在此加成产物中加稀酸或稀碱有何现象？此类反应有何实际用途？

实验 34 羧酸及其衍生物的性质

实验目的

① 熟悉羧酸及其衍生物的化学性质。

② 了解油脂主要的化学性质。

器材和试剂

① 器材：试管、酒精灯、恒温水浴锅。

② 试剂：甲酸、乙酸、草酸、10%草酸、苯甲酸、无水乙醇、冰醋酸、乙酰氯、乙酸酐、乙酸乙酯、乙酰胺、乙酰乙酸乙酯、浓硫酸、1∶5硫酸、0.5% $KMnO_4$、10% NaOH、10%盐酸、2% $AgNO_3$、红色石蕊试纸、蓝色石蕊试纸、饱和 Na_2CO_3 溶液、5% $FeCl_3$、饱和溴水、熟猪油、1%熟猪油的 CCl_4 溶液、1%菜油的 CCl_4 溶液、1%鱼油的 CCl_4 溶液、95%乙醇、3%溴的 CCl_4 溶液、刚果红试纸。

实验内容

① 酸性实验：甲酸、乙酸各取 10 滴，草酸 0.5g 分别溶于 2mL 水中。然后用洗净的玻璃棒分别蘸取相应的酸液在同一条刚果红试纸上画线，比较各线条的颜色和深浅。

② 氧化反应：取 3 支试管，分别加入甲酸、乙酸、10%草酸溶液各 10 滴，然后再向每支试管加入 1∶5 硫酸及 0.5% $KMnO_4$ 溶液各 5 滴，摇匀，加热，观察并比较试管中的颜色变化。

③ 酯化反应：取 1 支干燥的试管，加入无水乙醇、冰醋酸和浓硫酸各 5 滴，混合均匀后，用棉花塞住管口，将试管放在 70℃水浴中加热 10min，取出冷却，加入 3mL 蒸馏水。观察试管中有无分层现象，是何物质，有何气味。

④ 成盐反应：取 0.2mg 苯甲酸晶体放入盛有 1mL 水的试管中，加入 10% NaOH 溶液数滴，振荡并观察现象。然后再加入数滴 10%盐酸，振荡并观察所发生的变化。解释之。

⑤ 酰氯的水解反应：取 1 支试管，加入 1mL 蒸馏水，再加入 2 滴乙酰氯，摇匀，此时，乙酰氯迅速溶解并放出热量，解释之。冷却后，滴入 1 滴 2% $AgNO_3$ 溶液，观察现象并解释之。

⑥ 酸酐的水解反应：取 2 支试管，其中 1 支加入 1mL 蒸馏水，另 1 支加入 1mL 氢氧化钠溶液，然后各加入乙酸酐 2 滴，摇匀，观察现象。若无变化，加热片刻，观察并比较结果。

⑦ 酯的水解反应：取 3 支试管，各加入蒸馏水 1mL 和乙酸乙酯 8 滴，再在其中 1 支试管中加入 1∶5 硫酸 5 滴，在另 1 支试管中加入 10% NaOH 溶液 5 滴。用棉花团塞住管口，同时放入 70℃水浴中加热，并不时振荡，观察并比较各试管中酯层的消失速度，解释之。

⑧ 酰胺的水解反应：取 2 支试管，各加入 0.5g 乙酰胺，然后向其中一试管加入 10% NaOH 溶液 3mL，向另一试管加入 1∶5 硫酸 3mL，加热至沸，用石蕊试纸检查两试管口处是否有氨或乙酸逸出。

⑨ 酸酐的醇解反应：取 1 支试管，加入 1mL 无水乙醇和 0.5mL 乙酸酐，混合后再加入 1 滴浓硫酸，振摇均匀，放入 70℃水浴，约 8min，取出试管，冷却，慢慢加入 1mL 饱和碳酸钠溶液，使呈弱碱性，稍加振摇，静置，反应液分层，并有乙酸乙酯气味逸出。

⑩ 油脂的不饱和性实验：取 3 支试管，在第 1 支中加入 1%熟猪油的 CCl_4 溶液 1mL，第 2 支试管中加入 1%菜油的 CCl_4 溶液 1mL，第 3 支试管中加入 1%鱼油的 CCl_4 溶液，边振摇边逐滴滴 3%溴的 CCl_4 溶液，至各试管中溴的颜色不再褪去为止（注意各试管油溶液橙黄色深浅应一致），记下各种油溶液所消耗溴溶液的滴数，比较各种油溶液的不饱和程度。

思考题

① 甲酸为什么具有还原性？乙酸为什么对氧化剂稳定？

② 酯化反应中，硫酸的作用是什么？请写出反应机理。

实验 35 胺的性质

实验目的

① 掌握脂肪族胺和芳香族胺的化学反应。

② 用简单的化学方法区分伯胺、仲胺和叔胺。

器材和试剂

① 器材：冰箱、恒温水浴锅、试管。

② 试剂：苯胺、浓盐酸、亚硝酸钠、β-萘酚、NaOH、N-甲基苯胺、二乙胺、N,N-二甲苯胺、三乙胺、苯磺酰氯、KI-淀粉试纸。

实验内容

(1) 与亚硝酸反应

① 伯胺的反应：取脂肪族伯胺 0.5mL 放入试管中，加盐酸使呈酸性，滴加 5%亚硝酸钠，观察有无气泡放出，液体是否澄清？

取 0.5mL 苯胺加 2mL 浓盐酸和 3mL 水，冰水浴冷却到 0℃，再取 0.5g 亚硝酸钠溶于 2.5mL 水中，用冰浴冷却慢慢加入苯胺盐酸盐于试管中，边加边搅拌，至 KI-淀粉试纸呈蓝色为止，此为重氮盐溶液。

取 1mL 重氮盐加热观察，闻气味。取 1mL 重氮盐、数滴 β-萘酚观察现象？

② 仲胺的反应：取 1mL N-甲基苯胺及 1mL 二乙胺，各加入 1mL 浓盐酸及 2.5mL 水，冰水浴冷却至 0℃，再取 2 支试管，分别加入 0.75g 亚硝酸钠和 2.5mL 水溶解，把 2 支试管中的亚硝酸钠分别慢慢加入上述盛有仲胺盐酸盐的溶液中，并振荡，观察现象。

③ 叔胺的反应：取 N,N-二甲苯胺及三乙胺各 1mL，各加入 1mL 浓盐酸及 2.5mL 水，冰水浴冷却至 0℃，再取 2 支试管，分别加入 0.75g 亚硝酸钠和 2.5mL 水溶解，把 2 支试管中的亚硝酸钠分别慢慢加入上述盛有叔胺盐酸盐的溶液中，并振荡，观察现象。

(2) Hinsberg（兴斯堡实验）

在 3 支试管中，分别放入 0.1mL 苯胺、N-甲基苯胺、N,N-二甲苯胺及 5mL 10% NaOH，充分混匀，然后滴入 3 滴苯磺酰氯，塞住试管口，剧烈振荡，除去塞子，振摇下在水浴上温热 1min，冷却溶液，用试纸检验是否呈碱性，观察有无固体或油状物析出。

注意事项

① 苯磺酰氯有毒并具有腐蚀性，应避免与皮肤接触，也不能吸入其蒸气，宜在通风橱内进行。

② β-萘酚溶液的配制：将 0.1g β-萘酚溶于 1mL 5%氢氧化钠溶液中。

③ 某些 N,N-二烷基苯胺与苯磺酰氯共热时会形成紫红色染料，一旦发生这种情况，则重新在 15℃水浴中进行反应。

思考题

解释 Hinsberg 实验中观察到的现象。

6 制备型实验

实验 36 硫酸亚铁铵的制备

实验目的

① 制备复盐硫酸亚铁铵，了解复盐的特性。

② 综合学习和掌握一般无机物制备基本方法和基本操作。

实验原理

铁屑溶于 H_2SO_4 生成 $FeSO_4$

$$Fe + H_2SO_4 = FeSO_4 + H_2 \uparrow$$

等物质的量的 $FeSO_4$ 与 $(NH_4)_2SO_4$ 作用，能生成溶解度较小的硫酸亚铁铵 $(NH_4)_2SO_4 \cdot FeSO_4 \cdot 6H_2O$（商品名称为莫尔盐）。

$$FeSO_4 + (NH_4)_2SO_4 + 6H_2O = (NH_4)_2SO_4 \cdot FeSO_4 \cdot 6H_2O$$

一般亚铁盐在空气中易被氧化，但形成复盐后就比较稳定，因此在定量分析中常用来配制亚铁离子的标准溶液。

和其他复盐一样，$(NH_4)_2SO_4 \cdot FeSO_4 \cdot 6H_2O$ 在水中的溶解度比组成中的每一组分［$FeSO_4$ 或 $(NH_4)_2SO_4$］的溶解度都要小。三种盐的溶解度数据列于表 6-1。

表 6-1 三种盐的溶解度（g/100gH_2O）

温度/℃	$FeSO_4 \cdot 7H_2O$	$(NH_4)_2SO_4$	$(NH_4)_2SO_4 \cdot FeSO_4 \cdot 6H_2O$
10	20.0	73.0	17.2
20	26.5	75.4	21.6
30	32.9	78.0	28.1

器材和试剂

① 器材：水浴锅、真空泵、烧杯、锥形瓶、蒸发皿、布氏漏斗。

② 试剂：铁屑、10% Na_2CO_3 溶液、3mol/L H_2SO_4、$(NH_4)_2SO_4$ 固体、95%乙醇、浓 H_2SO_4、3mol/L HCl、25%的 KSCN、$K_2Cr_2O_7$、85% H_3PO_4、二苯胺磺酸钠指示剂。

实验内容

（1）铁屑的净化

称取 2g 铁屑，放于锥形瓶内，加入 15mL 10% Na_2CO_3，小火加热 10min 以除去铁屑中的油污，用倾注法倒掉碱液并用水把铁屑洗净。

（2）$FeSO_4$ 的制备

向盛有铁屑的锥形瓶中加入 15mL 3mol/L H_2SO_4，放在水浴中加热（在通风橱中进行）至不再有气泡放出，趁热减压过滤，用少量热水洗涤锥形瓶及漏斗上的残渣，抽干。将溶液倒入蒸发皿中。将留在锥形瓶内和滤纸上的残渣收集在一起用碎滤纸吸干后称重，由已作用的铁屑质量算出溶液中 $FeSO_4$ 的量。

（3）$(NH_4)_2SO_4 \cdot FeSO_4 \cdot 6H_2O$ 的制备

根据溶液中 $FeSO_4$ 的量，按反应方程式计算并称取固体 $(NH_4)_2SO_4$，倒入上面制得

的 $FeSO_4$溶液中。搅拌均匀，水浴蒸发，浓缩至表面出现结晶薄膜为止。放置冷却，得 $(NH_4)_2SO_4 \cdot FeSO_4 \cdot 6H_2O$ 晶体。减压过滤除去母液，再用少量乙醇洗去晶体表面的水分，抽干。将晶体取出，摊在两张吸水纸之间并轻压吸干。观察晶体的颜色和形状。称重，计算产率。

数据处理

$$m[(NH_4)_2SO_4]=\frac{m(Fe)M[(NH_4)_2SO_4]}{M(Fe)}$$

$$m(\text{实际})=m(\text{样品}+\text{表面皿})-m(\text{表面皿})$$

① $\text{产率}=\frac{\text{实际产量(g)}}{\text{理论产量(g)}}\times 100\%$

② $m(\text{理论})=\frac{M[(NH_4)_2SO_4 \cdot FeSO_4 \cdot 6H_2O]}{M[(NH_4)_2SO_4]}\times m[(NH_4)_2SO_4]$

学习掌握有关操作

① 台秤的使用、倾注法过滤、蒸发皿的使用及蒸发注意事项。

② 减压过滤、晶体洗涤、干燥。

思考题

① 制备 $FeSO_4$ 时为何会有异味？

② 在制备 $FeSO_4$ 时，是铁过量还是 H_2SO_4 过量？为什么？

③ 浓缩 $(NH_4)_2SO_4 \cdot FeSO_4 \cdot 6H_2O$ 时能否浓缩至干，为什么？

④ 为什么用乙醇洗涤 $(NH_4)_2SO_4 \cdot FeSO_4 \cdot 6H_2O$ 晶体，而不用蒸馏水？

实验 37 硫酸亚铁铵的纯度分析

实验目的

① 综合学习和掌握一般无机物产品纯度检验的基本方法和基本操作。

② 学习二苯胺磺酸钠指示剂使用的原理。

③ 了解用目测比色法检验产品的质量等级。

实验原理

① 限量分析是将成品配制成溶液与各标准溶液进行比色，以确定杂质含量范围。如果成品溶液的颜色不深于标准溶液，则认为杂质含量低于某一规定限度，所以这种分析方法称为限量分析。

② $K_2Cr_2O_7$ 在强酸性介质中具有很强的氧化性，常用于测定 Fe^{2+}。反应为

$$Cr_2O_7^{2-}+6Fe^{2+}+14H^+ = 2Cr^{3+}+6Fe^{3+}+7H_2O$$

用 $K_2Cr_2O_7$ 测定 Fe^{2+} 时，常用二苯胺磺酸钠作为指示剂。反应终点时过量少许 $K_2Cr_2O_7$，使指示剂由无色变成红紫色。由于在滴定过程中，生成的 Cr^{3+} 呈现绿色，故终点时由绿色变为紫蓝色。二苯胺磺酸钠变色点的电势位于滴定曲线的下端，指示剂变色时只能氧化 91%左右的 Fe^{2+}。因此，为了减少误差，必须在滴定前加入 NaF 或 H_3PO_4，与 Fe^{3+}形成配合物，以降低 $\varphi^{\ominus'}(Fe^{3+}/Fe^{2+})$，增大突跃范围，并消除 Fe^{3+} 黄色干扰，有利于终点颜色的观察。

器材和试剂

① 器材：烧杯、锥形瓶、蒸发皿、布氏漏斗等。

② 试剂：$NH_4Fe(SO_4)_2 \cdot 12H_2O$、浓 H_2SO_4、HCl（3mol/L）、KSCN（25%）、$K_2Cr_2O_7$。

实验内容

（1）铁（Ⅲ）的限量分析

① 铁（Ⅲ）标准溶液的配制（由实验室制备）。称取 0.8634g$NH_4Fe(SO_4)_2 \cdot 12H_2O$，溶于少量水中，加 2.5mL 浓 H_2SO_4，移入 1000mL 容量瓶中，用水稀释至刻度。此溶液为 0.1000g/LFe^{3+}。

② 标准色阶的配制。依次取 0.50mL、1.00mL、2.00mL 铁（Ⅲ）标准溶液分别置于 25mL 比色管中，各加入 2mL 3mol/L HCl 和 1mL 25% KSCN 溶液，用去离子水稀释至刻度，摇匀，分别配制成相当于一级、二级、三级试剂的标准液。

3 个不同等级 $(NH_4)_2SO_4 \cdot FeSO_4 \cdot 6H_2O$ 中 Fe^{3+} 含量，见表 6-2。

表 6-2 不同等级 $(NH_4)_2SO_4 \cdot FeSO_4 \cdot 6H_2O$ 中 Fe^{3+} 含量

产品级别	一级	二级	三级
含 Fe^{3+} 量/mg	0.05	0.1	0.2

③ 产品级别的确定。称取 1.0g 产品于 25mL 比色管中，用 15mL 去离子水溶解，再加入 2mL 3mol/L HCl 和 1mL 25%的 KSCN 溶液，加水稀释至 25mL，摇匀。与标准色阶进行目视比色，确定产品级别。

（2）$(NH_4)_2SO_4 \cdot FeSO_4 \cdot 6H_2O$ 含量的测定

① $(NH_4)_2SO_4 \cdot FeSO_4 \cdot 6H_2O$ 的干燥。将制得的晶体在 100℃左右干燥 2～3h，脱去结晶水。凉至室温后，将晶体装在干燥的称量瓶中。

② $K_2Cr_2O_7$ 标准溶液的配制。在分析天平上用差减法准确称取约 1.2g（准确至 0.1mg）$K_2Cr_2O_7$，放入 100mL 烧杯中，加少量蒸馏水溶解，定量转移至 250.0mL 容量瓶中，用蒸馏水稀释至刻度，计算 $K_2Cr_2O_7$ 的准确浓度。

③ 测定含量。用差减法准确称取 0.6～0.8g（准确至 0.1mg），所制得的$(NH_4)_2SO_4 \cdot FeSO_4 \cdot 6H_2O$ 两份，分别放入 250mL 锥形瓶中，各加 100mL H_2O 及 20mL 3mol/L H_2SO_4，加 5mL 85% H_3PO_4，滴加 6～8 滴二苯胺磺酸钠指示剂，用 $K_2Cr_2O_7$ 标准溶液滴定至溶液由深绿色变为紫色或蓝紫色即为终点。

数据处理

见表 6-3。

表 6-3 $(NH_4)_2SO_4 \cdot FeSO_4 \cdot 6H_2O$ 含量的测定

称样记录	倾出前（称量瓶＋试样）质量 m_1＝____g		倾出后（称量瓶＋试样）质量 m_2＝____g
试样质量 $K_2Cr_2O_7$/g			
$c(K_2Cr_2O_7)$/(mol/L)			
测定序号	Ⅰ	Ⅱ	Ⅲ
试样质量$(NH_4)_2SO_4 \cdot FeSO_4 \cdot 6H_2O$/g			
$V(K_2Cr_2O_7)$终读数/mL			
$V(K_2Cr_2O_7)$初读数/mL			
$V(K_2Cr_2O_7)$/mL			
$w[(NH_4)_2SO_4 \cdot FeSO_4]$/%			
$\overline{w}[(NH_4)_2SO_4 \cdot FeSO_4]$/%			
$\overline{d}_r$			

$$c(K_2Cr_2O_7)=\frac{m(K_2Cr_2O_7)\times 1000}{M(K_2Cr_2O_7)V(K_2Cr_2O_7)}$$

$$w[(NH_4)_2SO_4\cdot FeSO_4]=\frac{6\,c(K_2Cr_2O_7)V(K_2Cr_2O_7)M[(NH_4)_2SO_4\cdot FeSO_4]}{1000\times m_s}\times 100\%$$

思考题

① 加入 H_3PO_4 的作用是什么？

② 为什么硫酸亚铁铵在定量分析中可以用来配制亚铁离子的标准溶液？

实验 38 硫代硫酸钠的制备

实验目的

① 掌握硫代硫酸钠的制备方法。

② 掌握无机制备中溶解、蒸发、结晶、过滤等基本操作技术。

③ 学习 SO_3^{2-}、SO_4^{2-} 的半定量比浊分析法。

实验原理

（1）硫代硫酸钠的制备

硫代硫酸钠（$Na_2S_2O_3\cdot 5H_2O$）是一种常见的化工原料和试剂，商品名为海波，俗称大苏打，无色透明晶体，易溶于水。硫代硫酸钠晶体在空气中稳定，水溶液呈碱性；在中性、碱性介质中能稳定存在，是中强还原剂；在酸性介质中不稳定，易分解成单质硫和二氧化硫。根据中性介质中的电极电势

$$2SO_3^{2-}+3H_2O+4e^- \longrightarrow S_2O_3^{2-}+6OH^- \qquad \varphi^{\ominus}=+0.04V$$

$$S_2O_3^{2-}+3H_2O+4e^- \longrightarrow 2S+6OH^- \qquad \varphi^{\ominus}=-0.12V$$

因此，将硫粉溶于沸腾的亚硫酸钠溶液中便可得到硫代硫酸钠

$$S+Na_2SO_3 \longrightarrow Na_2S_2O_3$$

（2）比浊分析法测定杂质含量

用比浊分析法可半定量判断产品中杂质的含量。本实验制备的硫代硫酸钠中，含有 SO_3^{2-} 和 SO_4^{2-} 杂质。分析时先用 I_2 将 SO_3^{2-}、$S_2O_3^{2-}$ 氧化为 SO_4^{2-}、$S_4O_6^{2-}$，然后加入 $BaCl_2$ 溶液与 SO_4^{2-} 反应生成难溶的 $BaSO_4$，使溶液浑浊。显然，溶液浑浊度与试样中的 SO_4^{2-} 含量成正比。因此可用比浊度的方法，半定量分析样品中 SO_3^{2-} 和 SO_4^{2-} 总量。

器材和试剂

① 器材：台秤（公用），水浴锅，铁架台及铁圈，布氏漏斗及吸滤瓶，烧杯（100mL），量筒，表面皿，蒸发皿，漏斗，比色管（25mL），移液管（1mL、5mL），容量瓶（100mL）。

② 试剂：HCl（0.1mol/L），I_2 溶液（0.05mol/L），$BaCl_2$（25%），SO_4^{2-} 标准溶液，亚硫酸钠（固体），乙醇，硫粉。

实验内容

（1）硫代硫酸钠的制备

① 称 2g 研细的硫粉于烧杯中，加入 1mL 乙醇使其润湿，再加入 6g 的亚硫酸钠固体和 30mL 水。加热至沸腾并不断搅拌，保持微沸状态不少于 40min，直至仅剩下少许的硫粉悬浮在溶液中。在加热的过程中应不时地补充去离子水，控制溶液的总体积不少于 20mL。

② 趁热用普通漏斗过滤，滤液承接在洁净的蒸发皿中。水浴加热蒸发到溶液呈微黄色

浑浊为止，取下蒸发皿，静置冷却到室温。

③ 减压过滤，用少量的乙醇洗去晶体表面的水分，抽干后把晶体转移到表面皿中晾干。称量晶体的质量，计算理论产量和产率。

（2）产品检验

① SO_4^{2-} 标准溶液的配制（由实验室提供）。称取 0.1814g 的 K_2SO_4 溶于少量的去离子水中，定量转移到 1L 的容量瓶中，稀释至刻度。此溶液为 0.1000g/L SO_4^{2-} 标准溶液。

② 标准浊度阶的配制（由实验室提供）。分别取 0.1000g/L SO_4^{2-} 标准溶液 0.50mL、1.00mL、2.00mL 于 25mL 比色管中，加入 1mL 0.1mol/L HCl 和 1mL 25% $BaCl_2$ 溶液，用去离子水稀释至刻度，摇匀，即配制成系列标准浊度阶：

a. 含 SO_4^{2-} 0.05mg/g（符合一级试剂）；

b. 含 SO_4^{2-} 0.10mg/g（符合二级试剂）；

c. 含 SO_4^{2-} 0.20mg/g（符合三级试剂）。

③ 产品级别的确定。称取 1.0g 产品于烧杯中，加入 25mL 去离子水溶解后，先加入 30mL 0.05mol/L I_2 溶液，在不断搅拌下继续滴加 I_2 溶液，使溶液呈淡黄色。然后，转移到 100mL 的容量瓶中，用去离子水稀释至刻度，摇匀。用 10mL 移液管移取该样品于 25mL 比色管中，加入 1mL 0.1mol/L HCl 和 1mL 25% $BaCl_2$ 溶液，用去离子水稀释至刻度，摇匀。放置 10min 后，加 1 滴 0.05mol/L I_2 溶液，摇匀，立即与标准浊度阶进行目测比浊，确定产品的级别。

思考题

① 要提高硫代硫酸钠产品的纯度，在实验中应注意哪些问题？

② 制得的产品为何不用水洗而用乙醇洗涤？

③ 本实验制备的产品达到了什么等级？实验成败的关键是什么？

实验 39 乙酸乙酯的制备

实验目的

① 学习酯化反应的基本原理和制备方法。

② 掌握分液漏斗的使用方法。

实验原理

在浓硫酸催化下，乙酸和乙醇生成乙酸乙酯

$$CH_3COOH + CH_3CH_2OH \xrightleftharpoons{\text{浓}\ H_2SO_4} CH_3COOC_2H_5 + H_2O$$

为了提高酯的产量，本实验采取加入过量乙醇及不断把反应中生成的酯和水蒸出的方法。在工业生产中，一般采用加入过量的乙酸，以便使乙醇转化完全，避免由于乙醇和水及乙酸乙酯形成二元或三元恒沸物给分离带来困难。

器材和试剂

① 器材：普通蒸馏装置，分液漏斗（125mL），大试管，烧杯，锥形瓶（50mL），量筒，回流冷凝管，铁圈，普通漏斗，滤纸，pH 试纸。

② 试剂：冰醋酸，95%乙醇，浓硫酸，饱和碳酸钠，饱和氯化钙，饱和氯化钠水溶液，无水硫酸镁。

实验内容

在 100mL 圆底烧瓶中加入 14.3mL 冰醋酸和 23mL 乙醇，在摇动下慢慢加入 7.5mL 浓

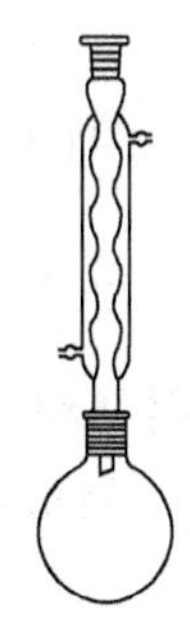
图 6-1 回流装置

硫酸，混合均匀后加入几粒沸石，装上回流冷凝管。装置见图 6-1。在水浴上加热回流 0.5h。

稍冷后，改为蒸馏装置，在水浴上加热蒸馏，直至无馏出物馏出为止，得粗乙酸乙酯。在摇动下慢慢向粗产物中滴入饱和碳酸钠水溶液数滴，使有机相呈中性为止（用 pH 试纸测定）。

将液体转入分液漏斗中，振摇后静置，分去水相，有机相用 10mL 饱和食盐水洗涤后，再每次用 10mL 饱和氯化钙溶液洗涤两次。弃去下层液，酯层转入干燥的锥形瓶用无水硫酸镁干燥。

将干燥后的粗乙酸乙酯滤入 50mL 蒸馏瓶中，在水浴上进行蒸馏，收集 73～78℃馏分，产量 10～12g。

纯粹乙酸乙酯的沸点为 77.06℃，$n_{\mathrm{D}}^{20}=1.3727$。

注意事项

① 碳酸钠必须洗去，否则下一步用饱和氯化钙溶液洗乙醇时，会产生絮状的碳酸钙沉淀，造成分离的困难。为减小酯在水中的溶解度（每 17 份水溶解 1 份乙酸乙酯），故此处用饱和食盐水洗。

② 由于水与乙醇、乙酸乙酯形成二元或三元恒沸物，故在未干燥前已是清亮透明溶液，因此，不能以产品是否透明作为是否干燥好的标准，而应以干燥剂加入后的吸水情况而定，并放置 30min，其间要不时摇动。若洗涤不净或干燥不够时，会使沸点降低，影响产率。

③ 在馏出液的粗酯中含有一些乙酸，用饱和碳酸钠溶液除去，或用检测溶液的 pH 值使石蕊试纸显蓝色的方法，来控制加入饱和碳酸钠溶液的量。

思考题

① 酯化反应有什么特点，本实验如何创造条件促使酯化反应尽量向生成物方向进行？

② 本实验可能有哪些副反应？

③ 如果采用乙酸过量是否可以？为什么？

④ 用饱和氯化钙溶液洗涤，可除去何种杂质？为什么先用饱和食盐水洗涤？用水代替饱和食盐水行吗？

实验 40 溴丁烷的制备

实验目的

① 学习溴丁烷制备的原理和方法。

② 练习连有气体吸收装置的加热回流操作和液体干燥操作。

③ 学习使用分液漏斗洗涤液体的方法。

④ 巩固蒸馏操作。

实验原理

1-溴丁烷是由正丁醇与溴化钠、浓硫酸共热制得的。

主反应

$$\mathrm{NaBr}+\mathrm{H_2SO_4} \longrightarrow \mathrm{HBr}+\mathrm{NaHSO_4}$$

$$n\text{-}\mathrm{C_4H_9OH}+\mathrm{HBr} \overset{\triangle}{\rightleftharpoons} n\text{-}\mathrm{C_4H_9Br}+\mathrm{H_2O}$$

副反应

$$2CH_3CH_2CH_2CH_2OH \xrightarrow[\triangle]{H_2SO_4} CH_3CH_2CH=CH_2+CH_3CH=CHCH_3+2H_2O$$

$$2CH_3CH_2CH_2CH_2OH \xrightarrow[\triangle]{H_2SO_4} CH_3CH_2CH_2CH_2OCH_2CH_2CH_2CH_3+H_2O$$

器材和试剂

① 器材：带气体吸收的回流装置。

② 试剂：正丁醇、溴化钠、浓硫酸、10%氢氧化钠溶液、无水氯化钙。

实验内容

① 在100mL的圆底烧瓶中加入10g溴化钠、10mL水和7.5mL正丁醇，充分振摇。

② 将烧瓶置于冰水浴中，在不停的回荡下，慢慢加入12mL浓硫酸，再加入几粒沸石。

③ 装上回流冷凝管，在冷凝管上端接一气体吸收装置，用氢氧化钠的水溶液作吸收剂。

④ 在石棉网上加热回流混合物约0.5h，在此过程中，要经常摇动烧瓶。

⑤ 冷却后，改为蒸馏装置。

⑥ 在石棉网上加热蒸馏混合物至馏出液完全溶于水（或变为澄清），此时溴丁烷已全部蒸出，停止蒸馏。

⑦ 将馏出液小心转入分液漏斗中，用10mL水洗涤，并静置分层。

⑧ 将有机层转入到另一个干燥的分液漏斗中（哪一层？溴丁烷和水的密度各为多少?）。

⑨ 有机层用5mL浓硫酸洗涤，并尽量分去硫酸层（哪一层?）。

⑩ 有机层依次用10mL水、10mL 10%氢氧化钠和10mL水洗涤，用pH试纸检验是否已达中性，否则重复水洗。

⑪ 将产物移入干燥的小三角烧瓶中，加入少量的无水氯化钙干燥，间歇摇动，直至液体透明。

⑫ 将干燥后的产物小心转入到一个干燥的蒸馏烧瓶中，在石棉网上加热蒸馏，收集99～103℃的馏分。产物称重，计算产率。

纯的1-溴丁烷为无色透明液体，b.p.为101.6℃，d_4^{20}为1.2758，n_D^{20}为1.4401。

注意事项

① 在加料和反应过程中需经常振摇烧瓶，否则将影响反应的产率。

② 取一只试管加入0.5mL水，再收集一滴馏出液，检验其是否溶于水。

③ 仔细判断哪一层为有机层，1-溴丁烷的密度$d=1.27$g/mL。

④ 浓硫酸用来洗去粗品中少量未反应的正丁醇及副产物1-丁烯、2-丁烯和丁醚等杂质。否则正丁醇和溴丁烷可以形成共沸物（b.p.为98.6℃，含正丁醇13%）而难以除去。

⑤ 在后处理过程中，经历5次洗涤，为保证不将产物丢弃，需将每次分层后的液体保留并作好标记，直至反应结束后再丢弃。

⑥ 本实验1-溴丁烷的产量约为6～7g，产率约为52%。

思考题

① 加料时，先使溴化钠和浓硫酸混合，然后再加正丁醇和水，可以吗？为什么？

② 反应后的产物可能含有哪些杂质，各步洗涤的目的何在？

③ 用分液漏斗洗涤产物时，产物时而在上层，时而在下层，你用什么简单的方法加以鉴别？

实验41 阿司匹林（乙酰水杨酸）的制备

实验目的

① 学习用乙酸酐作酰化剂制备乙酰水杨酸的酯化方法。

② 巩固重结晶和熔点测定等基本操作。

③ 了解乙酰水杨酸的应用价值。

实验原理

水杨酸，即邻羟基苯甲酸，其酸性比苯甲酸和对羟基苯甲酸都强。水杨酸本身就是一种可以止痛、治疗风湿病和关节炎的药物。

水杨酸是一种具有双官能团的化合物，一个是酚羟基，另一个是羧基。羟基和羧基都可以发生酯化反应。水杨酸与乙酸酐在 H^+ 催化下反应生成乙酰水杨酸。

$$C_6H_4(OH)COOH + (CH_3CO)_2O \xrightleftharpoons{H^+} C_6H_4(OCOCH_3)COOH + CH_3COOH$$

由于水杨酸本身具有两个不同的官能团，反应中可形成少量的高分子聚合物，造成产物不纯。为了除去这部分杂质，可使乙酰水杨酸变成钠盐，利用高聚物不溶于水的特点将它们分开，达到分离的目的。

用三氯化铁来检测反应是否进行得完全。由于酚羟基可与三氯化铁水溶液反应形成深紫色的配合物，所以未反应的水杨酸与三氯化铁溶液反应呈紫色，而纯净的阿司匹林（乙酰水杨酸）不会产生紫色。

器材和试剂

① 器材：冰箱、恒温水浴锅、布氏漏斗、锥形瓶 、试管。

② 试剂：水杨酸、乙酸酐、浓硫酸（98%）、乙醇、三氯化铁。

实验内容

(1) 合成

称取水杨酸结晶 2.0g，置于 125mL 锥形瓶中。加 5mL 乙酸酐，接着用滴管加 5 滴硫酸。缓缓旋摇直至水杨酸溶解。置蒸汽浴上各加热 5～10min。让烧瓶冷却至室温，乙酰水杨酸在此期间应开始从反应混合物中结晶析出。如不结晶，用玻棒摩擦瓶壁并置混合物于冰浴中稍加冷却，直至开始结晶为止。加水 50mL，并置混合物于冰水浴中冷却，以使结晶完全。将产物真空过滤收集于布氏漏斗上，滤液淋洗锥形瓶，直至所有晶体均被收集到漏斗上，每次用少量的冷水洗涤晶体数次。继续抽吸，使空气流经漏斗上的晶体，直至晶体不再带有溶剂，取出晶体，使其风干。粗产物称重。该粗产物可能含有一些未反应的酸，计算粗产物的产量。

(2) 纯化

在分别盛有 5mL 水的三个试管中，分别溶入几粒苯酚、水杨酸、粗产物晶体。向每一试管加入 1 或 2 滴 1%氯化铁溶液并注意颜色。形成三价铁的铁-酚配合物时会产生一定颜色，其范围从红到紫不等，视存在的特定的酚而定。在纯化操作的最后，将要求重复做此实验并注意有何改变。

将粗产物移入 150mL 烧杯中，加入 25mL 饱和碳酸氢钠水溶液。搅拌，直至一切反应迹象已停止（听声音）为止。用布氏漏斗将溶液抽气过滤。高聚物应在此被滤出。用 5～

10mL 水洗涤烧杯和漏斗，在一个 150mL 烧杯中配成由 3.5mL 浓盐酸和 10mL 水组成的混合物，在搅拌下小心地将滤液倒入该混合物中，阿司匹林即沉淀而出。置混合物于冰浴中冷却，用布氏漏斗抽气过滤，滤出固体，用一清洁的玻塞或软木塞压出晶体中的液体，并用冷水充分洗涤晶体。此步所用的水必须用冰冷却过，此点至为重要。置晶体于表面皿上，待其干燥。称量产物的质量，测定熔点（135～136℃），并算出百分产率。用氯化铁溶液按上述方法试验未起反应的水杨酸的存在。

（3）重结晶

上述产物是通过沉淀分离得到的，现在要把它制成纯的晶状物质。水不适合作为重结晶溶剂，因为阿司匹林在水中加热时会部分水解。将少量最终产物样品溶解于最少量的热苯中，溶解时要在蒸汽浴上缓和地连续加热。若有任何固体物质残留，用槽纹滤纸借重力过滤，柄纹滤纸要放在一只短颈漏斗上，而漏斗则又需事先借助于倾入热苯流经其中而得到预热。将滤液静置一旁。一待冷却至室温，阿司匹林应呈晶体析出。若不析出晶体，加入少量石油醚，并将溶液在冰水中略加冷却，同时用一根未用火焰圆过口的玻棒摩擦玻瓶内壁。用布氏漏斗真空吸滤产物。将晶体样品装入小玻瓶中，用 $FeCl_3$ 试验晶体。

注意事项

① 乙酸酐会刺激眼睛，应于通风橱内倒试剂，小心操作。

② 水杨酸是一种双官能团的化合物，反应温度应控制在 70℃左右，以防副产物的生成。

③ 水将消除未反应的乙酸酐，并使不溶于水的产物阿司匹林沉淀析出。

④ 仪器要全部干燥，药品也要干燥处理，乙酸酐要使用新蒸馏的。

思考题

① 酰化反应的条件是什么？什么条件有利于酰化反应？

② 本实验中所用的仪器为什么必须干燥？

③ 浓硫酸在实验中的作用是什么？使用浓硫酸和乙酸酐应注意什么？

④ 如何检验产品是乙酰水杨酸？

实验 42 水杨酸甲酯的制备

实验目的

① 通过水杨酸甲酯的制备学习并掌握 Claisen 酯缩合反应原理和基本操作。

② 掌握无水反应的操作要点。

③ 掌握蒸馏、减压蒸馏等基本操作。

实验原理

水杨酸和甲醇发生酯化反应生成水杨酸甲酯（冬青油）。生成的粗品除杂质后，再进行减压蒸馏，最后生成纯品。

水杨酸甲酯有常春藤油（白珠油）的气味；溶于乙醇和其他有机溶剂，也溶于不太浓的氢氧化钾溶液；酸化时可从中重新析出并得到原物；遇氯化铁溶液呈红色。

器材和试剂

① 器材：300mL 圆底烧瓶、50mL 锥形瓶、75mL 低支管的蒸馏烧瓶、500mL 分液漏斗、回流冷凝管、直形冷凝管、空气冷凝管、恒温水浴锅。

② 试剂：水杨酸、无水甲醇、浓硫酸、无水碳酸钠、无水硫酸镁。

实验内容

① 水杨酸甲酯的制备：在 300mL 圆底烧瓶中放置 34.5g 水杨酸和 8.0g（100mL，2.5mol/L）无水甲醇。在猛烈振荡下，向混合物中慢慢加入 10mL（18.4g）浓硫酸。在烧瓶上装一回流冷凝管，置水浴上加热，轻微回流 6h。

② 回收甲醇：然后将回流冷凝管调换为直形冷凝管，在水浴上加热，蒸去过剩的甲醇。

③ 除杂质：冷却后将反应物移至分液漏斗中，与 300mL 水一起振摇，静置。放出下面的水层，油状物先用 25 mL 水洗涤，再用浓碳酸钠溶液洗至对石蕊试纸呈碱性，最后再用水洗。洗过的产品用 5g 无水硫酸镁干燥 5h，用小漏斗将液体滤至蒸馏瓶内。

④ 减压蒸馏得纯品：蒸馏瓶与空气冷凝管连接。在石棉网上加热蒸馏，收集 221～224℃的馏分。最好进行减压蒸馏，收集 115～117℃/20mmHg(1mmHg=133.322Pa) 的馏分，称量，计算产量。

注意事项

① 如果在用水或碳酸钠溶液洗涤酯时由于两种液体相对密度的差别较小而生成乳剂，则需要添加约 10～15mL 四氯化碳并充分振荡。含有酯的四氯化碳层容易分出而沉于分液漏斗底部，放出下层，按实验中所述继续处理。

② 用碳酸钠溶液洗涤产品时，放出二氧化碳，因此分液漏斗不要盖上塞子。

思考题

① 试写出水杨酸和甲醇的酸催化酯化反应的一个机理。

② 硫酸在此反应中的作用是什么？硫酸在反应中是否被消耗？

③ 为使平衡趋向于生成更多的酯，本实验中使用过量甲醇；试叙述能达到同样结果的其他办法。

④ 硫酸和过剩的甲醇是怎样在反应完成后从粗酯中除去的？

⑤ 为什么在萃取中要使用 5%$NaHCO_3$？若用 5%氢氧化钠将会发生怎样的情况？

实验 43 乙酰苯胺的制备

实验目的

① 学习用冰醋酸酰化苯胺制乙酰苯胺的原理和方法。

② 复习重结晶的原理和操作。

③ 复习分馏原理和操作。

实验原理

乙酰苯胺可以通过苯胺与乙酰氯、乙酸酐或冰醋酸等试剂作用制得。本实验可用下面任何一种方法制备乙酰苯胺。

方法一

$$C_6H_5NH_2 + CH_3COOH \longrightarrow C_6H_5NHCOCH_3 + \cdots$$

方法二

$$C_6H_5NH_2 + (CH_3CO)_2O \xrightarrow[CH_3COONa]{HCl} C_6H_5NHCOCH_3 + \cdots$$

器材和试剂

① 器材：圆底烧瓶、分馏柱、温度计、抽滤装置、天平。

② 试剂：苯胺、冰醋酸、锌粉、乙酸酐、乙酸钠、浓盐酸（36%）。

实验内容

（1）方法一

① 量取 10mL 苯胺，倒入圆底烧瓶中，加入 17mL 冰醋酸和 0.1g 锌粉。

② 在圆底烧瓶上安装一分馏柱，插上温度计，用一个 50mL 的锥形瓶作接收器。

③ 用石棉网小火加热至反应混合物回流，然后控制加热速度，保持蒸馏的气温在 105℃左右（即温度计读数在 105℃左右）。反应生成的水及少量冰醋酸可被蒸出。

④ 反应经 1h 后结束。搅拌下趁热将反应物倒入盛有 250mL 冷水的烧杯中，生成乙酰苯胺。

⑤ 抽滤，用冰冷的水洗涤，并用水重结晶。

⑥ 记录产量和乙酰苯胺的熔程，并计算产率。

纯的乙酰苯胺为无色片状晶体，m. p. 为 114.3℃。

（2）方法二

① 在一个 250mL 的锥形瓶中倒入 125mL 水，加入 4.5mL 浓盐酸，振荡烧瓶，混匀，然后加入 4.6mL(4.65g，0.05mol) 苯胺，摇匀。

② 在另一容器中放入 25mL 水，再加入 4.51g(0.055mol) 乙酸钠，并用量筒量取 5.2mL(5.61g，0.055mol) 乙酸酐。

③ 用水浴加热苯胺盐酸盐溶液至 50℃后，加入乙酸酐，回荡烧瓶，使乙酸酐溶解，尽快一次性加入乙酸钠溶液，振荡烧瓶，并将其置于冰水浴中。

④ 20min 后，抽滤产品，用少量冰水洗涤，用水重结晶。

⑤ 记录产量，计算产率。

⑥ 测定乙酰苯胺的熔点。

纯的乙酰苯胺为无色片状晶体，m. p. 为 114.3℃。

注意事项

① 苯胺有毒，它能经皮肤被吸收，使用时需小心。

② 加入少量锌粉的目的是防止苯胺在反应过程中被氧化。

③ 控制此温度是为了尽量除去反应中生成的水，而防止原料冰醋酸被蒸出。

④ 若溶液有颜色，可加入少量活性炭，回荡反应混合物，并使其平稳沸腾几分钟，抽滤除去活性炭。

⑤ 用方法一将能获得大约 10g 产品，产率约为 61%～68%。

⑥ 合成反应在水溶液中进行，苯胺在水中的溶解度为 3.4g/100mL，加入浓盐酸，使其成为铵盐而增加在水中的溶解度，而在酸性条件下苯胺的亲核性下降，为此加入乙酸钠，铵盐部分被中和，使苯胺既有一定的亲核性又在水中有一定的溶解度。

⑦ 苯胺与乙酸酐的反应应尽快发生，以防止乙酸酐与水反应生成乙酸，为此，乙酸酐一旦溶解，就应立即将乙酸钠加入反应瓶中。

思考题

① 反应时，为什么要控制分馏柱上端的温度在 105℃左右？温度过高有什么不好？

② 本实验采取哪些措施来提高乙酰苯胺的产率？

7 综合实验

实验44 从茶叶中提取咖啡因

实验目的

① 学习从茶叶中提取咖啡因的基本原理和方法。

②了解咖啡因的一般性质。

③ 掌握用索氏提取器提取有机物的原理和方法。

④ 进一步熟悉萃取、蒸馏、升华等基本操作。

实验原理

咖啡因（1,3,7-三甲基-2,6-二氧嘌呤）又叫咖啡碱，是一种生物碱，存在于茶叶、咖啡、可可等植物中。例如茶叶中含有1%～5%的咖啡因，同时还含有单宁酸、色素、纤维素等物质。

咖啡因是弱碱性化合物，可溶于氯仿、丙醇、乙醇和热水中，难溶于乙醚和苯（冷）。纯品熔点为235～236℃，含结晶水的咖啡因为无色针状晶体，在100 ℃时失去结晶水，并开始升华，120 ℃时显著升华，178℃时迅速升华。利用这一性质可纯化咖啡因。咖啡因的结构式为

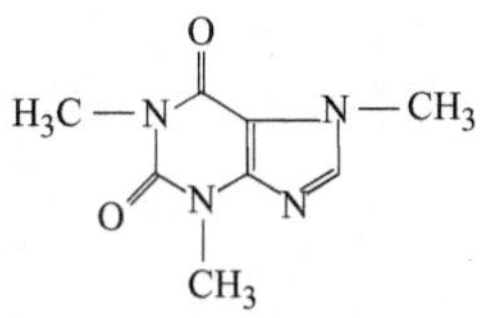

咖啡因是一种温和的兴奋剂，具有刺激心脏、兴奋中枢神经和利尿等作用。提取咖啡因的方法有碱液提取法和索氏提取器提取法。本实验以乙醇为溶液，用索氏提取器提取，再经浓缩、中和、升华，得到含结晶水的咖啡因。工业上咖啡因主要是通过人工合成制得的。它具有刺激心脏、兴奋中枢神经和利尿等作用。故可以作为中枢神经兴奋药，它也是复方阿司匹林（A. P. C）等药物的组分之一。

器材和试剂

① 器材：索式提取器、烘箱、加热电热套、磁力搅拌器、蒸发皿、表面皿、玻璃棒、烧杯等。

② 试剂：茶叶、乙醇、10%盐酸或硫酸、碘-碘化钾试剂、5% 鞣酸。

实验内容

（1）咖啡因的提取

$$\text{茶叶末}\xrightarrow[\text{95\%的乙醇}]{\text{回流提取}}\text{提取液}\xrightarrow{\text{蒸馏}}\text{粗提取液}\xrightarrow{\text{蒸干}}\text{粗提取物}\xrightarrow[\text{② 收集}]{\text{① 升华}}\text{咖啡因}$$

称取5g干茶叶，装入滤纸筒内，轻轻压实，滤纸筒上口塞一团脱脂棉，置于抽提筒中，圆底烧瓶内加入60～80mL 95%乙醇，加热乙醇至沸，连续抽提1h，待冷凝液刚刚虹吸下去时，立即停止加热。

将仪器改装为蒸馏装置，加热回收大部分乙醇。然后将残留液（大约10～15mL）倾入蒸发皿中，烧瓶用少量乙醇洗涤，洗涤液也倒入蒸发皿中，蒸发至近干。加入4g生石灰粉，搅拌均匀，用电热套加热（100～120V），蒸发至干，除去全部水分。冷却后，擦去粘在边上的粉末，以免升华时污染产物。

将一张刺有许多小孔的圆形滤纸盖在蒸发皿上，取一只大小合适的玻璃漏斗罩于其上，漏斗颈部疏松地塞一团棉花。

用电热套小心加热蒸发皿，慢慢升高温度，使咖啡因升华。咖啡因通过滤纸孔遇到漏斗内壁凝为固体，附着于漏斗内壁和滤纸上。当纸上出现白色针状晶体时，暂停加热，冷至100℃左右，揭开漏斗和滤纸，仔细用小刀把附着于滤纸及漏斗壁上的咖啡因刮入表面皿中。将蒸发皿内的残渣加以搅拌，重新放好滤纸和漏斗，用较高的温度再加热升华一次。此时，温度也不宜太高，否则蒸发皿内大量冒烟，产品既受污染又遭损失。合并两次升华所收集的咖啡因，测定熔点。

装置见图7-1和图7-2。

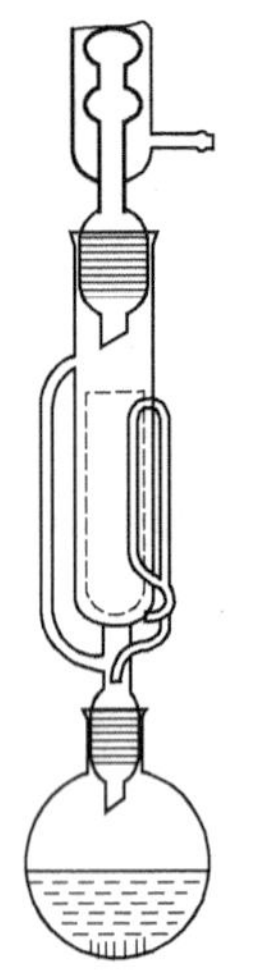

图7-1 索式（Soxhlet）提取装置

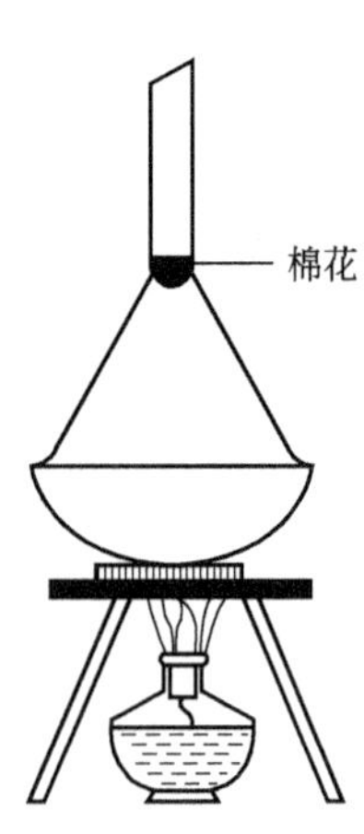

图7-2 升华装置

（2）咖啡因的鉴定

① 与生物碱试剂：取咖啡因结晶的一半放于小试管中，加4.0mL水，微热，使固体溶解。分装于2支试管中，一支加入1～2滴5%鞣酸溶液，记录现象。另一支加1～2滴10%盐酸（或10%硫酸），再加入1～2滴碘-碘化钾试剂，记录现象。

② 氧化：在表面皿剩余的咖啡因中，加入30% H_2O_2 8～10滴，置于水浴上蒸干，记录残渣颜色。再加一滴浓氨水于残渣上，观察并记录颜色有何变化？

数据处理

咖啡因得率=(含咖啡因滤纸质量－滤纸质量)/茶叶质量×100%

咖啡因熔点=________℃

咖啡因鉴定现象为：

注意事项

① 滤纸筒的直径要略小于抽提筒的内径，其高度一般要超过虹吸管，但是样品不得高于虹吸管。如无现成的滤纸筒，可自行制作。其方法为：取脱脂滤纸一张，卷成圆筒状（其直径略小于抽提筒内径），底部折起而封闭（必要时可用线扎紧），装入样品，上口盖脱脂

棉，以保证回流液均匀地浸透被萃取物。

② 索式提取器的虹吸管极易折断，安装装置和取拿时必须特别小心。

③ 提取时，如烧瓶里有少量水分，升华开始时，将产生一些烟雾，污染器皿和产品。

④ 蒸发皿上覆盖刺有小孔的滤纸是为了避免已升华的咖啡因回落入蒸发皿中，纸上的小孔应保证蒸气通过。漏斗颈塞棉花，为防止咖啡因蒸气逸出。

⑤ 在升华过程中必须始终严格控制加热温度，温度太高，将导致被烘物和滤纸炭化，一些有色物质也会被带出来，影响产品的质和量。进行再升华时，加热温度亦应严格控制。

思考题

① 索式提取器的优点是什么？

② 为什么要将固体物质（茶叶）研细成粉末？

③ 为什么要放置一团脱脂棉？

④ 生石灰的作用是什么？

⑤ 在升华过程中，为什么必须严格控制温度？

⑥ 咖啡因与鞣酸溶液作用生成什么沉淀？

⑦ 咖啡因与碘-碘化钾试剂作用生成什么颜色的沉淀？

⑧ 咖啡因与过氧化氢等氧化剂作用的实验现象是什么？

实验 45 从海带中提取碘

实验目的

① 了解从海带中提取碘的生产原理。

② 学习灰化的方法。

③ 练习萃取、过滤操作。

实验原理

海带中含有碘化物，利用 H_2O_2 可将 I^- 氧化成 I_2。本实验先将干海带灼烧去除有机物，剩余物用 H_2O_2-H_2SO_4 处理，使得 I^- 被氧化成 I_2。生成的 I_2 又与碱反应。

$$2I^- + H_2O_2 + 2H^+ \xlongequal{} I_2 + 2H_2O$$

$$3I_2 + 6NaOH \xlongequal{} 5NaI + NaIO_3 + 3H_2O$$

器材和试剂

① 器材：烧杯、试管、坩埚、坩埚钳、铁架台、三脚架、泥三角、玻璃棒、酒精灯、量筒、胶头滴管、托盘天平、刷子、漏斗、滤纸、火柴、剪刀。

② 试剂：干海带、过氧化氢溶液（H_2O_2 的质量分数为 3%）、硫酸（浓度为 3mol/L）、NaOH 溶液、酒精、淀粉溶液、CCl_4。

实验内容

① 称取 3g 干海带，用刷子把干海带表面的附着物刷净（不要用水洗）。将海带剪碎，用酒精润湿（便于灼烧）后，放在坩埚中。

② 用酒精灯灼烧盛有海带的坩埚，至海带完全成灰（图 7-3），停止加热，冷却。

③ 将海带灰转移到小烧杯中，再向烧杯中加入 10mL 蒸馏水，搅拌，煮沸 2～3min，使可溶物溶解，过滤。

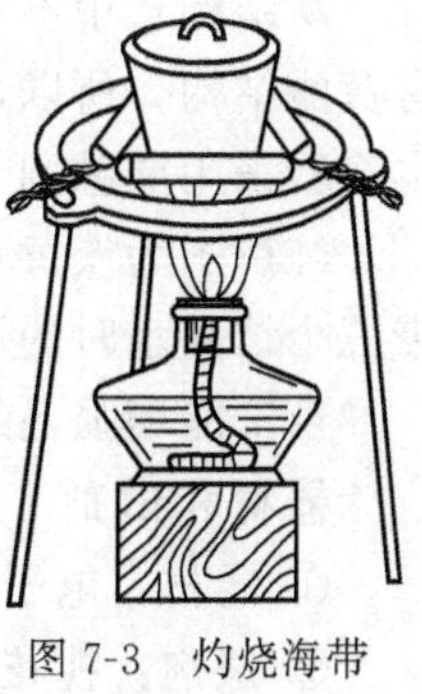

④ 向滤液中滴入几滴硫酸，再加入约 1mL H_2O_2 溶液。观察

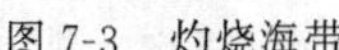

图 7-3 灼烧海带

现象。

⑤ 取少量上述滤液，滴加几滴淀粉溶液。观察现象。

⑥ 向剩余的滤液中加入 1mL CCl_4，振荡，静置。观察现象。

⑦ 向加有 CCl_4 的溶液中加入 NaOH 溶液，充分振荡后，将混合液倒入指定的容器中。

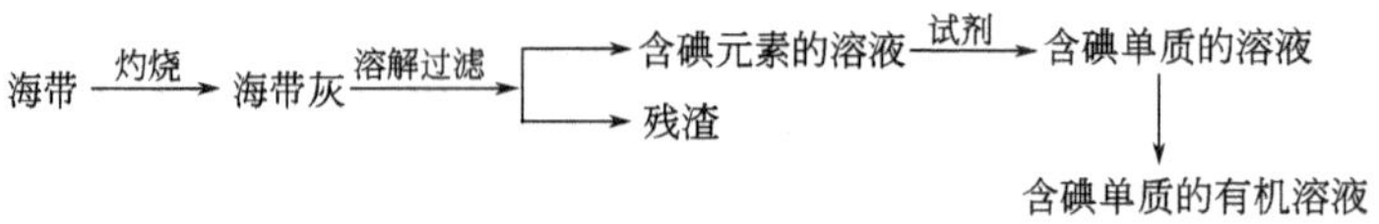

海带 —灼烧→ 海带灰 —溶解过滤→ { 含碘元素的溶液 —试剂→ 含碘单质的溶液 → 含碘单质的有机溶液；残渣 }

数据处理

$$碘得率(\%)=\frac{制得碘量(g)\times100\%}{海带质量(g)}$$

思考题

① 实验中的哪些现象可以说明海带的成分中含有碘？

② 实验过程中，加硫酸和 H_2O_2 的作用是什么？

③ 为什么用 CCl_4 萃取？

实验 46 从槐花米中提取芦丁

实验目的

① 了解芦丁的性质。

② 学习从天然产物中提取黄酮苷的原理和方法。

③ 掌握抽滤及重结晶操作。

实验原理

槐花米又名槐米，是槐花的花蕾。性凉、味苦；功能：凉血、止血；主治：肠风、痔血、便血等症。槐花米的主要活性成分是芦丁。

芦丁又名芸香苷，不仅存在于槐花米中（含量达 10%～20%），在荞麦叶等中也有存在。结构式如下

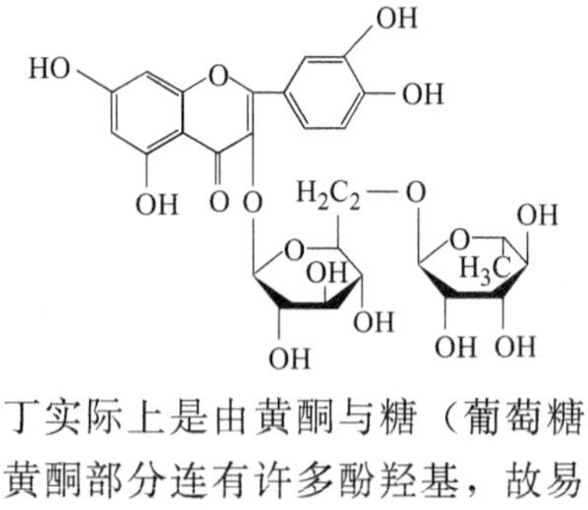

(结构式：HO, OH, OH, OH, O, O, H_2C_2—O, OH, OH, OH, H_3C, OH, OH, OH)

从结构式中不难看出，芦丁实际上是由黄酮与糖（葡萄糖和鼠李糖）形成的苷。由于含有黄酮结构，所以，呈黄色。黄酮部分连有许多酚羟基，故易溶于碱液，酸化复析出，这是本实验采用酸碱调节法来提取芦丁的依据。

纯芦丁为淡黄色针状结晶，不溶于乙醇、氯仿等有机溶剂，熔点为 188℃（理论值），带三个结晶水时的熔点为 174～178℃。

芦丁能增强毛细管的韧性，适用于毛细管脆弱的患者。

器材和试剂

① 器材：电子天平、粉碎机、烧杯（250mL）、石棉网、烘箱、吸滤瓶、布氏漏斗。

② 试剂：槐花米、饱和石灰水、5%盐酸。

实验内容

称取15g槐花米，用粉碎机研成粉状。置于250mL烧杯中，加入150mL饱和石灰水，于石棉网上加热至沸，并不断搅拌，煮沸15min后，抽滤。滤渣再用100mL饱和石灰水煮沸10min，抽滤。

合并两次滤液，用5%盐酸调节至pH值为3～4。放置1～2h，使沉淀完全，抽滤，并用水洗涤2～3次，即得芦丁粗品。

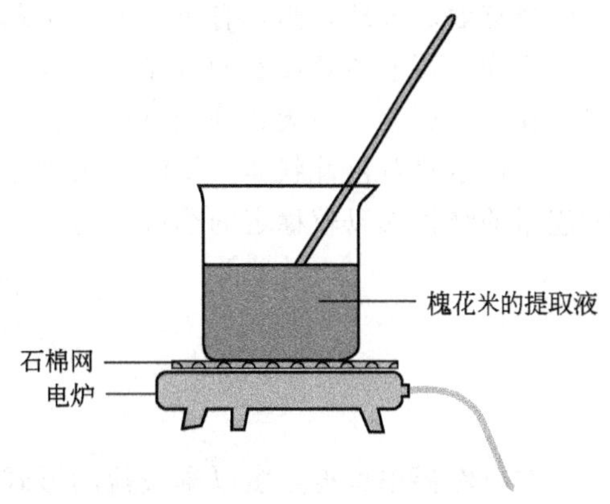

图 7-4 从槐花米中提取芦丁

将粗品置于250mL的烧杯中，加水150mL，在石棉网上加热至沸（装置见图7-4）。不断搅拌，并慢慢加入约50mL饱和石灰水，调节溶液pH值为8～9，待沉淀溶解后，趁热过滤。滤液置于250mL的烧杯中，用5%盐酸调节至pH值为4～5，静置30min。芦丁即以浅黄色结晶析出，抽滤，并用水洗涤1～2次，烘干，称重，测熔点。

数据处理

$$芦丁得率(\%)=\frac{制得芦丁量(g)\times 100\%}{槐花米质量(g)}$$

注意事项

① 加入饱和石灰水既可达到用碱液提取芦丁的目的，同时，也可除去槐花米中的多糖黏液质。

② 抽滤时，宜先小心倾出上层清液，再慢慢倒出带结晶的溶液，以防结晶过早堵住滤纸孔。后面的抽滤均需如此。

③ 注意小心滴加，约需7～8mL稀盐酸。如果滴加过多，pH值过低，芦丁（苷类）则易水解。

④ 产量约为1.5g。

思考题

① 本实验中，开始用饱和石灰水提取，再用酸调节到pH值为3～4，这段pH值范围较宽；后来又用饱和石灰水调节到pH值为8～9，再用酸调节到pH值为4～5，这段pH值范围较窄。为什么要这样做？如果反过来（先调窄后调宽）行不行？

② 在一开始用酸调节pH值时，某学生不小心，加入的稀盐酸过量，pH值小于3～4，请问对实验会产生什么后果？为什么？

③ 根据这个实验，请总结出用酸碱调节法提取中药活性成分的适用条件及一般原理。

实验47 从黄连中提取黄连素

实验目的

① 通过从黄连中提取黄连素，掌握回流提取的方法。

② 比较索氏提取器与回流提取器的优异点。

实验原理

黄连为我国名产药材之一，抗菌力很强，对急性结膜炎、口疮、急性细菌性痢疾、急性肠胃炎等均有很好的疗效。黄连中含有多种生物碱，除以黄连素［俗称小檗碱(Berberine)］

为主要有效成分外，尚含有黄连碱、甲基黄连碱、棕榈碱和非洲防己碱等。随野生和栽培及产地不同，黄连中黄连素的含量约为 4%～10%。含黄连素的植物很多，如黄柏、三颗针、伏牛花、白屈莱、南天竹等均可作为提取黄连素的原料，但以黄连和黄柏的含量为高。

黄连素是黄色针状体，微溶于水和乙醇，较易溶于热水和热乙醇中，几乎不溶于乙醚。黄连素的结构式以较稳定的季铵碱为主，其结构式为

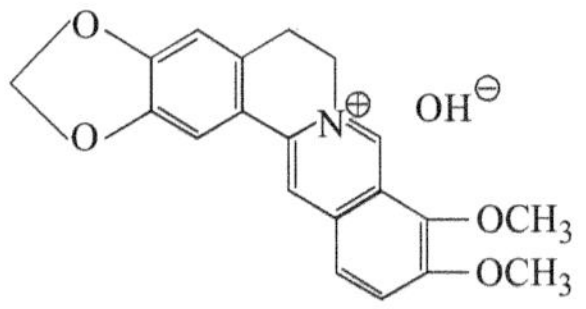

$$\text{(结构式：含亚甲二氧基的季铵碱，} N^{\oplus}\ OH^{\ominus}\text{，} -OCH_3\text{，} -OCH_3\text{)}$$

在自然界中黄连素多以季铵盐的形式存在，其盐酸盐、氢碘酸盐、硫酸盐、硝酸盐均难溶于水，易溶于热水，且各种盐的纯化都比较容易。

器材和试剂

① 器材：圆底烧瓶、球形冷凝管。

② 试剂：黄连、乙醇、1%乙酸、浓盐酸。

实验内容

(1) 黄连素的提取

称取 10g 中药黄连切碎、磨烂，放入 250mL 圆底烧瓶中，加入 100mL 乙醇，装上回流冷凝管，热水浴加热回流 0.5h，冷却，静置，抽滤。滤渣重复上述操作两次，合并 3 次所得滤液，在水泵减压下蒸出乙醇（回收），直到呈棕红色糖浆状。

(2) 黄连素的纯化

加入 1%乙酸（约 30～40mL）于糖浆状物中。加热使溶解，抽滤以除去不溶物，然后于溶液中滴加浓盐酸，至溶液浑浊为止（约需 10mL），放置冷却（最好用冰水冷却），即有黄色针状体的黄连素盐酸盐析出（如晶体不好，可用水重结晶一次），抽滤，结晶用冰水洗涤两次，再用丙酮洗涤一次，加速干燥，烘干称量。产品待鉴定。

思考题

黄连素为何种生物碱类的化合物？

实验 48　柑橘皮苷的提取

实验目的

了解工业生产柑橘皮苷的工艺。

实验原理

柑橘皮苷是柑橘皮渣中的主要成分之一，它是橙皮素的芳香糖苷，属于黄酮类化合物，呈淡黄色，无臭无味，不溶于水，微溶于乙醇。橙皮苷具有较高的药用价值，能维持血管脆性，缩短出血时间等，此外还是合成高甜度、低热量新型甜味剂二氢查耳酮的主要原料。

器材和试剂

① 器材：纱布、水浴锅、烘箱、铁桶。

②试剂：提取香精油过程的石灰水、盐酸。

实验内容

浸泡液→过滤→中和→沉淀→脱水→烘干→粉碎→成品

① 浸泡液。利用提取香精油过程的石灰水浸泡液。也可以重新制造浸泡液。

② 过滤。浸泡液静置 4～5h，然后吸取上清液，用离心机、压滤机或滤袋过滤，得透明清液。

③ 中和。将清液放于水浴锅内，用盐酸中和至 pH 值为 4.1～4.4，并加热至 60～70℃，保温 40～50min，再放入铁桶中。

④ 沉淀。在铁桶中静置过夜，冷却让柑橘皮苷充分沉淀。

⑤ 脱水和烘干。先用虹吸管吸除上清液，收集淡黄色沉淀物于离心机中离心，然后摊于铝盘中，用 70～80℃热风烘干。

⑥ 粉碎。将烘干物球磨成细粉，储于聚乙烯薄膜袋中备用。

数据处理

$$\text{柑橘皮苷的得率}=\frac{\text{柑橘皮苷的质量}}{\text{柑橘皮湿重}}\times 100\%$$

思考题

① 为什么从浸泡过柑橘皮的石灰水浸泡液中提取柑橘皮苷？

② 为什么用盐酸将石灰水浸泡液中和到酸性？

实验 49 鲜牛奶中抗生素含量的测定

实验目的

① 掌握牛奶（生物）样品的前处理方法。

② 掌握 HPLC（高效液相色谱）外标法测定药物含量的计算方法。

实验原理

本实验的原理为氨苄青霉素与甲醛在酸性条件下，加热生成 2-羟基-3-苯基-6-甲基吡嗪（氨苄青霉素荧光衍生物），用带有荧光检测器的高效液相色谱在激发波长（ex）346nm、发射波长（em）420nm 下测定该衍生物，外标法定量。

器材和试剂

① 器材：高效液相色谱仪，ODS 分析柱。

② 试剂：氨苄青霉素三水合物对照品，空白（无抗）牛奶，鲜牛奶，乙腈，三氯乙酸，甲醛溶液，浓磷酸，磷酸二氢钾。

实验内容

(1) 溶液制备

20％三氯乙酸溶液　称取三氯乙酸 20g，加水溶解，稀释至 100mL，摇匀即得。

7％甲醛溶液　量取 37％甲醛 18.9mL，加水至 100mL，混匀。

20％乙腈溶液　量取 20mL 乙腈，加水至 100mL，混匀。

75％三氯乙酸溶液　称取三氯乙酸 75g，加水溶解，稀释至 100mL，摇匀即得。

氨苄青霉素标准液　准确称取氨苄青霉素标准品 0.1155g 于 100mL 容量瓶中，加水溶解并稀释至刻度，使成浓度为 1000μg/mL 的标准储备液，置 4℃冰箱中保存。临用前，取此储备液用水稀释成 100μg/L、250μg/L、500μg/L、1000μg/L、2500μg/L、5000μg/L 的标准工作液。

0.02mol/L 磷酸盐缓冲液（pH3.5）　准确称取 2.7218g 磷酸二氢钾于 1000mL 容量瓶中，加水 900mL 溶解，加浓磷酸调 pH 值为 3.50±0.05，加水稀释至刻度。

(2) 样品前处理

解冻牛奶样品以 1200g 离心 10min，取离心后牛奶样品 5.0mL 置于 10mL 离心管中，加入 0.5mL75%三氯乙酸溶液，盖紧后剧烈振摇 30s，以 3500g 离心 10min；取离心上清液 1.0mL 置于 10mL 螺口刻度离心管中，加入 0.2mL20%三氯乙酸溶液和 0.2mL7%甲醛溶液；旋涡混匀 20s。加盖后沸水浴加热 30min；取出后冷却至室温，用 20%乙腈溶液稀释至 2mL，旋涡混匀后，经 0.45μm 微孔滤膜过滤至样品瓶中，用于 HPLC 分析。

(3) 色谱条件

色谱柱：以十八烷基硅烷键合硅胶为填充剂（150mm×4.6mm×5μm)；流动相为磷酸盐缓冲液-乙腈（75：25，体积比)；流速为 1mL/min；荧光检测的激发波长为 346nm，发射波长为 422nm；进样体积 100μL；柱温为室温。

(4) 牛奶中氨苄青霉素含量测定

分别取“样品前处理”的空白牛奶、牛奶和标准对照液各 20μL 注入高效液相色谱仪，记录色谱图，计算每毫升牛奶中氨苄青霉素含量。

牛奶中氨苄青霉素含量（μg/mL）$=A_{样}/A_{对}\times c_{对}$

注意事项

① 对照品溶液与样品液必须分别重复进样 3 次，取平均峰面积进行计算。

② 外标法测定含量，样品处理中应严格定量操作。

思考题

① 本实验中三氯乙酸起什么作用？起同样作用的还有哪些物质？

② 本实验采用了衍生化反应的方法，阿莫西林能发生这种反应吗？其他青霉素药物能不能发生此衍生化反应？

实验 50 绝对乙醇的制备

实验目的

① 了解掌握纯化试剂的原理和方法。

② 进一步掌握无水操作的方法。

实验原理

市售的无水乙醇只能达到 99.5%的纯度，在许多反应中需用纯度较高的绝对乙醇。经常需自己制备。通常工业用 95.5%的乙醇不能直接用蒸馏法制取无水乙醇。因 95.5%乙醇和 4.5%的水形成恒沸混合物。要把水除去，第一步是加入氧化钙（生石灰）煮沸回流，使乙醇中的水与氧化钙作用生成氢氧化钙，然后再将无水乙醇蒸出，这样得到的无水乙醇纯度达 99.5%，纯度更高的无水乙醇（绝对乙醇）可用金属镁或金属钠进行处理。

$$2C_2H_5OH + Mg \longrightarrow (C_2H_5O)_2Mg + H_2\uparrow$$

$$(C_2H_5O)_2Mg + 2H_2O \longrightarrow 2C_2H_5OH + Mg(OH)_2$$

器材和试剂

① 器材：圆底烧瓶、回流冷凝管、无水氯化钙干燥管、恒温水浴锅、锥形瓶。

② 试剂：0.4g 镁屑，50mL 无水乙醇（99.5%)，氯化钙，碘片。

实验内容

在 100mL 的干燥圆底烧瓶中，放置 0.4g 干燥纯净的镁屑，10mL 99.5%无水乙醇，装上干燥过的回流冷凝管，并在冷凝管上端附加一只无水氯化钙干燥管。在水浴上或用火直接加热使达微沸，移去热源，立即加入几粒碘片（此时注意不要振摇），顷刻即在碘片附近发生作用，最后可达到相当剧烈的程度。有时作用太慢则需加热，如果在加碘之后，上述作用仍不开始，则可再加入数片碘。待镁屑已经作用充分后，加入 40mL 99.5%乙醇和几粒沸石。回流 50～60min，蒸馏，产物收集于 50～100mL 磨口锥形瓶中，用塞子塞住。

操作流程如下：

干100mL烧瓶 —(+0.4g镁屑 / +10mL无水乙醇)→ 组成回流装置 —(离开石棉网 / 小火加热)→ 至微沸 —(灭火源)→ 加碘片 —(碘片附近 / 发生剧烈反应)→ 作用慢可加热 —(镁屑作用充分)→ 灭火源 —(+沸石 / +40mL无水乙醇)→ 小火回流 —(50～60min)→ 改成蒸馏装置 —— 小火加热 —— 收集乙醇

注意事项

① 实验所用到的所有仪器均需预先充分干燥：100mL 烧瓶、100mL 锥形瓶、球形冷凝管、直形冷凝管、蒸馏头、接液管、大小干燥管、大小空心塞、量筒。

② 所用的乙醇若是 95.5%的乙醇，可用氧化钙将 95.5%的乙醇处理成无水乙醇。

③ 加碘片时要灭火源后即刻加入，或者在加镁屑时同时加入。加入时烧瓶不要振摇，以免暴沸。

④ 加入碘片后，若反应仍不发生，可再加碘片。若反应很慢，可用小火（离开石棉网）加热。

⑤ 镁屑是过量的，可能作用不完。

思考题

① 如何判别反应已发生？

② 蒸馏时在接液管支口处为何要接一干燥管？

实验 51　薄层色谱分离菠菜叶色素（半微量实验）

实验目的

① 学习薄层色谱法进行定性分析的原理。

② 学习并掌握薄层色谱法的操作技术。

实验原理

① 色谱法的基本原理就是利用混合物中各个成分在某一物质中的吸附和溶解性能的不同，或亲和性能的差异，使混合物的各组分随着流动的液体或气体（即流动相），通过另一种固定不动的固体或液体（即固定相），进行反复吸附或分配作用，从而使各组分分离的一种物理方法。

② 色谱法又可分为纸色谱法、柱色谱法、薄层色谱法、气相色谱法等几种类型。其中薄层色谱法是一种微量、快速、简便的分析分离方法，兼有柱色谱法和纸色谱法的优点，适用于很少量（几微克）或较大量（可达 50mg）的样品分离，尤其适用于挥发性较小或在较低温度下容易发生变化而又不能用气相色谱法分离的化合物，是分离、提纯和鉴定化合物的重要方法之一。

③ 菠菜叶色素主要含有叶绿素 a、叶绿素 b、叶黄素、胡萝卜素（α、β、γ）等色素。本实验根据它们在有机溶剂中的溶解特性及它们对同一吸附剂的吸附能力不同将它们分开（表 7-1）。

表 7-1　菠菜叶色素

叶　色　素	叶　绿　素		类胡萝卜素	
	叶绿素 a	叶绿素 b	胡萝卜素 β	叶黄素
含量比例/份	3		1	
	3	1	2	1
颜色	蓝绿色	黄绿色	橘黄色	黄色
极性	第三	第二	最小	最大

实验内容

① 薄板制备（铺板和活化）：3g 硅胶 G、7mL 水于研钵中，充分研磨调成糊状，分别倒在已擦洗干净且干燥的光滑玻璃板上，迅速用研钵棒涂布整块板面，然后握住玻璃板的一端在桌面轻轻振动，使硅胶 G 均匀光滑地涂在玻璃板上，并将制备好的玻璃板放在水平位置，自然晾干 0.5h，再放入烘箱于 105～110℃活化 30min。

② 叶色素的提取：称取 10g 菠菜叶，剪碎放于研钵中，加入 15mL 石油醚-乙醇（2∶1）的提取液，适当研磨至有深绿色液体出现，将此液体用滴管转移至分液漏斗中，加入与分液漏斗中液体等体积的饱和食盐水除去水溶性物质，分去水层，再加少量蒸馏水洗涤两次，将有机层转移至干燥的小锥形瓶中，加入适量的无水 Na_2SO_4 干燥，备用。

③ 点样：用一根毛细管吸取适量色素提取液，轻轻地点在距薄板一端约 1.5cm 处，平行点两点，两点相距约 1cm，在点样点重复点样数次，至点呈深绿色为止，且点样点直径小于 2mm。

④ 展开：在干燥的层析缸中加入约 10mL 展开剂（苯∶丙酮∶石油醚＝2∶1∶2），将点好样品的薄板点样端向下倾斜置于层析缸中，盖好缸盖。当展开至溶剂前沿距薄板 1～2cm 取出，在前沿处画一直线，待溶剂挥发后量出溶剂前沿及各点距点样点的距离。

⑤ 计算各色素的 R_f 值：依据所测距离分别计算各点距离与溶剂前沿距离的比值。

数据处理

见表 7-2。

$$R_f=\frac{\text{溶质最高浓度中心至原点中心的距离(cm)}}{\text{溶剂上升前沿至原点中心的距离(cm)}}$$

点样点至展开剂前沿的距离 b=____ cm

表 7-2　数据处理

点样号(从上至下)	颜色	色素	极性	展开点至点样点的距离 b/cm	R_f
1					
2					
3					
4					
5					

注意事项

① 铺板：制湿板前首先要制备浆料。称取 3g 硅胶 G，加 7mL 蒸馏水，立即在研钵中调成糊状物（可铺 3cm×10cm 载玻片两块）。铺板过程中研磨不宜过快，不要有气泡，薄板宜做到洁、平、匀。

② 提取：提取叶色素时，叶不可研磨得过碎，应多挤压，至有机层呈深绿色为宜。色素提取液避免强光照射，以防色素褪色。

③ 点样：在距薄层板一端1cm处，作为起点线。用内径为1mm管口平齐的毛细管吸取1%样品溶液，垂直地轻轻接触到起点线上，待第一次点的溶剂挥发后，再在原处重复点第二次，点样斑点直径一般不超过2mm。样品的用量对物质的分离有很大的影响，若样品量太小，有的成分不易显出；若量太多，斑点过大，易造成重叠和拖尾现象。一块薄层板可以点多个样，但点样点之间距离以1～1.5cm为宜。

④ 展开：薄层板的展开在层析缸中进行。为使展开剂蒸气充满层析缸，并很快达到平衡，可在层析缸内衬一张滤纸，用展开剂浸透5～10min后，将点好样品的薄层板倾斜放入层析缸中进行展开，一般薄层板浸至0.5cm高度，勿使样品浸入展开剂中。当展开剂上升到距薄层板顶端1～1.5cm处，混合物各组分已明显分开时，取出薄层板，立即用铅笔画出展开剂前沿的位置，展开剂挥发后即可显色。

思考题

① 实验中色素提取液只用石油醚可以吗？为什么？

② 选择其他绿色植物的叶子做同样的实验，效果如何？

实验52 旋光法测定蔗糖转化反应的速率常数

实验目的

① 学习和了解旋光仪的结构和工作原理，掌握其使用方法。

② 学习和掌握物质的旋光度、比旋光度的概念。

③ 掌握用物质的旋光性间接测定反应速率的方法。

实验原理

旋光度的基本知识参见实验14。利用旋光度可以测定反应的速率常数。

蔗糖的水解反应为：

$$C_{12}H_{22}O_{11} + H_2O \xrightarrow{H^+} C_6H_{12}O_6 + C_6H_{12}O_6$$

	蔗糖	葡萄糖	果糖
$[\alpha]_D^{20}$	66.55°	52.5°	−91.9°

下标D表示所用光源为钠光源D线的波长，为589.0nm。由于果糖的左旋性比葡萄糖的右旋性大，所以随着反应的进行，右旋数值逐渐减小，最后变成左旋，因此蔗糖的水解反应又称为转化反应。

这是一个二级反应。由于反应中的水是大量存在的，其量远大于蔗糖，水的浓度可看作常数，而且反应中H^+是催化剂，其浓度也保持不变。因此上述反应可看作一级反应（准一级反应），其速率方程可表示为

$$-\frac{dc}{dt}=kc$$

式中，c为时间t时的反应物（蔗糖）浓度，mol/L；k为反应速率常数。积分可得

$$\ln c=-kt+\ln c_0$$

即

$$k=\frac{1}{t}\ln\frac{c_0}{c}$$

式中，c_0为反应物（蔗糖）的起始浓度，mol/L。

根据上式，只要测出不同反应时刻蔗糖的浓度，用 $\ln c$ 对 t 作图得到一条直线，就可证明蔗糖水解反应为一级反应，并可从直线的斜率求得反应速率常数 k。

浓度的测定方法很多，本实验是把一定浓度的蔗糖溶液与一定浓度的 HCl 溶液等体积混合，并用旋光仪测定溶液的旋光度随时间的变化关系，来确定蔗糖的酸催化水解反应进程。

在相同测定条件下，物质的浓度与旋光度成正比。设 α_0、α_t、α_∞ 分别为反应开始时、t 时、反应终了时溶液的旋光度。蔗糖水解反应是可以进行到底的反应，即 $c_\infty=0$。$K_{蔗}$、$K_{葡}$、$K_{果}$ 分别为蔗糖、葡萄糖、果糖的旋光度与浓度之间的比例系数，则

$$\alpha_0=K_{蔗}\,c_0\ (t=0,\text{蔗糖尚未转化})$$

$$\alpha_t=K_{蔗}(c_0-c)+(K_{葡}+K_{果})c$$

$$\alpha_\infty=(K_{葡}+K_{果})c_0\ (t=\infty,\text{蔗糖已完成转化})$$

将上述三式合并，消去 K，则得
$$\frac{c_0}{c}=\frac{\alpha_0-\alpha_\infty}{\alpha_t-\alpha_\infty}$$

所以
$$k=\frac{1}{t}\ln\frac{\alpha_0-\alpha_\infty}{\alpha_t-\alpha_\infty}$$

整理后，得
$$\ln(\alpha_t-\alpha_\infty)=-kt+\ln(\alpha_0-\alpha_\infty)$$

若测出不同时刻的 α_t 及 α_∞，以 $\ln(\alpha_t-\alpha_\infty)$ 对 t 作图，从所得直线的斜率即可求出蔗糖水解反应的速率常数 k 值。

实验内容

（1）调节恒温水浴

温度为 30℃。

（2）蔗糖溶液的配制

称取 20.00g 蔗糖于 50mL 烧杯中，加水溶解后在 100mL 容量瓶中定容，得 ρ_B 为 0.20g/mL 的蔗糖溶液。

（3）旋光仪零点的校正

打开旋光仪的电源，洗净旋光管（即样品管，注意不要摔碎盖玻片），装满蒸馏水，盖上玻片，旋紧螺旋帽。将旋光管两头玻片上的水擦拭干净，放入旋光仪中，调节目镜焦距使视野清晰，旋转刻度盘直到目镜视野中的三部分明暗度相同为止。读取刻度盘上的数值，重复 3 次，取平均值，即为旋光仪的零点 α_0。

（4）测定蔗糖水解反应的速率常数

① α_t 的测定。用移液管移取 50.00mL 0.20g/mL 的蔗糖溶液放入干燥的锥形瓶 A 中，用另一支移液管移取 50.00mL 2.0mol/L 的 HCl 溶液放入另一干燥的锥形瓶 B 中，然后将 A、B 两个锥形瓶一起放入 30℃恒温槽中恒温 10min。恒温后将 B 瓶内的 HCl 溶液倒入 A 瓶内，并在 HCl 溶液倒入一半时开始计时。迅速摇匀溶液，用少许此溶液洗涤旋光管 2～3 次，然后装满旋光管并尽快地将旋光管放入 30℃恒温槽中。当反应进行 10min 时，取出旋光管，擦干后测定旋光度。由于旋光度随时间而变化，故测定要迅速，测定后将旋光管继续放入恒温槽中恒温。以后每隔 5～10min 测定一次，至少测定 10 个数据（每次测定时朝旋光度减小的方向转动，以免影响准确测定）。

② α_∞ 的测定。将锥形瓶内的剩余溶液转移到一具塞锥形瓶内，放在另一 60～65℃恒温水浴中恒温 1h 左右（温度过高会引起其他副反应），使反应接近完成，取出冷却后装入旋光管中，再放入 30℃的水浴中恒温 10min 后，测定旋光度即为 α_∞ 值。

实验结束后，洗净旋光管，装满蒸馏水。

数据处理

数据记录如下，见表 7-3。

室温：__________℃；大气压：__________kPa；α_∞=__________。

表 7-3 数据处理

t/min											
α_t											
$\ln(\alpha_t-\alpha_\infty)$											

以 $\ln(\alpha_t-\alpha_\infty)$ 为纵坐标，t 为横坐标作图。从所得直线斜率求算出蔗糖水解反应的速率常数 k。并计算该反应的半衰期（即 $c=1/2c_0$ 时所用时间 t，用 $t_{1/2}$ 表示，$t_{1/2}=\ln2/k=0.693/k$）。

斜率=________，速率常数 k=________，$t_{1/2}$=________。

注意事项

① 旋光仪连续使用时间不宜超过 4h。

② 蒸馏水或所测溶液中有气泡或悬浮物会影响测定。如有气泡时，可将样品管带凸颈的一端向上倾斜至气泡全部进入凸颈为止；如有悬浮物时，溶液应过滤。

③ 螺帽过紧，会使玻璃盖产生扭力，致使管内有空隙，影响旋光。

思考题

① 为什么可以用蒸馏水来校正旋光仪的零点？

② 在旋光度的测量中，为什么要对零点进行校正？它对旋光度的精确测量有什么影响？在本实验中，若不进行校正对结果是否有影响？

实验 53 光度法测定有色混合物

实验目的

① 学习光度法同时测定有色混合物组成的实验方法。

② 学会使用可见分光光度计。

实验原理

在很多情况下，溶液中含有两个（或两个以上）不同的有色组分（M 和 N 组分）。若 M、N 两组分的吸收光谱相互不重叠，见图 7-5(a)，则只要在波长 λ_1 及 λ_2 处分别测量试样溶液的吸光度，便可以求出 M 及 N 组分的含量。若两组分的吸光光谱部分重叠，见图 7-5(b)，则根据吸光度的加和性原则，在 M 和 N 的最大吸收波长 λ_1 及 λ_2 处，测量总吸光度 $A_{\lambda_1}^{M+N}$ 及 $A_{\lambda_2}^{M+N}$。

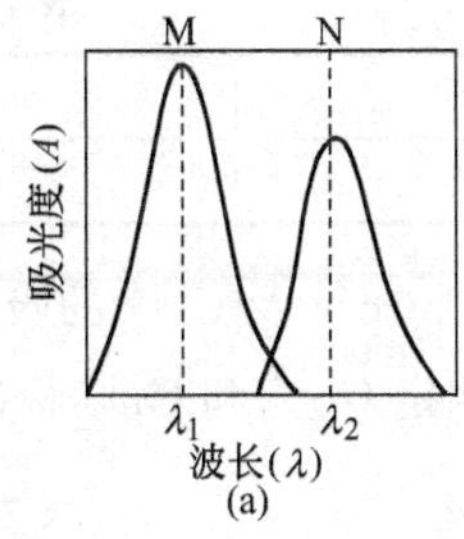

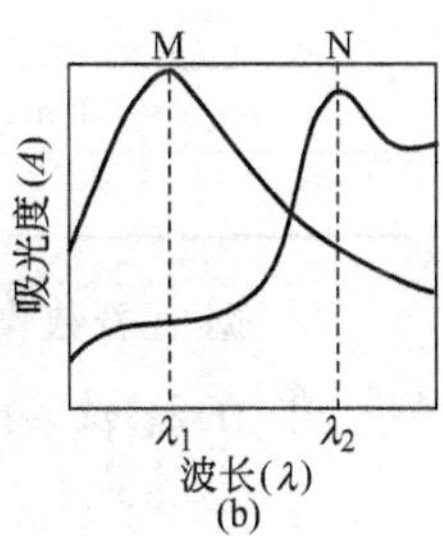

图 7-5 波长与吸光度的关系图

若测定时用 1cm 厚的比色皿，从下列关系式可求得 M 组分浓度 c_M 和 N 组分浓度 c_N

$$A_{\lambda_1}^{M+N}=A_{\lambda_1}^{M}+A_{\lambda_1}^{N}=\varepsilon_{\lambda_1}^{M}c_M+\varepsilon_{\lambda_1}^{N}c_N \quad ⓐ$$

$$A_{\lambda_2}^{M+N}=A_{\lambda_2}^{M}+A_{\lambda_2}^{N}=\varepsilon_{\lambda_2}^{M}c_M+\varepsilon_{\lambda_2}^{N}c_N \quad ⓑ$$

解式ⓐ与ⓑ的联立方程，得式

$$c_M=\frac{A_{\lambda_1}^{M+N}\varepsilon_{\lambda_2}^{N}-A_{\lambda_2}^{M+N}\varepsilon_{\lambda_1}^{N}}{\varepsilon_{\lambda_1}^{M}\varepsilon_{\lambda_2}^{N}-\varepsilon_{\lambda_2}^{M}\varepsilon_{\lambda_1}^{N}} \quad ⓒ$$

$$c_N=\frac{A_{\lambda_1}^{M+N}-\varepsilon_{\lambda_1}^{M}c_M}{\varepsilon_{\lambda_1}^{N}} \quad ⓓ$$

式ⓒ、ⓓ中，$\varepsilon_{\lambda_1}^{M}$、$\varepsilon_{\lambda_2}^{M}$、$\varepsilon_{\lambda_1}^{N}$、$\varepsilon_{\lambda_2}^{N}$依次代表组分 M 及 N 在 λ_1 及 λ_2 处的摩尔吸光系数。

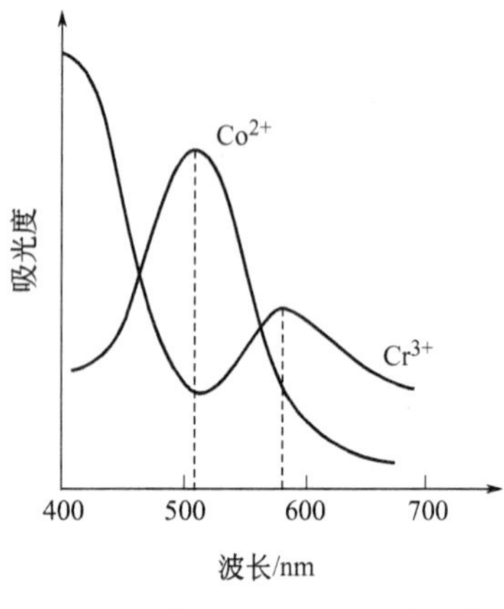

图 7-6　Co^{2+} 和 Cr^{3+} 的吸收光谱

本实验测定 Co^{2+} 及 Cr^{3+} 的有色混合物的组成。Co^{2+} 和 Cr^{3+} 的吸收光谱见图 7-6，它们的吸收光谱相互重叠，故可用上述方法测定其混合物的组成。

实验内容

（1）溶液的配制

取四个 25mL 容量瓶，分别加入 2.50mL、5.00mL、7.50mL、10.00mL 0.350mol/L 的 $Co(NO_3)_2$ 溶液。另取四个 25mL 容量瓶，分别加入 2.50mL、5.00mL、7.50mL、10.00mL 0.100mol/L 的 $Cr(NO_3)_3$ 溶液，用水稀释至刻度，摇匀。

另取一个 25mL 容量瓶，加入未知试样溶液 10.00mL，用水稀释至刻度，摇匀。

（2）测绘 $Co(NO_3)_2$ 及 $Cr(NO_3)_3$ 两溶液的吸收光谱，并决定 λ_1 和 λ_2

分别用以上含 $Co(NO_3)_2$ 及 $Cr(NO_3)_3$（都为 5.00mL）的两个容量瓶中的溶液测绘吸收光谱。用 1cm 比色皿，以蒸馏水为参比溶液，从 420nm 到 700nm 每隔 10nm 测一吸光度，吸收峰附近应多测几点。根据吸收曲线决定最大吸收峰的波长 λ_1 和 λ_2。

（3）吸光度的测量

以蒸馏水作参比溶液，用 1cm 比色皿，在波长 λ_1 及 λ_2 处，分别测量上述 9 个容量瓶溶液的吸光度。

数据处理

① 记录 420～700nm 每隔 10nm 测定 A_{Co}、A_{Cr} 数据。见表 7-4。

表 7-4　数据处理

λ/nm	A_{Co}	A_{Cr}

② 据上表数据绘制 Co^{2+} 及 Cr^{3+} 的吸收光谱，决定 λ_1 及 λ_2。

③ 在 λ_1 及 λ_2 处测定 Co^{2+} 和 Cr^{3+} 标准溶液的吸光度，见表 7-5。

表 7-5　吸光度值

Co 浓度	λ_1 下的吸光度	λ_2 下的吸光度
$c_1=$		
$c_2=$		
$c_3=$		
$c_4=$		

续表

Cr 浓度	λ_1 下的吸光度	λ_2 下的吸光度
$c_1=$		
$c_2=$		
$c_3=$		
$c_4=$		
未知液		

④ 在 λ_1 及 λ_2 处，分别绘制 $Co(NO_3)_2$ 溶液及 $Cr(NO_3)_3$ 溶液的四条标准曲线，求得四条直线的斜率 $\varepsilon_{\lambda_1}^{Co}$、$\varepsilon_{\lambda_1}^{Cr}$、$\varepsilon_{\lambda_2}^{Co}$、$\varepsilon_{\lambda_2}^{Cr}$，并与测量得到未知试样溶液的 $A_{\lambda_1}^{Co+Cr}$ 及 $A_{\lambda_2}^{Co+Cr}$，通过式ⓒ、ⓓ计算未知试样溶液中 $Co(NO_3)_2$ 及 $Cr(NO_3)_3$ 的含量。

思考题

① 分光光度法定量分析的依据是什么？

② 吸光度的加和性原则是什么？

③ 同时测定两组分混合溶液时如何选择波长？

④ 摩尔吸光系数与哪些因素有关？

⑤ 改变一次波长，为什么用参比溶液调 T 为 100%？

⑥ 若是同时测定三组分混合溶液的组成，则应如何设计实验？

实验 54 紫外分光光度法测定饮料中的防腐剂——苯甲酸

实验目的

① 了解和熟悉紫外可见分光光度计。

② 掌握紫外可见分光光度法测定苯甲酸的方法和原理。

③ 学习掌握用一元线性回归法作标准曲线的方法。

实验原理

为了防止食品在储存、运输过程中发生腐败、变质，常在食品中添加少量防腐剂。防腐剂使用的品种和用量在食品卫生标准中都有严格的规定，苯甲酸及其钠盐、钾盐是食品卫生标准允许使用的主要防腐剂之一。其使用量一般在 0.1%左右。苯甲酸具有芳香结构，在波长 225nm 和 272nm 处有 K 吸收带和 B 吸收带。

由于食品中苯甲酸用量很少，同时食品中其他成分也可能产生干扰，因此一般需要预先将苯甲酸与其他成分分离。从食品中分离防腐剂常用的方法有蒸馏法和溶剂萃取法等。本实验测定雪碧中苯甲酸，样品不用处理，苯甲酸（钠）在 225nm 处有最大吸收，可在 225nm 波长处测定标准溶液及样品溶液的吸光度，绘制标准曲线，可求出样品中苯甲酸的含量。

实验内容

取苯甲酸标准溶液 2.00mL、4.00mL、6.00mL、8.00mL、10.00mL，分别置于 50mL 容量瓶中，用蒸馏水稀释至刻度。以水为对照液，测定其中 5 号标准溶液的紫外可见吸收光谱（测定波长范围为 200～350nm），找出 λ_{max}，然后在 λ_{max} 处测定五个标准溶液的吸光度 A_x，按下面介绍的一元线性回归法绘制标准曲线。

数据处理

(1) 记录数据

将标准溶液的质量浓度 ρ 和扣除 A_0 的吸光度 A 数据填入表 7-6 中。

表 7-6　苯甲酸标准溶液浓度及吸光度测定数据

测定次数	1	2	3	4	5
ρ/(mg/mL)					
A					

(2)(一元线性回归法)绘制标准曲线

① 一元线性回归方程：由于存在随机(偶然)误差，即使在线性范围内，浓度分别为ρ_1、ρ_2、ρ_3、ρ_4、ρ_5…的标准系列，其相应的响应信号的测量值(吸光度)A_1、A_2、A_3、A_4、A_5…也不一定都在一条直线上。因此，用简单的方法很难绘制出能比较准确反映A与ρ之间关系的标准曲线。

紫外可见分光光度计有数据处理系统，输入标准溶液的浓度，测定标准溶液的吸光度，即可绘制出A与ρ之间关系的标准曲线。给出一元线性回归方程和相关系数。

② 计算样品中苯甲酸含量。将实验测得(扣除空白A_0)的样品吸光度(A_x)从曲线上找出相应的苯甲酸浓度ρ_x，按下列公式计算样品中苯甲酸含量。也可将测得的A_x值代入一元线性回归方程中求得苯甲酸的浓度和样品中苯甲酸的含量，以资比较。

$$w=\frac{50\rho_x}{m\times\frac{25.0}{50.0}\times\frac{V}{50.0}}$$

式中，m为样品的质量，mg；V为样品测定时所取的第二次蒸馏液体积，mL；ρ_x为从标准曲线上查得样品溶液中苯甲酸钠的质量浓度，mg/mL。

思考题

① 举例说明日常生活中遇到的哪些食品中有防腐剂?

② 用什么方法从样品中把苯甲酸分离出来?

③ 如何确定样品中防腐剂为苯甲酸?

④ 如何利用一元线性回归法绘制标准曲线及计算样品中苯甲酸含量?

实验 55　混合物的保留值法定性分析及归一化法定量分析

实验目的

① 掌握气相色谱仪的使用方法及微量注射器的使用技术。

② 熟悉保留值、相对校正因子、峰高和半峰宽的测定方法。

③ 学习保留值法定性分析及归一化法定量分析方法。

实验原理

(1) 定性分析

定性分析的任务是确定色谱图上各个峰代表什么物质。各物质在一定色谱条件下有其确定的保留值，因此，保留值是定性分析的基础，可利用标准物质对照法、保留指数Ⅰ等方法进行定性分析。但有时不同物质具有相近或相同的保留值，因此，对于复杂样品，色谱定性鉴定能力较弱，可与其他仪器如质谱、光谱联用来进行定性分析。

当有待测组分的标准物质时，可将未知样品各个色谱峰的保留值与其对应的标准物质的保留值(在相同条件下测得的)进行对照比较，就能确定各色谱峰的归属，此方法比较简单，但操作条件要稳定。也可采用相对保留值定性，它仅与所用的固定相和温度有关，不受

其他操作条件的影响。相对保留值 r_{is} 为

$$r_{is}=\frac{t'_{Ri}}{t'_{Rs}}=\frac{t_{Ri}-t_M}{t_{Rs}-t_M}$$

式中，t_M 为死时间，min；t_{Ri} 和 t'_{Ri} 分别为待测物的保留时间和调整保留时间，min；t_{Rs} 和 t'_{Rs} 分别为标准物的保留时间和调整保留时间，min。

（2）定量分析

定量分析的任务是测定混合样品中各组分的含量。定量分析的依据是待测物质的质量 m_i 与检测器产生的信号 A_i（色谱峰面积）成正比

$$m_i=f'_iA_i$$

式中，f'_i 为比例常数，称为绝对校正因子。由于各组分在同一检测器上具有不同的响应值，即使两组分含量相同，在检测器上得到的信号往往不相等，所以，不能用峰面积来直接计算各组分的含量。因此，在进行定量分析时，引入相对校正因子 f_i（即通常所说的校正因子）。

$$f_i=\frac{f'_i}{f'_s}=\frac{\dfrac{m_i}{A_i}}{\dfrac{m_s}{A_s}}=\frac{m_iA_s}{m_sA_i}$$

式中，f'_s、m_s、A_s 分别为标准物质的绝对校正因子、质量和峰面积。由上式可知

$$f_iA_i=m_i\frac{A_s}{m_s}$$

利用相对校正因子可将各组分峰面积进行校正，利用校正后的峰面积便可准确计算物质的含量。常用的定量分析方法有归一化法、内标法、外标法和内加法等，它们各有一定的优缺点和适用范围。本实验将介绍归一化法。

归一化法是将所有出峰组分的含量之和按 100%计算的定量方法，它是分别求出样品中各个组分的峰面积和校正因子，然后根据下式分别求出各组分的含量。

$$\omega_i=\frac{A_if_i}{A_1f_1+A_2f_2+\cdots+A_nf_n}=\frac{A_if_i}{\sum\limits_{i=1}^{n}A_if_i}$$

对于对称峰，峰面积等于峰高 h 乘半峰宽 $Y_{1/2}$，即 $A=1.065h\ Y_{1/2}$；若色谱峰为不对称峰，峰面积为 $A=1h\times\frac{1}{2}(Y_{0.15}+Y_{0.85})$。

归一化法的优点是简便、准确，不必准确称量和准确进样，操作条件稍有变化对结果影响较小，是常用的一种定量方法，但归一化法要求样品中的所有组分都出峰，并且需测出它们的峰面积和相对校正因子。

实验内容

（1）色谱操作条件

氢气流速为 20～30mL/min，柱温为 80℃，热导检测器温度为 130℃，气化室温度为 110℃。

开启色谱仪，按色谱仪器操作步骤和上面所列色谱操作条件进行调节，待基线稳定后，即可进样。

（2）调节色谱工作站

调节相对应的程序，定量时选择归一化法。进样出峰完毕后，打印出图。

（3）色谱图的绘制

用 1μL 注射器吸取下列各组溶液进样，绘制色谱图。

① 取正戊烷、正己烷各 5 滴，正庚烷 10 滴于磨口试管中混合均匀。取混合液 0.4μL 进样，按上述次序检测色谱峰。

② 取环己烷、苯各 5 滴于磨口试管中混合均匀，取混合液 0.4μL 进样，按上述次序检测色谱峰。

③ 取 1.0μL 未知样进样，检测色谱峰。

数据处理

（1）记录色谱条件

记录检测器的类型、操作条件，柱子的柱长、内径、填充物、柱温，气化室温度，载气的种类、流速，进样量，衰减等。

（2）定性分析

根据测得的保留时间和标准物的保留时间进行比较，判断未知物的组成以及各个峰所代表的物质。

（3）定量分析

定量分析的任务是测定混合样品中各组分的含量。根据所得谱图，计算待测物质的含量。见表 7-7 和表 7-8。

表 7-7　定量分析Ⅰ

标　样	峰　高	半　峰　宽	峰　面　积
正戊烷			
正己烷			
正庚烷			

表 7-8　定量分析Ⅱ

标　样	峰　高	半　峰　宽	峰　面　积
环己烷			
苯			

思考题

① 如何评价柱效？

② 定性分析的方法有哪些？哪种定性方法更好？

③ 定量分析的方法有哪些？各有何优缺点？

④ 为什么进样量准确与否不影响归一化法的结果？

附　　录

附录一　常用有机溶剂的性质及回收精制

(1) 甲醇(CH_3OH)

相对分子质量为32.04，沸点为64.70℃，相对密度为0.7924，能与水、乙醇、乙醚、氯仿以任何比例混溶，因不与水共沸，故用分馏法可以获得99.8%的含量。绝对无水的甲醇，可用镁和碘的方法制得(同乙醇项下)，甲醇易燃，有毒，对视神经有损伤，在操作中应加以注意。

精制方法　在工业规格的甲醇中，主要含丙酮和甲醛杂质，可用下述方法除去：

① 先用高锰酸钾法大致测定醛酮的含量后，加入过量盐酸，回流4h，然后重蒸馏。

② 将硫酸汞酸性溶液与甲醇一起加热，使丙酮生成配合物析出，或将碘的碱性溶液与甲醇共热使醛或酮氧化成碘仿，然后再分馏精制。

[注意]：甲醇不能用生石灰脱水，因CaO能吸附20%甲醇。且CaO、CH_3OH、H_2O三者相互间形成的复合物处于平衡状态，完全脱去水是不可能的。

(2) 乙醇(C_2H_5OH)

相对分子质量为46.07，沸点为78.32℃，相对密度为0.7893，与水能任意混溶，蒸馏时与水共沸，共沸点为78.1℃，共沸混合液含水4.43%，即为95%乙醇。

再生方法　先在用过的乙醇中加入生石灰(氧化钙)，用量为每升25～50g，加热回流脱水后，分级蒸馏，收集76～81℃的馏分，含醇30%～90%，再置于圆烧瓶中，加计算量多一倍的生石灰再蒸馏收集76～78℃的馏分，含量可达90.5%～99.5%。

如需绝对无水，则可用以下二法：

① 99.5%乙醇1000mL，加27.5g苯二甲酸二乙酯和7g金属钠，放置后蒸馏，得无水乙醇。

$$C_6H_4(COOC_2H_5)_2+2C_2H_5ONa+2H_2O \longrightarrow C_6H_4(COONa)_2+4C_2H_5OH$$

② 93%以上的乙醇60mL，置于2L容积的圆底烧瓶中加入5g金属镁，0.5g碘，使发生反应促进镁溶解成醇镁，再加900mL乙醇，回流加热5h，蒸馏可得100%乙醇。

$$(C_2H_5O)_2Mg+2H_2O \longrightarrow 2C_2H_5OH+Mg(OH)_2$$

如用于紫外光谱分析，要求较高，普通发酵乙醇常混有少量醛。又因为制无水乙醇用苯，蒸馏所得者常含有苯、甲苯，均不宜用于光谱分析，其精制法如下：95%普通乙醇100mL，加入25mL 12mol/L H_2SO_4，在水浴上回流加热数小时以除去苯及甲苯等杂质，蒸馏。将初馏分50mL及残馏分100mL弃去，主馏分中加入硝酸银8g，并加热使溶解，溶解后再加入粒状氢氧化钾15g，回流加热1h。此时溶液从具黏土色的AgOH悬浊液变为黑色的还原银粒凝集沉淀出来。此反应约需20～30min，如果黑色沉淀很早生成，即表示能被氧化的物质存在较多。将蒸馏后所得溶液再加入少量硝酸银和氢氧化钾(1∶2，质量比)重复上述操作直至没有黑色沉淀物生成为止，再继续加热30min，蒸馏，再将粗馏分约50mL及残馏分约 100mL 弃去，收集得出主馏分，但主馏分中有带入微量碱和银离子的可能，将会促进乙酸氧化，故应重蒸馏一次，由此法制得的乙醇含水 3%～6%，在 206nm 处透明，200nm 处有尾端吸收。

(3) 乙醚 ($C_2H_5OC_2H_5$)

相对分子质量为 74.12，沸点为 34.6℃，相对密度为 0.714，在水中的溶解度为 8.11%，用过的乙醚常含有水及醇，如用水洗涤损失很大，可用饱和氯化钙溶液洗涤。乙醇也可同时除去，再以无水氯化钙脱水干燥，重蒸馏即得。

乙醚久置于空气中，尤其是暴露在日光下，会逐渐氧化为醛、酸及过氧化物，当过氧化物达到万分之几时，蒸馏时有发生爆炸的危险，过氧化物是否存在，可以用碘化钾溶液与少量乙醚共振摇生成游离碘而检出。其除去法可用稀碱、浓高锰酸钾液，亚硫酸钠液顺次洗涤，再用水洗，干燥，重蒸馏而得。或用 $FeSO_4$ 或 10%$NaHSO_3$ 液振摇 1～3 次，用氧化钙干燥后重蒸馏，储存时，可加入少量表面洁净的铁丝或钢铜丝以防止氧化。

除去少量醇类的另一个方法为：在乙醚中加少量高锰酸钾粉末和 1～2 块（10g 左右）氢氧化钠，放置数小时后，在氢氧化钠表面如有棕色的树脂生成时，则重复此操作直至氢氧化钠表面不产生棕色物为止，然后将乙醚倒入另一瓶内，加无水氯化钙脱水，重蒸馏即得，如需绝对无水则将金属钠压成钠丝加入，并将瓶塞钻孔，附一氯化钙管，放置，为了减少蒸发。在氯化钙管上安装一根毛细管，使之与外界相通。

(4) 丙酮 (CH_3COCH_3)

相对分子质量为 58.08，沸点为 56.5℃，相对密度为 0.792，与水、醇和醚能任意混溶，为无色液体。

再生方法：丙酮中如含有多数的水时，可加食盐或碳酸钾等盐类，盐析成两层，分去下层盐液，将上层丙酮蒸馏，收集 54～57℃馏分，再用无水氯化钙脱水，干燥，重蒸馏而得。

精制方法　①一般工业用丙酮，需含有甲醇、醛和有机酸等杂质，精制时加高锰酸钾粉末或溶液，摇匀，加热回流 4h，或放置 1～2 天至高锰酸钾紫色不褪色，滤除沉淀，以无水碳酸钾或氯化钙脱水干燥，重蒸馏而得。②如丙酮中混有少量乙醇、乙醚、氯仿等溶剂时，可加 2 倍量的饱和亚硫酸氢钠溶液振摇，使生成亚硫酸氢钠丙酮加成物，再加入等量酒精，即析出结晶，过滤收集，顺次以酒精、乙醚洗涤，干燥。将结晶与少量水混合后，加入 10%碳酸钠或 10%盐酸使加成物分解，将滤液分级蒸馏，取丙酮之馏分，加无水氯化钙或碳酸钾脱水干燥，重蒸馏而得。

[注意]：丙酮不宜用金属钠或五氧化二磷脱水。

(5) 氯仿 ($CHCl_3$)

相对分子质量为 119.4，沸点为 61.26℃，相对密度为 1.488，不溶于水，易与乙醚、乙醇等混溶，在日光下易氧化分解成 Cl_2、HCl、CO_2 及光气 ($COCl_2$)，后者有毒，故应储存于棕色瓶中，或加入 0.5%～1%乙醇，作为稳定剂，如不需要含有醇的 $CHCl_3$，则可用水洗 $CHCl_3$ 后，以无水碳酸钾或氯化钙干燥后蒸馏。但应注意氯仿在稀碱水作用下易分解产生甲酸盐，在浓碱水作用下则生成碳酸盐。

再生及精制方法　医用氯仿含有 1%酒精作为安定剂以防止它的分解，可用水洗去酒精，再用氯化钙脱水重蒸馏，收集 61℃时馏分，储于棕色瓶中。

(6) 乙酸乙酯 ($CH_3COOC_2H_5$)

相对分子质量为 88.10，沸点为 77.2℃，相对密度为 0.898，含水的乙酸乙酯在日光下会逐渐水解为乙酸和乙醇，精制时可用5%碳酸钠（或碳酸钾）溶液、饱和氯化钙溶液分别洗去乙酸和乙醇，再以水洗，分级蒸馏取乙酸乙酯的馏分，再经过无水氯化钙脱水干燥后重蒸馏一次，或在乙酸乙酯中加少量水（每500g加水2g）。蒸馏，水和乙醇即在第一馏分中蒸出。

（7）苯（C_6H_6）

相对分子质量为78.11，沸点为80℃，相对密度为0.879，不溶于水，可与乙醚、氯仿、丙酮等在各种比例下混溶，纯苯在5.4℃时固化为结晶，常利用此性质来纯化，苯易燃，有毒。

再生方法　用稀碱水溶液洗涤后，氯化钙脱水，重蒸馏。

精制方法　工业规格的苯常含有噻吩、吡啶和高沸点同系物如甲苯等，不能借蒸馏方法除去，可将苯1000mL，在室温下用浓H_2SO_4（每次30mL）振摇数次，至硫酸层呈色较浅时为止。再经稀NaOH，水洗至中性，氯化钙脱水，重蒸馏，收集79～81℃馏分。对于甲苯等高沸点同系物，则用二次冷却结晶法除去，因苯在5.4℃固化，故可冷却至0℃，滤取结晶，而其杂质残留在液体中。

（8）石油醚

依沸点高低分成三种：30～60℃，60～90℃，90～120℃。石油醚是石油馏分之一，主要是饱和脂肪烃的混合物，极性很低，不溶于水，不能与甲醇、乙醇等溶剂无限制混合，易燃。

再生方法　用过的石油醚，如含有少量低分子醇、丙酮或乙醚，可将其置于分液漏斗中用水洗涤数次，再用氯化钙脱水，重蒸馏，收集一定沸点范围内的部分，如含有少量氯仿，则在分液漏斗中先用稀碱液洗涤，再用水洗数次，氯化钙脱水后重蒸馏。

精制方法　工业规格的石油醚加入浓硫酸（每千克50～100g），振摇后放置1h，分去下层硫酸液，其中可以溶出不饱和烃类，根据硫酸层的颜色深浅酌情用硫酸振摇萃取2～3次。上层石油醚再用5%稀碱液洗一次，然后用水洗数次，氯化钙脱水后重蒸馏，如需绝对无水，则再加金属钠或五氯化二磷脱水干燥。

（9）四氯化碳（CCl_4）

相对分子质量为153.84，沸点为76.7℃，相对密度为1.589，极性很低，不溶于水，工业规格的四氯化碳中常含有2%～3%的二硫化碳，其除去方法为：取1000mL四氯化碳加50%KOH乙醇溶液100mL，60℃加热回流30min，冷却后，用水洗涤，分去水层，再用少量浓硫酸振摇多次，直至硫酸不变色为止，用水洗涤，氯化钙或固体氢氧化钠脱水后，加石蜡油少许，蒸馏，可得精制品，四氯化碳不可燃，有毒，吸入或与皮肤接触都能导致中毒。

[注意]：氯仿和四氯化碳脱水干燥时，切忌用金属钠，否则会发生爆炸。

（10）正丁醇（$n\text{-}C_4H_9OH$）

沸点为117.7℃，是一种具有难闻气味的液体。

精制：取三级正丁醇和CaO（每100mL加5g CaO）共蒸馏收集恒温时馏出的部分即得。

（11）乙酸（CH_3COOH）

沸点为113℃，冰点为16.5℃，相对密度为1.06，纯的乙酸（99%～100%）在低于16.5℃时可凝结成冰块状固体，故纯的乙酸又称为“冰醋酸”，乙酸不易被氧化。所以需采用氧化反应的溶剂，其精制可用冰冻法，即冷却至0～10℃乙酸凝为结晶，分去液体，将结晶加热熔化，再经冷冻一次，即可得冰醋酸，乙酸能与水混溶，溶于水时放出热量而总体积减少。

乙酸中如含有乙醇等杂质，则在乙酸中加2%左右的重铬酸钾后进行分馏。若含有少量水分时，则加适量的乙酸酐进行分解，收集117～118℃的馏分。

(12) 甲酸（HCOOH）

甲酸是具有刺鼻臭味的无色液体，沸点为100.5℃，相对密度为1.220。它的腐蚀性极强，触及皮肤能导致起泡。由于沸点与水非常接近，因此不能用分馏法使水分完全除去。甲酸与水可形成共沸混合物，在107℃时馏出，其中含有77%的甲酸，无水的甲酸可由甲酸的铅盐与硫化氢作用而得。

(13) 环己烷（C_6H_{12}）

环己烷是无色液体，沸点为80.2℃，相对密度为0.779，不溶于水而溶于有机溶剂，其性质与石油醚相似，再生时先用稀碱液洗涤，再用水洗，脱水重蒸馏。

精制方法　将工业规格的环己烷加浓硫酸及少量硝酸钾放置数小时后分去硫酸层，再用水洗，重蒸馏。如需要绝对无水，则要加金属钠丝脱水干燥。

(14) 1,2-二氯乙烷

沸点为83.4℃，折射率（n_D^{20}）为1.4448，相对密度d_4^{20}为1.2531，无色油状液体。具芳香味，溶于120份水中；与水成恒沸溶液，含81.5%的1,2-二氯乙烷，沸点为72℃，可与乙醇、乙醚和三氯甲烷混合。在结晶和提取时是极有用的溶剂，比常用的含氯有机溶剂更为活泼。

一般纯化乃依次用浓H_2SO_4、稀碱溶液和水洗涤，以无水氯化钙干燥或加入五氧化二磷分馏即得。

(15) 甲酰胺

沸点为210.5℃（分解），熔点为2.5℃，折射率（n_D^{20}）为1.4475，相对密度d_4^{20}为1.333。无色澄明油状液体。溶于水、低级醇和乙二醇；不溶于碳氢化合物、卤代烷和硝基苯。可溶于铜、铅、锌、锡、镍、钴、铁、铝和镁等的氯化物、硝酸盐以及其中的某些硫酸盐。其具有很高的介电常数，是一种很好的离子化的溶剂。目前市售三级纯甲酰胺含量为98.5%，常混有甲酸和甲酸铵。不能单纯用蒸馏方法分离除去，一般是将普通甲酰胺通入氨气至呈碱性，将含有的甲酸转化为甲酸铵，再加入丙酮使之沉淀，滤去，将滤液用无水硫酸钠干燥，减压蒸馏，收集沸点105℃、1.47×10^3 Pa（11mmHg）条件下的馏分。甲酰胺不能用硫酸钙干燥，因能被其溶解，溶液呈胶状。甲酰胺吸湿性很强，应注意防潮。

附录二　常用检出试剂配制方法

(1) 生物碱沉淀试剂

① 碘化铋钾（Dragendorff）试剂：取次硝酸铋3g溶于17mL 30%硝酸（相对密度为1.18）中，在搅拌下慢慢加碘化钾浓水溶液（27g碘化钾溶于20mL水），静置一夜，取上层清液，加蒸馏水稀释至100mL。

[附] 改良的碘化铋钾试剂：

甲液：0.85g次硝酸铋溶于10mL冰醋酸，加水40mL。

乙液：8g碘化钾溶于20mL水中。

溶液甲和乙等量混合，于棕色瓶中可以保存较长时间，可作沉淀试剂用，如作层析显色剂用，则取上述混合液 1mL 与乙酸 2mL，混合即得。

目前市场上碘化铋钾试剂可直接供配制：7.3g 碘化铋钾，冰醋酸 10mL，加蒸馏水 60mL。

② 碘化汞钾（Mayer）试剂：氯化汞 1.36g 和碘化钾 5g 各溶于 20mL 水中，混合后加水稀释至 100mL。

③ 碘-碘化钾（Wagner）试剂：1g 碘化钾液于 50mL 水中，加热，加 2mL 乙酸，再用水稀释至 100mL。

④ 硅钨酸试剂：5g 硅钨酸溶于 100mL 水中，加盐酸少量至 pH 值为 2 左右。

⑤ 苦味酸试剂：1g 苦味酸溶于 100mL 水中。

⑥ 鞣酸试剂：鞣酸 1g 加乙醇 1mL 溶解后再加水至 10mL。

⑦ 硫酸铈-硫酸试剂：0.1g 硫酸铈混悬于 4mL 水中，加入 1g 三氯乙酸，加热至沸，逐滴加入浓硫酸至澄清。

（2）糖的检出试剂

a. 碱性酒石酸铜（Fehiling）试剂：本品分甲液与乙液，应用时取等量混合。

甲液：结晶硫酸铜 6.23g，加水至 100mL。

乙液：酒石酸钾钠 34.6g，以及氢氧化钠 10g，加水至 100mL。

b. α-萘酚（Molisch）试剂。

甲液：α-萘酚 1g，加 75%乙醇至 10mL。

乙液：浓硫酸。

c. 碱性硝酸银试剂：硝酸银 1g，加水 20mL 溶解，注意滴加适量的氨水，随加随搅拌，至开始产生的沉淀将近全溶为止，过滤。

d. α-去氧糖显色试剂。

（a）三氯化铁冰醋酸（Keller-Kiliani）试剂。

甲液：1%三氯化铁溶液 0.5mL，加冰醋酸至 100mL。

乙液：浓硫酸。

（b）呫吨氢醇冰醋酸（Xanthydrol）试剂：10mg 呫吨氢醇溶于 100mL 冰醋酸（含 1%的盐酸）。

（3）黄酮、鞣质及酚类检出试剂

① 盐酸镁粉试剂：浓盐酸和镁粉。

② 三氯化铝试剂：2%三氯化铝甲醇溶液。

③ 乙酸镁试剂：1%乙酸镁甲醇溶液。

④ 碱式乙酸铅试剂：饱和碱式乙酸铅（或饱和乙酸铅）水溶液。

⑤ 氢氧化钾试剂：10%氢氧化钾水溶液。

⑥ 氧氯化锆试剂：10%氧氯化锆甲醇溶液。

⑦ 锆-枸橼酸试剂：

甲液：2%氧氯化锆甲醇液。

乙液：2%枸橼酸甲醇液。

⑧ 三氯化铁试剂：5%三氯化铁的水溶液或醇溶液。

⑨ 三氯化铁-铁氰化钾试剂。

甲液：2%三氯化铁水溶液。

乙液：1％铁氰化钾水溶液。

应用时甲液、乙液等体积混合或分别滴加。

⑩ 4-氨基安替吡啉-铁氰化钾（Emerscn）试剂。

甲液：2％ 4-氨基安替吡啉乙醇液。

乙液：3％铁氰化钾水溶液（或用 0.9％ 4-氨基安替吡啉和 5.4％铁氰化钾水溶液）。

⑪ 明胶试剂：10g 氯化钠，1g 明胶，加水至 100mL。

⑫ 乙酸铅试剂：饱和乙酸铅溶液。

⑬ 对甲基苯磺酸试剂：20％对甲基苯磺酸氯仿溶液。

⑭ 铁铵明矾试剂：硫酸铁铵结晶 [$NH_4Fe(SO_4)_2 \cdot 12H_2O$] 1g，加水至 100mL。

⑮ 重氮化试剂：本试剂系由对硝基苯胺和亚硝酸钠在强酸下经重氮化作用而制成，由于重氮盐不稳定很易分解，所以本试剂应临用时配制。

甲液：对硝基苯胺 0.35g，溶于 5mL 浓盐酸，加水至 50mL。

乙液：亚硝酸钠 5g，加水至 50mL。

应用时取甲液、乙液等量在冰水浴中混合后，方可使用。

⑯ Gibb 试剂。

甲液：0.5％ 2,6-二氯苯醌-4-氯亚胺的乙醇溶液。

乙液：硼酸-氯化钾-氢氧化钾缓冲液（pH＝9.4）。

[注意]：试剂配制法中：水是指蒸馏水；不指出溶液的即为水溶液；醇指 95％的；试剂配制后应澄清，如不澄清可过滤。

(4) 内酯、香豆素类检出试剂

① 异羟肟酸铁试剂。

甲液：新鲜配制的 1mol/L 羟胺盐酸盐（M＝69.5）的甲醇液。

乙液：1.1mol/L 氢氧化钾（M＝56.1）的甲醇液

丙液：三氯化铁溶于 1％盐酸中的含量为 1％的溶液。

应用时甲、乙、丙三种液体按次序滴加，或甲、乙两种液体混合滴加后再加丙液。

② 4-氨基安替吡啉-铁氰化钾试剂。

甲液：2％ 4-氨基安替吡啉乙醇液。

乙液：3％铁氰化钾水溶液（或用 0.9％ 4-氨基安替吡啉和 5.4％铁氰化钾水溶液）。

③ 重氮化试剂：本试剂系由对硝基苯胺和亚硝酸钠在强酸下经重氮化作用而制成，由于重氮盐不稳定很易分解，所以本试剂应临用时配制。

进行②、③实验时样品应先加 3％碳酸钠溶液加热处理，再分别滴加试剂。

④ 开环-闭环试剂。

甲液：1％氢氧化钠溶液。

乙液：2％盐酸溶液。

(5) 蒽醌类检出试剂

① 氢氧化钾试剂：10％氢氧化钾水溶液。

② 乙酸镁试剂：0.5％乙酸镁甲醇溶液。

③ 1％硼酸试剂：1％硼酸水溶液。

④ 浓硫酸试剂：浓硫酸。

⑤ 碱式乙酸铅试剂：饱和碱式乙酸铅（或饱和乙酸铅）水溶液。

(6) 苷类检出试剂

① 强心苷类。

a. 3,5-二硝基苯甲酸（Kedde）试剂。

甲液：2% 3,5-二硝基苯甲酸甲醇液。

乙液：1mol/L 氢氧化钾甲醇溶液。

应用前甲、乙两液等量混合。

b. 碱性苦味酸（Baljet）试剂。

甲液：1%苦味酸水溶液。

乙液：10%氢氧化钠溶液。

c. 亚硝基铁氰化钠-氢氧化钠（Legal）试剂。

甲液：吡啶。

乙液：0.5%亚硝基铁氰化钠溶液。

丙液：10%氢氧化钠溶液。

② 皂苷类。

a. 溶血实验。2%血球生理盐水混悬液：新鲜兔血（由心脏或耳静脉取血），适量，用洁净小毛刷迅速搅拌，除去纤维蛋白并用生理盐水反复离心洗涤至上清液无色后，量取沉降红血球用生理盐水配成2%混悬液，储于冰箱内备用（储存期为2～3天）。

b. 乙酸酐-浓硫酸（Liebermann）试剂。

甲液：乙酸酐。

乙液：硫酸。

c. 浓硫酸试剂，浓硫酸。

③ 含氰苷类。

a. 苦味酸钠试剂：适当大小的滤纸条，浸入苦味酸饱和水溶液；浸透后取出晾干，再浸入10%碳酸钠水溶液内，迅速取出晾干即得。

b. 亚铁氰化铁（普鲁士蓝）试剂。

甲液：10%氢氧化钠溶液。

乙液：10%硫酸亚铁水溶液，用前配制。

丙液：10%盐酸。

丁液：5%三氯化铁液。

(7) 萜类、甾体类检出试剂

① 香草醛-浓硫酸试剂：5%香草醛浓硫酸液［或0.5g香草醛溶于100mL硫酸-乙醇(4∶1)中］。

② 三氯化锑（Carr-Price）试剂：25g三氯化锑溶于15g氯仿中（亦可用氯仿或四氯化碳的饱和溶液）。

③ 五氯化锑试剂：五氯化锑-氯仿（或四氯化碳）1∶4，用前新鲜配制。

④ 乙酸酐-浓硫酸试剂。

甲液：乙酸酐。

乙液：硫酸。

⑤ 氯仿-浓硫酸试剂。

甲液：氯仿（溶解样品）。

乙液：浓硫酸。

⑥ 间二硝基苯试剂。

甲液：2%间二硝基苯乙醇液。

乙液：14%氢氧化钾甲醇液。

用前甲、乙两液等量混合。

⑦ 三氯乙酸试剂：3.3g 三氯乙酸溶于 10mL 氯仿，加入 1～2 滴过氧化氢。

（8）氨基酸多肽、蛋白质检出试剂

① 双缩脲（Biuret）试剂。

甲液：1%硫酸铜溶液。

乙液：40%氢氧化钠溶液。

应用前等量混合。

② 茚三酮试剂：0.3g 茚三酮溶于 100mL 正丁醇中，加乙酸 3mL（或 0.2g 茚三酮溶于 100mL 乙醇或丙酮中）。

③ 鞣酸试剂：鞣酸 1g 加乙醇 1mL 溶解后再加水至 10mL。

（9）有机酸检出试剂

① 溴麝香草酚蓝试剂：0.1%溴麝香草酚蓝（或溴酚蓝、或溴甲酚绿）乙醇液。

② 吖啶试剂：0.005%吖啶乙醇液。

③ 芳香胺-还原糖试剂：苯胺 5g，果糖 5g 溶于 50%乙醇溶液中。

（10）其他检出试剂

① 重铬酸钾-硫酸：5g 重铬酸钾溶于 100mL 40%硫酸。

② 荧光素-溴。

甲液：0.1%荧光素乙醇液。

乙液：5%溴的四氯化碳溶液。

甲液喷、乙液熏。

③ 碘蒸气。

④ 硫酸液：5%硫酸乙醇液，或 15%浓硫酸正丁醇液，或浓硫酸-乙酸（1∶1）。

⑤ 磷钼酸、硅钨酸或钨酸试剂：3%～10%磷钼酸或钨酸乙醇液。

⑥ 碱性高锰酸钾试剂。

甲液：1%高锰酸钾液。

乙液：5%碳酸钠液。

用时等体积混合。

⑦ 2,4-二硝基苯肼试剂：取 2,4-二硝基苯肼配成 0.2% 2mol/L 盐酸溶液或 0.2%盐酸乙醇液。

附录三 常用试剂配制方法

① 氨试液：取浓氨水 200mL，置于 1000mL 量杯中，加水稀释至 500mL。

② 比色用氯化钴液：取氯化钴 20g，加盐酸 10mL，加水溶解并稀释至 1000mL，即得。

③ 标准硫酸钾溶液（100μg SO_4^{2-}/mL）：配 500mL。（可长期保存）

精称硫酸钾 90.5mg，置于 100mL 烧杯中，加水溶解后，转移至 500mL 量瓶中。

④ 标准氯化钠溶液（10μg/mL）：配 1000mL。（可长期保存）

精称氯化钠 16.5mg，置于 100mL 量瓶中，加水适量使溶解并稀释至刻度，摇匀，作为储备液。（100μg/mL）

临用前，精密量取储备液 100.0mL，置于 1000mL 量瓶中，加水稀释至刻度，摇匀，即得。

⑤ 标准铅溶液（10μg Pb/mL）：配 600mL。

精称硝酸铅 16mg，置于 50mL 烧杯中，加硝酸 0.5mL 与水 5mL 溶解后，转移至 100mL 量瓶中，用水稀释至刻度，摇匀，作为储备液。（100μg Pb/mL）（放冰箱长期保存）

临用前，精密量取储备液 10.0mL，置于 100mL 量瓶中，加水稀释至刻度，摇匀，即得。

⑥ 标准砷溶液：配 1000mL。称取三氧化二砷 0.0132g，置于 100mL 量瓶中，加 20% 氢氧化钠溶液 5mL 溶解后，用适量的稀硫酸（0.05mol/L）中和，再加稀硫酸 10mL，用水稀释至刻度，摇匀，作为储备液（100μg/mL）。（可长期保存）

临用前，精密量取储备液 10mL，置于 1000mL 量瓶中，加稀硫酸 10mL，用水，浸入乙醇制溴化汞试液中，1h 后取出，在暗处晾干，即得。（可长期保存）

[注意]：溴化汞试液有毒，禁止用手，要用镊子夹取滤纸稀释至刻度，摇匀，即得（1μg As^{3+}/mL）。

⑦ 碘化钾试液：配 2000mL。

粗称碘化钾 330g，置于 3000mL 烧杯中，加水 2000mL 溶解，即得。（可长期保存）

⑧ 淀粉-碘化钾试液：0.5%淀粉溶液中含 0.1mol/L 碘化钾溶液。

⑨ 淀粉试液（1%）：将 1g 淀粉和少量冷水调成糊状，加入沸水中，煮沸冷却定容到 100mL 即得。

⑩ 二苯胺试液：取二苯胺 1g，加硫酸 100mL 使溶解，即得。

⑪ 二氯靛酚钠试液：取 2,6-二氯靛酚钠 0.1g，加水 100mL 溶解后，滤过，即得。

⑫ 二氯化汞试液：取二氯化汞 6.5g，加水使溶解成 100mL，即得。

⑬ 二硝基苯试液：取间二硝基苯 2g，加乙醇使溶解成 100mL，即得。

⑭ 酚酞（1%）：溶解 1g 酚酞于 900mL 乙醇与 100mL 水的混合液中，即得。

⑮ 0.2%酚酞指示液：配 500mL。（可长期保存）

粗称酚酞 1g，置于 500mL 量杯中，加 95%乙醇 500mL，使溶解，即得。

⑯ 钙指示剂：将钙指示剂和烘干的 NaCl 按照 1∶50 比例混合研细，置于棕色瓶中，即得。

⑰ 铬黑 T：将铬黑 T 和烘干的 NaCl 按照 1∶100 比例混合研细，置于棕色瓶中，即得。

⑱ 过氧化氢试液：取浓过氧化氢溶液（30%），加水稀释成 3%的溶液，即得。

⑲ 甲基橙（0.1%）：溶解 1g 甲基橙于 1L 热水中，即得。

⑳ 碱性酒石酸铜试液：配 600mL。

a. 取硫酸铜结晶 20.8g，置于 500mL 量杯中，加水使溶解成 300mL，转移至 500mL 试剂瓶中备用。（可长期保存）

b. 取酒石酸钾钠结晶 103.8g 与氢氧化钠 30g，置于 500mL 量杯中，加水使溶解成 300mL，转移至 500mL 试剂瓶中备用。（需新鲜配制）

临用前将两液等量混合，即得。

㉑ 邻苯二醛试液：取邻苯二醛 1.0g，加甲醇 5mL 与 0.4mol/L 硼酸溶液（用 45%氢氧化钠溶液调节 pH 值至 10.4）95mL，振摇使邻苯二醛溶解，加硫乙醇酸 2mL，用 45%氢氧

化钠溶液调节 pH 值至 10.4。

㉒ 25%氯化钡：配 3000mL。(可长期保存，第二年如浑浊，过滤)

粗称 $BaCl_2$ 750g，置于 5000mL 烧杯中，加水超声溶解并稀释至 3000mL（澄清）。

㉓ 硫代乙酰胺试液：配 1200mL。(需新鲜配制)

a. 粗称硫代乙酰胺 8g，置于 500mL 烧杯中，加水 200mL 超声溶解，转移至试剂瓶中（硫代乙酰胺液），置冰箱中保存。(需新鲜配制)

b. 配制 1mol/LNaOH 1000mL：粗称 NaOH 40g，置于 1000mL 量杯中，加水溶解至 1000mL。取 600mLNaOH，200mL 水，800mL 丙三醇在 3000mL 烧杯中混匀（混合液）。转移至试剂瓶中，置冰箱中保存。(可长期保存)

临用前取混合液 1000mL，硫代乙酰胺液 200mL，置于 80℃ 水浴上加热 30s，冷却，分装。

㉔ 硫酸铜液：称取硫酸铜 85g，加水至 1000mL。

㉕ 镁试剂（对硝基偶氮间苯二酚）：溶解 0.01g 对硝基偶氮间苯二酚于 1000mL 1mol/L NaOH 溶液中，即得。

㉖ 浓盐酸：直接装瓶。(可长期保存)

㉗ 0.02mol/L 氢氧化钠滴定液：配 500mL。(可长期保存)

取氢氧化钠 0.4g，置于 500mL 量杯中，加水使溶解成 500mL。

㉘ 氢氧化钠滴定液（0.1mol/L）：取氢氧化钠适量，加水摇匀使溶解成饱和溶液，冷却后，置于聚乙烯塑料瓶中，静置数日，澄清后备用。

配制：取澄清的氢氧化钠饱和液 5.6mL，加新沸过的冷水使成 1000mL，摇匀。

标定：取在 105℃ 干燥至恒重的基准邻苯二甲酸氢钾约 6g，精密称定，加新沸过的冷水 50mL，振荡，使其尽量溶解，加酚酞指示剂 2 滴，用本液滴定，在接近终点时，应使邻苯二甲酸氢钾完全溶解，滴定至溶液显粉红色。每毫升氢氧化钠滴定液（1mol/L）相当于 204.2mg 的邻苯二甲酸氢钾。根据本液的消耗量与邻苯二甲酸氢钾的取用量，计算本液的浓度，即得。

㉙ 三氯化铁试液：取三氯化铁 45g，加水使溶解成 500mL，即得。

㉚ 石蕊（0.5%～1%）：溶解 5～10g 石蕊于 1L 水中，即得。

㉛ 0.01%水杨酸溶液：精密称取水杨酸 0.1g，加水溶解后，加冰醋酸 1mL，摇匀，再加水使成 1000mL，摇匀。

㉜ 水杨酸铁试液：

a. 取硫酸铁铵 0.1g，加稀硫酸 2mL 与水适量使成 100mL。

b. 取水杨酸钠 1.15g，加水使溶解成 100mL。

c. 取乙酸钠 13.6g，加水使溶解成 100mL。

d. 取上述硫酸铁铵溶液 1mL，水杨酸钠溶液 0.5mL，乙酸钠溶液 0.8mL 与稀乙酸 0.2mL，临用前混合，加水使成 5mL，摇匀，即得。

㉝ 酸性氯化亚锡：配 300mL。(保存 3 个月)

粗称氯化亚锡 120g，加盐酸 300mL 使溶解（乳白状），静置过夜，即得（微黄色，透明）。

㉞ 碳酸钠试液：取一水合碳酸钠 625g 或无水碳酸钠 525g，加水使溶解成 5000mL，即得。

㉟ 稀硫酸：取硫酸 57mL，加水稀释至 1000mL，即得。

㊱ 稀硝酸：配 4000mL。(可长期保存)

取硝酸（16mol/L）210mL，置于 3000mL 烧杯中，加水稀释至 2000mL。配二次。

㊲ 稀盐酸：配 3000mL。(可长期保存)

取盐酸（12.5mol/L）702mL，置于 5000mL 烧杯中，加水稀释至 3000mL。

㊳ 稀乙酸：配 2000mL。(可长期保存)

粗量冰醋酸（17.5mol/L）60mL，置于 1000mL 量杯中，加水稀释至 1000mL，调 pH 值为 3.5。

㊴ 硝酸银试液：配 500mL。

取硝酸银 8.75g，置于 500mL 量杯中，加水溶解至 500mL。(需新鲜配制)

㊵ 锌粉：用原瓶试剂。

㊶ 新制的稀硫酸铁铵溶液：(硫酸铁铵指示液：称取硫酸铁铵 8g，加水溶至 100mL)

取盐酸 9mL，加水至 100mL。取 10mL，加硫酸铁铵指示液 20mL 后，再加水适量使成 1000mL。

㊷ 溴化汞试纸：

a. 乙醇制溴化汞试液：粗称溴化汞 5g，加乙醇 100mL，微热使溶解，本品置具塞瓶中，暗处保存。(需新鲜配制)

b. 取国产定量滤纸（质地较疏松），剪成所需圆形条。

㊸ 亚硫酸氢钠试液：取亚硫酸氢钠 10g，加水使溶解成 30mL，即得。(本液应临用新制)

㊹ 亚铁氰化钾试液：取亚铁氰化钾 1g，加水 10mL 使溶解，即得。(本液应临用新制)

㊺ 乙酸铅棉花：

a. 乙酸铅试液：粗称乙酸铅 20g，加新煮沸放冷的蒸馏水超声溶解，再滴加乙酸使溶液澄清，再加水至 200mL。(需新鲜配制)

b. 取脱脂棉，浸入乙酸铅试液-水（1∶1）的混合液，浸湿后，挤压除去过多的溶液，并使疏松，在 100℃以下干燥，置玻璃瓶中密封保存。(可长期保存)

[注意]：乙酸铅试液有毒，禁止用手，要用镊子夹取棉花。

㊻ 乙酸盐缓冲液（pH 值为 3.5)：配 2000mL。(包括阿司匹林的重金属检查，需新鲜配制)

粗称乙酸铵 250g，置于 1000mL 量杯中，加水 250mL 溶解后，加 7mol/L 盐酸溶液 380mL，用 2mol/L 盐酸溶液或 5mol/L 氨溶液准确调节 pH 值至 3.5（电位法指示），用水稀释至 1000mL，即得。

㊼ 茚三酮试液：取茚三酮 2g，加乙醇使溶解成 100mL，即得。

㊽ 中性乙醇：取适量乙醇，加入酚酞指示液 3 滴，用氢氧化钠（0.1mol/L）滴定至淡红色。

㊾ 重氮对硝基苯胺试液：取对硝基苯胺 0.4g，加稀盐酸 20mL 与水 40mL 使溶解，冷却至 15℃，缓缓加入 10%亚硝酸钠溶液，至取溶液 1 滴能使碘化钾淀粉试纸变为蓝色，即得。(本液应临用新制)

㊿ 重铬酸钾液：称取重铬酸钾 75g，加水至 1000mL。

附录四　弱电解质的电离常数（25℃）

弱电解质	电离常数 K	弱电解质	电离常数 K
H_3AlO_3	$K_1=6.31\times10^{-12}$	H_2S	$K_1=1.07\times10^{-7}$
$HSb(OH)_6$	$K=2.82\times10^{-3}$		$K_2=1.26\times10^{-13}$
$HAsO_2$	$K=6.61\times10^{-10}$	$HBrO$	$K=2.51\times10^{-9}$
H_3AsO_4	$K_1=6.03\times10^{-3}$	$HClO$	$K=2.88\times10^{-8}$
	$K_2=1.05\times10^{-7}$	HIO	$K=2.29\times10^{-11}$
	$K_3=3.16\times10^{-12}$	HIO_3	$K=0.16$
H_3BO_3	$K_1=5.75\times10^{-10}$	HNO_2	$K=7.24\times10^{-4}$
	$K_2=1.82\times10^{-13}$	H_3PO_4	$K_1=7.08\times10^{-3}$
	$K_3=1.58\times10^{-14}$		$K_2=6.31\times10^{-8}$
$H_2B_4O_7$	$K_1=10^{-4}$		$K_3=4.17\times10^{-13}$
	$K_2=10^{-9}$	H_2SiO_3	$K_1=1.70\times10^{-10}$
CO_2+H_2O	$K_1=4.37\times10^{-7}$		$K_2=1.58\times10^{-12}$
	$K_2=4.68\times10^{-11}$	SO_2+H_2O	$K_1=1.29\times10^{-2}$
$H_2C_2O_4$	$K_1=5.37\times10^{-2}$		$K_2=6.17\times10^{-8}$
	$K_2=5.37\times10^{-5}$	$H_2S_2O_3$	$K_1=0.25$
H_2CrO_4	$K_1=9.55$		$K_2=0.03\sim0.02$
	$K_2=3.16\times10^{-7}$	$HCOOH$	$K=1.77\times10^{-4}$
HCN	$K=6.16\times10^{-10}$	CH_3COOH	$K=1.75\times10^{-5}$
HF	$K=6.61\times10^{-4}$	NH_3+H_2O	$K=1.76\times10^{-5}$
H_2O_2	$K=2.24\times10^{-12}$		

附录五　难溶电解质的溶度积常数

化合物	溶度积(温度/℃)	化合物	溶度积(温度/℃)
Al		氯化银	0.21×10^{-10}(4.7)
氢氧化铝	4×10^{-13}(15)	氯化银	0.37×10^{-10}(9.7)
氢氧化铝	1.1×10^{-15}(18)	氯化银	1.56×10^{-19}(25)
氢氧化铝	3.7×10^{-15}(25)	氯化银	13.2×10^{-10}(50)
Ag		氯化银	2.15×10^{-10}(100)
溴酸银	3.97×10^{-5}(20)	铬酸银	1.2×10^{-12}(14.8)
溴酸银	5.77×10^{-5}(25)	铬酸银	9×10^{-13}(25)
溴化银	4.1×10^{-13}(18)	重铬酸银	2×10^{-7}(25)
溴化银	7.7×10^{-13}(25)	氢氧化银	1.52×10^{-8}(20)
碳酸银	6.15×10^{-12}(25)	碘酸银	0.92×10^{-8}(9.4)

续表

化合物	溶度积(温度/℃)	化合物	溶度积(温度/℃)
碘化银	0.32×10^{-16}(13)	碘酸铜	1.4×10^{-7}(25)
碘化银	1.5×10^{-16}(25)	草酸铜	2.87×10^{-8}(25)
硫化银	1.6×10^{-49}(18)	硫化铜	8.5×10^{-45}(18)
硫氰酸银	0.49×10^{-12}(18)	溴化亚铜	4.15×10^{-8}(18～20)
硫氰酸银	1.16×10^{-12}(25)	氯化亚铜	1.02×10^{-6}(18～20)
碳酸银	7×10^{-9}(16)	碘化亚铜	5.06×10^{-12}(18～20)
Ba		硫化亚铜	2×10^{-47}(16～18)
碳酸钡	8.1×10^{-9}(25)	硫氰酸亚铜	1.6×10^{-11}(18)
铬酸钡	1.6×10^{-10}(18)	Fe	
铬酸钡	2.4×10^{-10}(28)	氢氧化铁	1.1×10^{-36}(18)
氟化钡	1.6×10^{-6}(9.5)	氢氧化亚铁	1.64×10^{-14}(18)
氟化钡	1.7×10^{-6}(18)	草酸亚铁	2.1×10^{-7}(25)
氟化钡	1.73×10^{-6}(25.6)	硫化亚铁	3.7×10^{-10}(25)
碘酸钡 $Ba(IO_3)_2\cdot2H_2O$	8.4×10^{-11}(10)	Hg	
碘酸钡 $Ba(IO_3)_2\cdot2H_2O$	6.5×10^{-10}(15)	硫化汞	$4\times10^{-53}\sim2\times10^{-49}$(18)
草酸钡 $BaC_2O_4\cdot3H_2O$	1.62×10^{-7}(18)	溴化亚汞	1.3×10^{-21}(25)
草酸钡 $BaC_2O_4\cdot2H_2O$	1.2×10^{-7}(18)	氯化亚汞	2×10^{-18}(25)
草酸钡 $BaC_2O_4\cdot H_2O$	2.18×10^{-7}(18)	碘化亚汞	1.2×10^{-28}(25)
硫酸钡	0.87×10^{-10}(18)	Li	
硫酸钡	1.08×10^{-10}(25)	碳酸锂	1.7×10^{-3}(25)
硫酸钡	1.98×10^{-10}(50)	Mg	
Ca		磷酸镁	2.5×10^{-13}(25)
碳酸钙(方解石)	9.9×10^{-9}(15)	碳酸镁	2.6×10^{-5}(12)
碳酸钙(方解石)	8.7×10^{-9}(25)	氟化镁	7.1×10^{-9}(18)
氟化钙	3.4×10^{-11}(18)	氟化镁	6.4×10^{-9}(27)
氟化钙	3.95×10^{-11}(26)	氢氧化镁	1.2×10^{-11}(18)
碘酸钙 $Ca(IO_3)_2\cdot6H_2O$	2.22×10^{-7}(10)	草酸镁	8.57×10^{-5}(18)
碘酸钙 $Ca(IO_3)_2\cdot6H_2O$	6.44×10^{-7}(18)	Mn	
草酸钙 $CaC_2O_4\cdot H_2O$	1.78×10^{-9}(18)	氢氧化锰	4×10^{-14}(18)
草酸钙 $CaC_2O_4\cdot H_2O$	2.57×10^{-9}(25)	硫化锰	1.4×10^{-15}(18)
硫酸钙	2.45×10^{-5}(25)	Ni	
Cd		硫化镍(Ⅱ)	1.4×10^{-26}(18)
草酸镉 $CdC_2O_4\cdot3H_2O$	1.53×10^{-8}(18)	Pb	
硫化镉	3.6×10^{-29}(18)	氟化铅	3.7×10^{-8}(26.6)
Co		磷酸铅	5.3×10^{-14}(9.2)
硫化钴(Ⅱ)	3×10^{-26}(18)	碘酸铅	1.2×10^{-13}(18)
Cu		碘酸铅	2.6×10^{-13}(25.8)

续表

化　合　物	溶度积(温度/℃)	化　合　物	溶度积(温度/℃)
碘化铅	7.47×10^{-9}(15)	Sr	
碘化铅	1.39×10^{-8}(25)	碳酸锶	1.6×10^{-9}(25)
草酸铅	2.74×10^{-11}(18)	氟化锶	2.8×10^{-9}(18)
硫酸铅	1.06×10^{-8}(18)	草酸锶	5.61×10^{-8}(18)
硫化铅	3.4×10^{-28}(18)	硫酸锶	2.77×10^{-7}(2.9)
碳酸铅	3.3×10^{-14}(18)	硫酸锶	3.81×10^{-7}(17.4)
铬酸铅	1.77×10^{-14}(18)	Zn	
氟化铅	2.7×10^{-8}(9)	氢氧化锌	1.8×10^{-14}(18～20)
氢化铅	3.2×10^{-8}(18)	硫化锌	1.2×10^{-23}(18)

附录六　常用酸、碱的常规参数

试剂名称	质量分数/%	摩尔浓度/(mol/L)	试剂名称	质量分数/%	摩尔浓度/(mol/L)
浓硫酸	98	18.0	氢溴酸	40.0	7.0
稀硫酸	9	2.0	氢碘酸	57.0	7.5
浓盐酸	38	12.0	乙酸	99.0	17.5
稀盐酸	7	2.0	稀乙酸	30.0	5.0
浓硝酸	68	16.0	稀乙酸	12.0	2.0
稀硝酸	32	6.0	浓氢氧化钠	约 41.0	14.4
稀硝酸	12	2.0	稀氢氧化钠	8.0	2.0
浓磷酸	85	14.7	浓氨水	约 28.0	14.8
稀磷酸	9	1.0	稀氨水	3.5	2.0
稀高氯酸	19	2.0	氢氧化钡水溶液	2.0	0.1
浓氢氟酸	40	23.0			

附录七　常用酸、碱溶液的配制

1. 酸溶液的配制

名称	c/(mol/L)	配　制　方　法
HCl	12	浓 HCl
	9	750mL 浓 HCl+250mL 水
	5	500mL 浓 HCl+500mL 水
HCl	2	167mL 浓 HCl+833mL 水
	1	83mL 浓 HCl+917mL 水
	0.5	42mL 浓 HCl+958mL 水
HNO_3	16	浓 HNO_3
	6	380mL 浓 HNO_3+620mL 水
	3	188mL 浓 HNO_3+812mL 水
	2	125mL 浓 HNO_3+874mL 水
	1	63mL 浓 HNO_3+937mL 水
H_2SO_4	18	浓 H_2SO_4
	2	111mL 浓 H_2SO_4 慢慢加到 500mL 水中,冷却后加水稀释到 1L
	1	55.5mL 浓 H_2SO_4 慢慢加到 800mL 水中,冷却后加水稀释到 1L
CH_3COOH	17	冰醋酸
	6	350mL 冰醋酸+650mL 水
	2	120mL 冰醋酸+880mL 水
	1	60mL 冰醋酸+940mL 水

2. 碱溶液的配制

名称	c/(mol/L)	配制方法
NaOH	6	240g NaOH溶于400mL水中，盖上表面皿，放冷，再用水稀释至1L
	2	80g NaOH溶于150mL水中，盖上表面皿，放冷，再用水稀释至1L
KOH	0.5	28g KOH加50mL水，搅拌溶解，放冷后，稀释至1L
$NH_3 \cdot H_2O$	15	浓氨水
	6	400mL浓氨水与600mL水混合
	2	133mL浓氨水与867mL水混合
$Ba(OH)_2$	饱和	取72g $Ba(OH)_2 \cdot 8H_2O$溶于1L水中充分搅拌放置24h后，吸取上层溶液使用，注意防止吸收CO_2
$Ca(OH)_2$	饱和	17g $Ca(OH)_2$溶于1L水中，使用前新配

附录八　常用缓冲溶液的配制

1. 几种常用缓冲溶液的配制

pH值	配制方法
0	1mol/L HCl①
1	0.1mol/L HCl
2	0.01mol/L HCl
3.6	$NaAc \cdot 3H_2O$ 8g，溶于适量的水中，加5mol/L HAc 134mL，稀释至500mL
4.0	$NaAc \cdot 3H_2O$ 20g，溶于适量的水中，加6mol/L HAc 134mL，稀释至500mL
4.5	$NaAc \cdot 3H_2O$ 32g，溶于适量的水中，加6mol/L HAc 68mL，稀释至500mL
5.0	$NaAc \cdot 3H_2O$ 50g，溶于适量的水中，加6mol/L HAc 34mL，稀释至500mL
5.7	$NaAc \cdot 3H_2O$ 100g，溶于适量的水中，加6mol/L HAc 13mL，稀释至500mL
7	NH_4Ac 77g，用水溶解后，稀释至500mL
7.5	NH_4Cl 60g，溶于适量的水中，加15mol/L氨水1.4mL，稀释至500mL
8.0	NH_4Cl 50g，溶于适量的水中，加15mol/L氨水3.5mL，稀释至500mL
8.5	NH_4Cl 40g，溶于适量的水中，加15mol/L氨水8.8mL，稀释至500mL
9.0	NH_4Cl 35g，溶于适量的水中，加15mol/L氨水24mL，稀释至500mL
9.5	NH_4Cl 30g，溶于适量的水中，加15mol/L氨水65mL，稀释至500mL
10.0	NH_4Cl 27g，溶于适量的水中，加15mol/L氨水197mL，稀释至500mL
10.5	NH_4Cl 9g，溶于适量的水中，加15mol/L氨水175mL，稀释至500mL
11	NH_4Cl 3g，溶于适量的水中，加15mol/L氨水207mL，稀释至500mL
12	0.01mol/L NaOH②
13	0.1mol/L NaOH

① Cl^-对测定有干扰时，用HNO_3。

② Na^+对测定有干扰时，可用KOH。

2. 几种温度下标准缓冲溶液的pH值

温度/℃	0.05mol/L 草酸三氢钾	25℃饱和酒石酸氢钾	0.05mol/L 邻苯二甲酸氢钾	0.025mol/L KH_2PO_4 + 0.025mol/L Na_2HPO_4	0.0086955mol/L KH_2PO_4 + 0.03043mol/L Na_2HPO_4	0.05mol/L 硼砂	25℃饱和氢氧化钙
10	1.670	—	3.998	6.923	7.472	9.332	13.011
15	1.672	—	3.999	6.900	7.448	9.276	12.820
20	1.675	—	4.002	6.881	7.429	9.225	12.637
25	1.679	3.559	4.008	6.865	7.413	9.180	12.460
30	1.683	3.551	4.015	6.853	7.400	9.139	12.292
40	1.694	3.547	4.035	6.838	7.380	9.068	11.975
50	1.707	3.555	4.050	6.833	7.367	9.011	11.697
60	1.723	3.573	4.091	6.836	—	8.962	11.426

附录九 常用指示剂

1. 酸碱指示剂

指示剂	变色范围 pH值	颜色		pK(HIn)	浓度
		酸色	碱色		
百里酚蓝(第一次变色)	1.2～2.8	红	黄	1.6	0.1%(20%乙醇溶液)
甲基黄	2.9～4.0	红	黄	3.3	0.1%(90%乙醇溶液)
甲基橙	3.1～4.4	红	黄	3.4	0.05%水溶液
溴酚蓝	3.1～4.6	黄	紫	4.1	0.1%(20%乙醇溶液)或指示剂钠盐的水溶液
溴甲酚绿	3.8～5.4	黄	蓝	4.9	0.1%水溶液，每100mg指示剂加0.05mol/L NaOH 2.9mL
甲基红	4.4～6.2	红	黄	5.2	0.1%(60%乙醇溶液)或指示剂钠盐的水溶液
溴百里酚蓝	6.0～7.6	黄	蓝	7.3	0.1%(20%乙醇溶液)或指示剂钠盐的水溶液
中性红	6.8～8.0	红	黄橙	7.4	0.1%(60%乙醇溶液)
酚红	6.7～8.4	黄	红	8.0	0.1%(60%乙醇溶液)或指示剂钠盐的水溶液
酚酞	8.0～9.6	无	红	9.1	0.1%(90%乙醇溶液)
百里酚蓝(第二次变色)	8.0～9.6	黄	蓝	8.9	0.1%(20%乙醇溶液)
百里酚酞	9.4～10.5	无	蓝	10.0	0.1%(90%乙醇溶液)

2. 混合酸碱指示剂

指示剂溶液的组成	变色点 pH值	颜色		备注
		酸色	碱色	
一份0.1%甲基黄乙醇溶液 一份0.1%亚甲基蓝乙醇溶液	3.25	蓝紫	绿	pH=3.4 绿色 pH=3.2 蓝绿色
一份0.1%甲基橙水溶液 一份0.25%靛蓝二磺酸钠水溶液	4.1	紫	黄绿	
三份0.1%溴甲酚绿乙醇溶液 一份0.2%甲基红乙醇溶液	5.1	酒红	绿	
一份0.1%溴甲酚绿钠盐水溶液 一份0.1%氯酚红钠盐水溶液	6.1	黄绿	蓝紫	pH=5.4 蓝紫色，pH=5.8 蓝色，pH=6.0 蓝带紫，pH=6.2 蓝紫
一份0.1%中性红乙醇溶液 一份0.1%亚甲基蓝乙醇溶液	7.0	蓝紫	绿	pH=7.0 紫蓝色
一份0.1%甲酚红钠盐水溶液 三份0.1%百里酚蓝钠盐水溶液	8.3	黄	紫	pH=8.2 玫瑰色 pH=8.4 清晰的紫色
一份0.1%百里酚蓝50%乙醇溶液 三份0.1%酚酞50%乙醇溶液	9.0	黄	紫	从黄到绿再到紫
两份0.1%百里酚酞乙醇溶液 一份0.1%茜素黄乙醇溶液	10.2	黄	紫	

3. 络合滴定指示剂（金属指示剂）

名称	配制	用于测定		
		元素	颜色变化	测定条件
酸性铬蓝K	0.1%乙醇溶液	Ca Mg	红～蓝 红～蓝	pH=12 pH=10(氨性缓冲溶液)
钙指示剂	与NaCl配成1∶100的固体混合物	Ca	酒红～蓝	pH>12(KOH或NaOH)

续表

名称	配制	用于测定		
		元素	颜色变化	测定条件
铬黑T	与NaCl配成1∶100的固体混合物	Al	蓝～红	pH=7～8,吡啶存在下,以 Zn^{2+} 回滴
		Bi	蓝～红	pH=8～10,以 Zn^{2+} 回滴
		Ca	红～蓝	pH=10,加入Mg-EDTA
		Cd	红～蓝	pH=10(氨性缓冲溶液)
		Mg	红～蓝	pH=10(氨性缓冲溶液)
		Mn	红～蓝	氨性缓冲溶液,加羟胺
		Ni	红～蓝	氨性缓冲溶液
		Pb	红～蓝	氨性缓冲溶液加酒石酸
		Zn	红～蓝	pH=6.3～10(氨性缓冲溶液)
σ-PAN	0.1%乙醇(或甲醇)溶液	Cd	红～黄	pH=6(乙酸缓冲溶液)
		Co	黄～红	乙酸缓冲溶液,70～80℃,以 Cu^{2+} 回滴
		Cu	紫～黄	pH=10(氨性缓冲溶液)
			红～黄	pH=6(乙酸缓冲溶液)
		Zn	粉红～黄	pH=5～7(乙酸缓冲溶液)
磺基水杨酸	1%～2%水溶液	Fe(Ⅲ)	红紫～黄	pH=1.5～3
二甲酚橙	0.5%乙醇(或水)溶液	Bi	红～黄	pH=1～2(HNO_3)
		Cd	粉红～黄	pH=5～6(六次甲基四胺)
		Pb	红紫～黄	pH=5～6(乙酸缓冲溶液)
		Th(Ⅳ)	红～黄	pH=1.6～3.5(HNO_3)
		Zn	红～黄	pH=5～6(乙酸缓冲溶液)

4. 氧化-还原指示剂

名称	配制	$\phi^{\ominus}$(pH=0)	氧化型颜色	还原型颜色
二苯胺	1%浓硫酸溶液	+0.76	紫	无色
二苯胺磺酸钠	0.2%水溶液	+0.85	红紫	无色
邻苯氨基苯甲酸	0.2%水溶液	+0.89	红紫	无色

5. 吸附指示剂

名称	配制	用于测定		
		可测元素(包括内为测定剂)	颜色变化	测定条件
荧光黄	1%钠盐水溶液	Cl^-、Br^-、I^-、SCN^-(Ag^+)	黄绿～粉红	中性或弱酸性
二氯荧光黄	1%钠盐水溶液	Cl^-、Br^-、I^-(Ag^+)	黄绿～粉红	pH=4.4～7
四溴荧光黄(曙红)	1%钠盐水溶液	Br^-、I^-(Ag^+)	橙红～红紫	pH=1～2

附录十　常用酸碱溶液浓度和密度

(1) 盐酸

HCl浓度(质量分数)/%	密度 d_4^{20}/(kg/L)	HCl浓度/(g/100mL)	HCl浓度(质量分数)/%	密度 d_4^{20}/(kg/L)	HCl浓度/(g/100mL)
1	1.0032	1.003	22	1.1083	24.38
2	1.0082	2.003	24	1.1187	26.85
4	1.0181	4.007	26	1.1390	29.32
6	1.0279	6.167	28	1.1392	31.90
8	1.0376	8.301	30	1.1492	34.48
10	1.0474	10.47	32	1.1593	37.10
12	1.0574	12.69	34	1.1691	39.75
14	1.0675	14.95	36	1.1789	42.44
16	1.0776	17.24	38	1.1885	45.16
18	1.0878	19.58	40	1.1980	47.92
20	1.0980	21.96			

注：通常用的盐酸的密度 d_4^{20} 为1.18kg/L。

（2）硫酸

H_2SO_4 浓度(质量分数)/%	密度 d_4^{20}/(kg/L)	H_2SO_4 浓度/(g/100mL)	H_2SO_4 浓度(质量分数)/%	密度 d_4^{20}/(kg/L)	H_2SO_4 浓度/(g/100mL)
1	1.0051	1.005	65	1.5533	101.0
2	1.0118	2.024	70	1.6105	112.7
3	1.0184	3.005	75	1.6692	125.2
4	1.0250	4.100	80	1.7272	138.2
5	1.0317	5.159	85	1.7786	151.2
10	1.0661	10.66	90	1.8411	163.3
15	1.1020	16.53	91	1.8195	165.6
20	1.1394	22.79	92	1.8240	167.8
25	1.1783	29.46	93	1.8279	170.2
30	1.2185	36.56	94	1.8312	172.1
35	1.2579	44.10	95	1.8337	174.2
40	1.3028	52.11	96	1.8335	176.2
45	1.3476	60.64	97	1.8364	178.1
50	1.3951	69.76	98	1.8361	179.9
55	1.4453	79.49	99	1.8342	181.6
60	1.4983	89.90	100	1.8305	183.1

注：通常用的硫酸的密度 d_4^{20} 为 1.84kg/L。

（3）硝酸

HNO_3 浓度(质量分数)/%	密度 d_4^{20}/(kg/L)	HNO_3 浓度/(g/100mL)	HNO_3 浓度(质量分数)/%	密度 d_4^{20}/(kg/L)	HNO_3 浓度/(g/100mL)
1	1.0036	1.004	65	1.3913	90.43
2	1.0091	2.018	70	1.4134	98.94
3	1.0146	3.044	75	1.4337	107.5
4	1.0201	4.080	80	1.4521	116.2
5	1.0256	5.128	85	1.4686	124.8
10	1.0543	10.54	90	1.4826	133.4
15	1.0842	16.26	91	1.4850	135.1
20	1.1150	22.30	92	1.4873	136.8
25	1.1469	28.67	93	1.4892	138.5
30	1.1800	35.40	94	1.4912	140.2
35	1.2140	42.49	95	1.4932	141.9
40	1.2463	49.85	96	1.4952	143.5
45	1.2783	57.52	97	1.4974	145.2
50	1.3100	69.50	98	1.5008	147.1
55	1.3393	73.66	99	1.5056	149.1
60	1.3667	82.00	100	1.5129	151.3

注：常用的浓硝酸的密度 d_4^{20} 为 1.42kg/L。

（4）乙酸

CH_3COOH 浓度(质量分数)/%	密度 d_4^{20}/(kg/L)	100mL 水溶液中含 CH_3COOH 克数/(g/100mL)	CH_3COOH 浓度(质量分数)/%	密度 d_4^{20}/(kg/L)	100mL 水溶液中含 CH_3COOH 克数/(g/100mL)
1	0.9996	0.9996	65	1.0666	69.33
2	1.0012	2.002	70	1.0685	74.80
3	1.0025	3.008	75	1.0696	80.22
4	1.0040	4.016	80	1.0700	85.60
5	1.0055	5.028	85	1.0689	90.86
10	1.0125	10.13	90	1.0661	95.95
15	1.0195	15.29	91	1.0652	96.93
20	1.0263	20.53	92	1.0643	97.92
25	1.0326	25.82	93	1.0632	98.88
30	1.0384	31.15	94	1.0619	99.82
35	1.0438	36.53	95	1.0605	100.7
40	1.0488	41.95	96	1.0588	101.6
45	1.0534	47.40	97	1.0570	102.5
50	1.0575	52.88	98	1.0549	103.4
55	1.0611	58.36	99	1.0524	104.2
60	1.0642	63.85	100	1.0498	105.0

(5) 氨水

NH_3 浓度(质量分数)/%	密度 d_4^{20} /(kg/L)	100mL 水溶液中含 NH_3 克数/(g/100mL)	NH_3 浓度(质量分数)/%	密度 d_4^{20} /(kg/L)	100mL 水溶液中含 NH_3 克数/(g/100mL)
1	0.9939	9.94	16	0.9362	149.8
2	0.9895	19.79	18	0.9295	167.3
4	0.9811	39.24	20	0.9229	184.6
6	0.9730	58.38	22	0.9164	201.6
8	0.9651	77.21	24	0.9101	218.4
10	0.9575	95.75	26	0.9040	235.0
12	0.9501	114.0	28	0.8980	251.4
14	0.9430	132.0	30	0.8920	267.6

(6) 氢氧化钠

NaOH 浓度(质量分数)/%	密度 d_4^{20} /(kg/L)	NaOH 浓度/(g/100mL)	NaOH 浓度(质量分数)/%	密度 d_4^{20} /(kg/L)	NaOH 浓度/(g/100mL)
1	1.0095	1.010	26	1.2848	33.40
2	1.0207	2.241	28	1.3064	36.58
4	1.0428	4.171	30	1.3279	39.84
6	1.0648	6.389	32	1.3490	43.17
8	1.0869	8.695	34	1.3796	46.57
10	1.1089	11.09	36	1.3900	50.04
12	1.1309	13.57	38	1.4106	53.58
14	1.1530	16.14	40	1.4300	57.20
16	1.1751	18.80	42	1.4494	60.87
18	1.1972	21.55	44	1.4685	64.61
20	1.2191	24.38	46	1.4873	68.42
22	1.2411	27.30	48	1.5065	72.23
24	1.2629	30.31	50	1.5253	76.27

(7) 氢氧化钾

KOH 浓度(质量分数)/%	密度 d_4^{20} /(kg/L)	KOH 浓度/(g/100mL)	KOH 浓度(质量分数)/%	密度 d_4^{20} /(kg/L)	KOH 浓度/(g/100mL)
1	1.0083	1.008	28	1.2695	35.55
2	1.0175	2.035	30	1.2905	38.72
4	1.0359	4.144	32	1.3117	41.97
6	1.0544	6.326	34	1.3331	45.33
8	1.0730	8.584	36	1.3549	48.78
10	1.0918	10.92	38	1.3769	52.32
12	1.1108	13.33	40	1.3991	55.96
14	1.1299	15.82	42	1.4215	59.70
16	1.1493	19.70	44	1.4443	63.55
18	1.1688	21.04	46	1.4673	67.50
20	1.1884	23.77	48	1.4907	71.55
22	1.2083	26.58	50	1.5143	75.72
24	1.2285	29.48	52	1.5382	79.99
26	1.2489	32.47			

附录十一　常用有机溶液沸点及密度表

名　　称	沸点/℃	密度/(kg/L)	名　　称	沸点/℃	密度/(kg/L)
甲醇	64.6	0.7928	苯	80.01	0.8790
乙醇	78.5	0.7850	甲苯	110.6	0.8669
乙醚	34.6	0.7135	二甲苯(*o. p. m*)	140	—
丙酮	56.5	0.792	氯仿	61.3	1.4985
乙酸	118.1	1.049	四氯化碳	76.8	1.595
乙酸酐	140.0	1.0820	二硫化碳	46.3	1.2628
乙酸乙酯	77.2	0.901	硝基苯	210.9	1.1987
二氧六环	100.5	1.0353	正丁醇	117.25	0.8098

附录十二　乙醇溶液密度与百分含量表

含量(质量分数)/%	密度/(kg/L)			含量(质量分数)/%	密度/(kg/L)		
	15℃	20℃	25℃		15℃	20℃	25℃
50	0.9178	0.9138	0.9096	91	0.8196	0.8153	0.8109
55	0.9066	0.9026	0.8985	93	0.814	0.8089	0.8055
60	0.8952	0.8911	0.8870	94	0.8113	0.8071	0.8027
65	0.8836	0.8795	0.8753	95	0.8085	0.8042	0.7999
70	0.8717	0.8677	0.8534	96	0.8075	0.8014	0.7971
75	0.8599	0.8556	0.8513	97	0.8027	0.7985	0.7942
80	0.8477	0.8434	0.8391	98	0.7998	0.7955	0.7912
85	0.8353	0.8313	0.8266	99	0.7967	0.7924	0.7880
88	0.8275	0.8232	0.8189	100	0.7936	0.7853	0.7851

附录十三　某些有机化合物的溶解度

(1) 乙酸乙酯

乙酸乙酯溶于水		水溶于乙酸乙酯	
温度/℃	组成/(g 酯/100g 水)	温度/℃	组成/(g 水/100g 酯)
0	11.21	0	2.34
5	10.38	10	2.68
10	9.67	20	3.07
15	9.05	25	3.30
20	8.53	30	3.52
25	8.08	40	4.08
30	7.71	50	4.67
40	7.10	60	2.34

(2) 苯酚

温度/℃	组成/(g 酚/100g 水)	组成/(g 酚/100g 酚)	温度/℃	组成/(g 酚/100g 水)	组成/(g 酚/100g 酚)
10	7.5	75	55	14.1	59.5
20	8.3	72.1	60	16.7	55.4
30	8.8	69.8	65	21.9	49.2
40	9.6	66.9	68.3	33.4	33.4
50	12	62.7			

（3）乙酰苯胺

温度/℃	组成/(g/100g 饱和水溶液)	温度/℃	组成/(g/100g 饱和水溶液)	组成/(g/100g 乙酰苯胺层)
15	0.5	70	3.0	
20	0.52	80	4.5	
30	0.63	83.2	5.2	87.0
40	0.86	90	5.8	82.5
50	1.25	100	6.5	80.5
60	2.0	120	13.0	79.0

附：含水的乙酰苯胺的熔点如下。

乙酰苯胺/%	100	98.0	96.5	94.5	91.0	87.0
熔点/℃	114.0	100.0	95.0	90	85	83.2

（4）己二酸

温度/℃	组成/(g/100g 水)	温度/℃	组成/(g/100g 水)
15	1.44	60	17.6
34.1	3.08	70	34.1
40	5.12	87.1	94.8
50	9.24	100	100

（5）苯甲酸

温度/℃	组成/(g/100g 水)	温度/℃	组成/(g/100g 水)
0	0.170	40	0.555
10	0.210	50	0.775
20	0.290	60	1.155
25	0.345	80	2.715
30	0.410	100	5.875

附录十四　常用基准物质的干燥条件与应用

基准物质		干燥后组成	干燥条件/℃	标定对象
名称	分子式			
碳酸氢钠	$NaHCO_3$	Na_2CO_3	270～300	酸
碳酸钠	$Na_2CO_3 \cdot 10H_2O$	Na_2CO_3	270～300	酸
碳酸氢钾	$KHCO_3$	K_2CO_3	270～300	酸
草酸	$H_2C_2O_4 \cdot 2H_2O$	$H_2C_2O_4 \cdot 2H_2O$	室温空气干燥	碱或 $KMnO_4$
邻苯二甲酸氢钾	$KHC_8H_4O_4$	$KHC_8H_4O_4$	110～120	碱
重铬酸钾	$K_2Cr_2O_7$	$K_2Cr_2O_7$·	140～150	还原剂
溴酸钾	$KBrO_3$	$KBrO_3$	130	还原剂
碘酸钾	KIO_3	KIO_3	130	还原剂
铜	Cu	Cu	室温干燥器中保存	还原剂
三氧化二砷	As_2O_3	As_2O_3	室温干燥器中保存	氧化剂
草酸钠	$Na_2C_2O_4$	$Na_2C_2O_4$	130	氧化剂
碳酸钙	$CaCO_3$	$CaCO_3$	110	EDTA
锌	Zn	Zn	室温干燥器中保存	EDTA
氧化锌	ZnO	ZnO	900～1000	EDTA
氯化钠	NaCl	NaCl	500～600	$AgNO_3$
氯化钾	KCl	KCl	500～600	$AgNO_3$
硝酸银	$AgNO_3$	$AgNO_3$	280～290	氯化物

附录十五 弱酸及其共轭碱在水中的离解常数（25℃，$I=0$）

弱酸	分子式	K_a	pK_a	共轭碱	
				pK_b	K_b
砷酸	H_3AsO_6	$6.3\times10^{-3}(K_{a_1})$	2.20	11.80	$1.6\times10^{-12}(K_{b_3})$
		$1.0\times10^{-7}(K_{a_2})$	7.00	7.00	$1\times10^{-7}(K_{b_2})$
		$3.2\times10^{-12}(K_{a_3})$	11.50	2.50	$3.1\times10^{-3}(K_{b_1})$
亚砷酸	$HAsO_2$	6.0×10^{-10}	9.22	4.78	1.7×10^{-5}
硼酸	H_3BO_3	5.8×10^{-10}	9.24	4.76	1.7×10^{-5}
焦硼酸	$H_2B_4O_7$	$1\times10^{-4}(K_{a_1})$	4	10	$1\times10^{-10}(K_{b_2})$
		$1\times10^{-9}(K_{a_2})$	9	5	$1\times10^{-5}(K_{b_1})$
碳酸	H_2CO_3	$4.2\times10^{-7}(K_{a_1})$	6.38	7.62	$2.4\times10^{-8}(K_{b_2})$
	(H_2O+CO_2)	$5.6\times10^{-11}(K_{a_2})$	10.25	3.75	$1.8\times10^{-4}(K_{b_1})$
氢氰酸	HCN	6.2×10^{-10}	9.21	4.79	1.6×10^{-5}
铬酸	H_2CrO_4	$1.8\times10^{-1}(K_{a_1})$	0.74	13.26	$5.6\times10^{-14}(K_{b_2})$
		$3.2\times10^{-7}(K_{a_2})$	6.50	7.50	$3.1\times10^{-8}(K_{b_1})$
氢氟酸	HF	6.6×10^{-4}	3.18	10.82	1.5×10^{-11}
亚硝酸	HNO_2	5.1×10^{-4}	3.29	10.71	1.2×10^{-11}
过氧化氢	H_2O_2	1.8×10^{-12}	11.75	2.25	5.6×10^{-3}
磷酸	H_3PO_4	$7.6\times10^{-3}(K_{a_1})$	2.12	11.88	$1.3\times10^{-12}(K_{b_3})$
		$6.3\times10^{-8}(K_{a_2})$	7.20	6.80	$1.6\times10^{-7}(K_{b_2})$
		$4.4\times10^{-13}(K_{a_3})$	12.36	1.64	$2.3\times10^{-2}(K_{b_1})$
焦磷酸	$H_4P_2O_7$	$3.0\times10^{-2}(K_{a_1})$	1.52	12.48	$3.3\times10^{-13}(K_{b_4})$
		$4.4\times10^{-3}(K_{a_2})$	2.36	11.64	$2.3\times10^{-12}(K_{b_3})$
		$2.5\times10^{-7}(K_{a_3})$	6.60	7.40	$4.0\times10^{-8}(K_{b_2})$
		$5.6\times10^{-10}(K_{a_4})$	9.25	4.75	$1.8\times10^{-5}(K_{b_1})$
亚磷酸	H_2PO_3	$5.0\times10^{-2}(K_{a_1})$	1.30	12.70	$2.0\times10^{-13}(K_{b_2})$
		$2.5\times10^{-7}(K_{a_2})$	6.60	7.40	$4.0\times10^{-3}(K_{b_1})$
硫化氢	H_2S	$1.3\times10^{-7}(K_{a_1})$	6.88	7.12	$7.7\times10^{-8}(K_{b_2})$
硫酸	H_2SO_4	$1.0\times10^{-2}(K_{a_2})$	1.99	12.01	$1.0\times10^{-12}(K_{b_1})$
亚硫酸	H_2SO_3	$1.3\times10^{-2}(K_{a_1})$	1.90	12.10	$7.7\times10^{-13}(K_{b_2})$
	(SO_2+H_2O)	$6.3\times10^{-8}(K_{a_2})$	7.20	6.80	$1.6\times10^{-7}(K_{b_1})$
偏硅酸	H_2SiO_3	$1.6\times10^{-12}(K_{a_1})$	9.77	4.23	$5.9\times10^{-5}(K_{b_2})$
		$1.6\times10^{-12}(K_{a_2})$	11.8	2.20	$6.2\times10^{-3}(K_{b_1})$
甲酸	HCOOH	1.8×10^{-4}	3.74	10.26	5.5×10^{-11}
乙酸	CH_3COOH	1.8×10^{-5}	4.47	9.26	5.5×10^{-10}
一氯乙酸	CH_2ClOOH	1.4×10^{-3}	2.86	11.14	6.9×10^{-12}
二氯乙酸	$CHCl_2COOH$	5.0×10^{-2}	1.30	12.70	2.0×10^{-13}
三氯乙酸	CCl_3COOH	0.23	0.64	13.36	4.3×10^{-14}
氨基乙酸盐	$^+NH_3CH_2COOH$	$4.5\times10^{-3}(K_{a_1})$	2.35	11.65	$2.2\times10^{-12}(K_{b_2})$
	$^+NH_3CH_2COO^-$	$2.5\times10^{-10}(K_{a_2})$	9.60	4.40	$4.0\times10^{-5}(K_{b_1})$
乳酸	$CH_3CHOHCOOH$	1.4×10^{-4}	3.86	10.14	7.2×10^{-11}
苯甲酸	C_6H_5COOH	6.2×10^{-5}	4.21	9.79	1.6×10^{-10}
草酸	$H_2C_2O_4$	$5.9\times10^{-2}(K_{a_1})$	1.22	12.78	$1.7\times10^{-15}(K_{b_2})$
		$6.4\times10^{-5}(K_{a_2})$	4.19	9.81	$1.6\times10^{-10}(K_{b_1})$
d-酒石酸	CH(OH)COOH | CH(OH)COOH	$9.1\times10^{-4}(K_{a_1})$	3.04	10.96	$1.1\times10^{-11}(K_{b_2})$
		$4.3\times10^{-5}(K_{a_2})$	4.37	9.63	$2.3\times10^{-10}(K_{b_1})$
邻苯二甲酸	COOH COOH	$1.1\times10^{-3}(K_{a_1})$	2.59	11.05	$9.1\times10^{-12}(K_{b_2})$
		$3.9\times10^{-5}(K_{a_2})$	5.41	8.59	$2.6\times10^{-9}(K_{b_1})$

续表

弱酸	分子式	K_a	pK_a	共轭碱	
				pK_b	K_b
柠檬酸	CH_2COOH	$7.4\times10^{-4}(K_{a_1})$	3.13	10.87	$1.4\times10^{-11}(K_{b_3})$
	$CH(OH)COOH$	$1.7\times10^{-5}(K_{a_2})$	4.76	9.26	$5.9\times10^{-10}(K_{b_2})$
	CH_2COOH	$4.0\times10^{-7}(K_{a_3})$	6.40	7.60	$2.5\times10^{-8}(K_{b_1})$
苯酚	C_6H_5OH	1.1×10^{-10}	9.95	4.05	9.1×10^{-5}
乙二胺四乙酸	H_6-$EDTA^{2+}$	$0.13(K_{a_1})$	0.9	13.1	$7.7\times10^{-14}(K_{b_6})$
	H_5-$EDTA^{+}$	$3\times10^{-4}(K_{a_2})$	1.6	12.4	$3.3\times10^{-13}(K_{b_5})$
	H_4-EDTA	$1\times10^{-2}(K_{a_3})$	2.0	12.0	$1\times10^{-12}(K_{b_4})$
	H_3-$EDTA^{-}$	$2.1\times10^{-3}(K_{a_4})$	2.67	11.33	$4.8\times10^{-12}(K_{b_3})$
	H_2-$EDTA^{2-}$	$6.9\times10^{-7}(K_{a_5})$	6.16	7.84	$1.4\times10^{-8}(K_{b_2})$
	H-$EDTA^{3-}$	$5.5\times10^{-11}(K_{a_6})$	10.26	3.74	$1.8\times10^{-4}(K_{b_1})$
氨离子	NH_4^+	5.5×10^{-10}	9.26	4.74	1.8×10^{-5}
联氨离子	$^+H_3NNH_3^+$	3.3×10^{-9}	8.48	5.52	3.0×10^{-6}
羟氨离子	NH_3^+OH	1.1×10^{-6}	5.96	8.04	9.1×10^{-9}
甲胺离子	$CH_3NH_3^+$	2.4×10^{-11}	10.62	3.38	4.2×10^{-4}
乙胺离子	$C_2H_5NH_3^+$	1.8×10^{-11}	10.75	3.25	5.6×10^{-4}
二甲胺离子	$(CH_3)_2NH_2^+$	8.5×10^{-11}	10.07	3.93	1.2×10^{-4}
二乙胺离子	$(C_2H_5)_2NH_2^+$	7.8×10^{-12}	11.11	2.89	1.3×10^{-3}
乙醇胺离子	$HOCH_2CH_2NH_3^+$	3.2×10^{-10}	9.50	4.50	3.2×10^{-5}
三乙醇胺离子	$(HOCH_2CH_2)_3NH^+$	1.7×10^{-8}	7.76	6.24	5.8×10^{-7}
六亚甲基四胺离子	$(CH_2)_6N_4H^+$	7.1×10^{-6}	5.15	8.85	1.4×10^{-9}
乙二胺离子	$H_3NCH_2CH_2NH_3^+$	$1.4\times10^{-7}(K_{a_1})$	6.85	7.15	$7.1\times10^{-6}(K_{b_2})$
	$H_2NCH_2CH_2NH_3^+$	$1.2\times10^{-10}(K_{a_2})$	9.93	4.07	$8.5\times10^{-5}(K_{b_1})$
吡啶离子	$C_5H_5NH^+$	5.9×10^{-6}	5.23	8.77	1.7×10^{-9}

附录十六 常用干燥剂

干 燥 剂	酸碱性质	与水作用的产物	说 明[①]
$CaCl_2$	中性	$CaCl_2\cdot H_2O$ $CaCl_2\cdot 2H_2O$ $CaCl_2\cdot 6H_2O$	脱水量大,作用快,效率不高。为良好的初步干燥剂,因$CaCl_2$颗粒大,易于干燥后溶液分离,不可用于干燥醇类、胺类(因其生成化合物)或酚类、酯类和酸类[因$CaCl_2$含有一些$Ca(OH)_2$]。氯化钙六水合物在30℃以上失水
Na_2SO_4	中性	$Na_2SO_4\cdot 7H_2O$ $Na_2SO_4\cdot 10H_2O$	价格便宜,脱水量大,作用慢,效率低。为良好的常用初步干燥剂。物理外观为粉状,需把干燥后溶液过滤分离。$Na_2SO_4\cdot 10H_2O$在33℃以上失水
$MgSO_4$	中性	$MgSO_4\cdot H_2O$ $MgSO_4\cdot 7H_2O$	比Na_2SO_4作用快、效率高。为一般良好的干燥剂。$MgSO_4\cdot 7H_2O$在18℃以上失水
$CaSO_4$	中性	$CaSO_4\cdot\frac{1}{2}H_2O$	脱水量小但作用很快,效率高。建议先用脱水量大的干燥剂作为溶液的初步干燥。$CaSO_4\cdot\frac{1}{2}H_2O$加热2~3h即可失水
$CuSO_4$	中性	$CuSO_4\cdot H_2O$ $CuSO_4\cdot 3H_2O$ $CuSO_4\cdot 5H_2O$	较$MgSO_4$、Na_2SO_4效率高,但比两者价格都贵

续表

干　燥　剂	酸碱性质	与水作用的产物	说　　明①
K_2CO_3	碱性	$K_2CO_3 \cdot 1\frac{1}{2}H_2O$ $K_2CO_3 \cdot 2H_2O$	脱水量及效率一般。适用于酯类、腈类和酮类，但不可用于酸性有机化合物
H_2SO_4	酸性	H_3O^+ HSO_4^-	适用于烷基卤化物和脂肪烃，但不可用于，即使是烯类及醚类等弱碱性物质。脱水效率高
P_2O_5	酸性	HPO_3 $H_4P_2O_7$ H_3PO_4	参见硫酸说明。也适用于醚类、芳香卤化物以及芳香烃类。脱水效率极高。建议将溶液先经预干燥。干燥后溶液可蒸馏与干燥剂分开
CaH	碱性	$H_2 \pm Ca(OH)_2$	效率高但作用慢。适用于碱性、中性或弱酸性化合物。不能用于对碱敏感的物质。建议先将溶液通过初步干燥，干燥后的溶液蒸馏与干燥剂分开
Na	碱性	$H_2 + NaOH$	效率高但作用慢。不可用于对碱土金属或碱敏感的化合物。应练习掌握分辨过量的干燥剂。溶液需要进行初步干燥后再用金属钠干燥。干燥后溶液可用蒸馏与干燥剂分开
BaO 或 CaO	碱性	$Ba(OH)_2$ 或 $Ca(OH)_2$	作用慢但效率高。适用于醇类及胺类而不适用于对碱敏感的化合物。干燥后可把溶液蒸馏而与干燥剂分开
KOH 或 NaOH	碱性	溶液	快速有效，但应用范围几乎只用于干燥胺类
#3A 或 #4A 分子筛②	中性	能牢固吸着水分	快速、高效。需将液体经初步干燥后再用。干燥后把溶液蒸馏以与干燥剂分开。分子筛为硅酸铝的商品名称，具有一定的直径小孔的结晶状结构。#3A、#4A 分子筛的孔径大小仅允许水或其他小分子(如氨分子)进入。水由于水化而被牢牢吸着，水化后分子筛可在常压或减压下 300～320℃加热活化

① 脱水量为一定质量的干燥剂所能除去的水量，而效率则为水合干燥剂平衡时的水量。

② 数字为分子筛孔径的大小，现以 Å 为单位。

附录十七　常见共沸混合物

三元共沸混合物

组　分　(沸点)			共沸物质量组成			共沸点/℃
A	B	C	A	B	C	
水(100℃)	乙醇(78.3℃)	乙酸乙酯(77.1℃)	7.8%	9.0%	83.2%	70.3
		四氯化碳(76.8℃)	4.3%	9.7%	86%	61.8
		苯(80.6℃)	7.4%	18.5%	74.1%	64.9
		环己烷(80.8℃)	7%	17%	76%	62.1
		氯仿(61℃)	3.5%	4.0%	92.5%	55.6
	正丁醇(117.8℃)	乙酸乙酯(77.1℃)	29%	8%	63%	90.7
	异丙醇(82.4℃)	苯(80.6℃)	7.5%	18.7%	73.8%	66.5
	二硫化碳(46.3℃)	丙酮(56.4℃)	0.81%	75.21%	23.98%	38.04

二元共沸混合物

组分		共沸点/℃	共沸物质量组成	
A(沸点)	B(沸点)		A	B
水(100℃)	苯(80.6℃)	69.3	9%	91%
	甲苯(100.6℃)	84.1	19.6%	80.4%
	氯仿(61℃)	56.1	2.8%	97.2%
	乙醇(78.3℃)	78.2	4.5%	95.5%
	丁醇(117.8℃)	92.4	38%	62%
	异丁醇(108℃)	90.0	33.2%	66.8%
	仲丁醇(99.5℃)	88.5	32.1%	67.9%
	叔丁醇(82.8℃)	79.9	11.7%	88.3%
	烯丙醇(97.0℃)	88.2	27.1%	72.9%
	苄醇(205.2℃)	99.9	91%	9%
	乙醚(34.6℃)	110(最高)	79.76%	20.24%
	二氯六环(101.3℃)	87	20%	80%
	四氯化碳(76.8℃)	66	4.1%	95.9%
	丁醛(75.7℃)	68	6%	94%
	三聚乙醛(115℃)	91.4	30%	70%
	甲酸(100.8℃)	107.3(最高)	22.5%	77.5%
	乙酸乙酯(77.1℃)	70.4	8.2%	91.8%
	苯甲酸乙酯(212.4℃)	99.4	84%	16%

组分		共沸点/℃	共沸物质量组成	
A(沸点)	B(沸点)		A	B
乙醇(78.3℃)	苯(80.6℃)	68.2	32%	68%
	氯仿(61℃)	59.4	7%	93%
	四氯化碳(76.8℃)	64.9	16%	84%
	乙酸乙酯(77.1℃)	72	30%	70%
甲醇(64.7℃)	四氯化碳(76.8℃)	55.7	21%	79%
	苯(80.6℃)	58.3	39%	61%
乙酸乙酯(77.1℃)	四氯化碳(76.8℃)	74.8	43%	57%
	二硫化碳(46.3℃)	46.1	7.3%	92.7%
丙酮(56.5℃)	二硫化碳(46.3℃)	39.2	34%	66%
	氯仿(61℃)	65.5	20%	80%
	异丙醚(69℃)	54.2	61%	39%
己烷(69℃)	苯(80.6℃)	68.8	95%	5%
	氯仿(61℃)	60.0	28%	72%
环己烷(80.8℃)	苯(80.6℃)	77.8	45%	55%

附录十八　标准电极电势

1. 在酸性溶液中

电 极 电 对	电 极 反 应	$\varphi^{\ominus}_{A}$/V
Li^+/Li	$Li^+ + e^- \rightleftharpoons Li$	−3.045
Rb^+/Rb	$Rb^+ + e^- \rightleftharpoons Rb$	−2.93
K^+/K	$K^+ + e^- \rightleftharpoons K$	−2.925
Cs^+/Cs	$Cs^+ + e^- \rightleftharpoons Cs$	−2.92
Ba^{2+}/Ba	$Ba^{2+} + 2e^- \rightleftharpoons Ba$	−2.91
Sr^{2+}/Sr	$Sr^{2+} + 2e^- \rightleftharpoons Sr$	−2.89
Ca^{2+}/Ca	$Ca^{2+} + 2e^- \rightleftharpoons Ca$	−2.87
Na^+/Na	$Na^+ + e^- \rightleftharpoons Na$	−2.714
La^{3+}/La	$La^{3+} + 3e^- \rightleftharpoons La$	−2.52
Y^{3+}/Y	$Y^{3+} + 3e^- \rightleftharpoons Y$	−2.37
Mg^{2+}/Mg	$Mg^{2+} + 2e^- \rightleftharpoons Mg$	−2.37
Ca^{2+}/Ca	$Ca^{2+} + 2e^- \rightleftharpoons Ca$	−2.33
Sc^{3+}/Sc	$Sc^{3+} + 3e^- \rightleftharpoons Sc$	−2.1
Th^{4+}/Th	$Th^{4+} + 4e^- \rightleftharpoons Th$	−1.9

续表

电极电对	电极反应	$\varphi_A^{\ominus}/V$
Be^{2+}/Be	$Be^{2+}+2e^- \rightleftharpoons Be$	−1.85
U^{3+}/U	$U^{3+}+3e^- \rightleftharpoons U$	−1.80
Al^{3+}/Al	$Al^{3+}+3e^- \rightleftharpoons Al$	−1.66
Ti^{2+}/Ti	$Ti^{2+}+2e^- \rightleftharpoons Ti$	−1.63
ZrO_2/Zr	$ZrO_2+4H^++4e^- \rightleftharpoons Zr+2H_2O$	−1.43
V^{2+}/V	$V^{2+}+2e^- \rightleftharpoons V$	−1.2
Mn^{2+}/Mn	$Mn^{2+}+2e^- \rightleftharpoons Mn$	−1.17
TiO_2/Ti	$TiO_2+4H^++4e^- \rightleftharpoons Ti+2H_2O$	−0.86
SiO_2/Si	$SiO_2+4H^++4e^- \rightleftharpoons Si+2H_2O$	−0.86
Cr^{2+}/Cr	$Cr^{2+}+2e^- \rightleftharpoons Cr$	−0.86
Zn^{2+}/Zn	$Zn^{2+}+2e^- \rightleftharpoons Zn$	−0.763
Cr^{3+}/Cr	$Cr^{3+}+3e^- \rightleftharpoons Cr$	−0.74
Ag_2S/Ag	$Ag_2S+2e^- \rightleftharpoons 2Ag+S^{2-}$	−0.71
$CO_2/H_2C_2O_4$	$2CO_2+2H^++2e^- \rightleftharpoons H_2C_2O_4$	−0.49
Fe^{2+}/Fe	$Fe^{2+}+2e^- \rightleftharpoons Fe$	−0.440
Cr^{3+}/Cr^{2+}	$Cr^{3+}+e^- \rightleftharpoons Cr^{2+}$	−0.41
Cd^{2+}/Cd	$Cd^{2+}+2e^- \rightleftharpoons Cd$	−0.403
Ti^{3+}/Ti^{2+}	$Ti^{3+}+e^- \rightleftharpoons Ti^{2+}$	−0.37
$PbSO_4/Pb$	$PbSO_4+2e^- \rightleftharpoons Pb+SO_4^{2-}$	−0.356
Co^{2+}/Co	$Co^{2+}+2e^- \rightleftharpoons Co$	−0.29
$PbCl_2/Pb$	$PbCl_2+2e^- \rightleftharpoons Pb+2Cl^-$	−0.266
V^{3+}/V^{2+}	$V^{3+}+e^- \rightleftharpoons V^{2+}$	−0.255
Ni^{2+}/Ni	$Ni^{2+}+2e^- \rightleftharpoons Ni$	−0.25
AgI/Ag	$AgI+e^- \rightleftharpoons Ag+I^-$	−0.152
Sn^{2+}/Sn	$Sn^{2+}+2e^- \rightleftharpoons Sn$	−0.136
Pb^{2+}/Pb	$Pb^{2+}+2e^- \rightleftharpoons Pb$	−0.126
$AgCN/Ag$	$AgCN+e^- \rightleftharpoons Ag+CN^-$	−0.017
H^+/H_2	$2H^++2e^- \rightleftharpoons H_2$	0.0000
$AgBr/Ag$	$AgBr+e^- \rightleftharpoons Ag+Br^-$	0.071
TiO^{2+}/Ti^{3+}	$TiO^{2+}+2H^++e^- \rightleftharpoons Ti^{3+}+H_2O$	0.10
S/H_2S	$S+2H^++2e^- \rightleftharpoons H_2S$	0.14
Sb_2O_3/Sb	$Sb_2O_3+6H^++6e^- \rightleftharpoons 2Sb+3H_2O$	0.15
Sn^{4+}/Sn^{2+}	$Sn^{4+}+2e^- \rightleftharpoons Sn^{2+}$	0.154
Cu^{2+}/Cu^+	$Cu^{2+}+e^- \rightleftharpoons Cu^+$	0.17
$AgCl/Ag$	$AgCl+e^- \rightleftharpoons Ag+Cl^-$	0.2223
$HAsO_2/Ag$	$HAsO_2+3H^++3e^- \rightleftharpoons As+2H_2O$	0.248
Hg_2Cl_2/Hg	$Hg_2Cl_2+2e^- \rightleftharpoons 2Hg+2Cl^-$	0.268

续表

电 极 电 对	电 极 反 应	$\varphi_A^\ominus$/V
BiO^+/Bi	$BiO^+ + 2H^+ + 3e^- \rightleftharpoons Bi + H_2O$	0.32
UO_2^{2+}/U^{4+}	$UO_2^{2+} + 4H^+ + 2e^- \rightleftharpoons U^{4+} + 2H_2O$	0.33
VO^{2+}/V^{3+}	$VO^{2+} + 2H^+ + e^- \rightleftharpoons V^{3+} + H_2O$	0.34
Cu^{2+}/Cu	$Cu^{2+} + 2e^- \rightleftharpoons Cu$	0.34
$S_2O_3^{2-}/S$	$S_2O_3^{2-} + 6H^+ + 4e^- \rightleftharpoons 2S + 3H_2O$	0.5
Cu^+/Cu	$Cu^+ + e^- \rightleftharpoons Cu$	0.52
I_3^-/I^-	$I_3^- + 2e^- \rightleftharpoons 3I^-$	0.545
I_2/I^-	$I_2 + 2e^- \rightleftharpoons 2I^-$	0.535
MnO_4^-/MnO_4^{2-}	$MnO_4^- + e^- \rightleftharpoons MnO_4^{2-}$	0.57
$H_3AsO_4/HAsO_2$	$H_3AsO_4 + 2H^+ + 2e^- \rightleftharpoons HAsO_2 + 2H_2O$	0.581
$HgCl_2/Hg_2Cl_2$	$2HgCl_2 + 2e^- \rightleftharpoons Hg_2Cl_2(s) + 2Cl^-$	0.63
Ag_2SO_4/Ag	$Ag_2SO_4 + 2e^- \rightleftharpoons 2Ag + SO_4^{2-}$	0.653
O_2/H_2O_2	$O_2 + 2H^+ + 2e^- \rightleftharpoons H_2O_2$	0.69
$[PtCl_4]^{2-}/Pt$	$[PtCl_4]^{2-} + 2e^- \rightleftharpoons Pt + 4Cl^-$	0.73
Fe^{3+}/Fe^{2+}	$Fe^{3+} + e^- \rightleftharpoons Fe^{2+}$	0.771
Hg_2^{2+}/Hg	$Hg_2^{2+} + 2e^- \rightleftharpoons 2Hg$	0.792
Ag^+/Ag	$Ag^+ + e^- \rightleftharpoons Ag$	0.7999
NO_3^-/NO_2	$NO_3^- + 2H^+ + e^- \rightleftharpoons NO_2 + H_2O$	0.80
Hg^{2+}/Hg	$Hg^{2+} + 2e^- \rightleftharpoons Hg$	0.854
Cu^{2+}/CuI	$Cu^{2+} + I^- + e^- \rightleftharpoons CuI$	0.86
Hg^{2+}/Hg_2^{2+}	$2Hg^{2+} + 2e^- \rightleftharpoons Hg_2^{2+}$	0.907
Pd^{2+}/Pd	$Pd^{2+} + 2e^- \rightleftharpoons Pd$	0.92
NO_3^-/HNO_2	$NO_3^- + 3H^+ + 2e^- \rightleftharpoons HNO_2 + H_2O$	0.94
NO_3^-/NO	$NO_3^- + 4H^+ + 3e^- \rightleftharpoons NO + 2H_2O$	0.96
HNO_2/NO	$HNO_2 + H^+ + e^- \rightleftharpoons NO + H_2O$	0.98
HIO/I^-	$HIO + H^+ + 2e^- \rightleftharpoons I^- + H_2O$	0.99
VO_2^+/VO^{2+}	$VO_2^+ + 2H^+ + e^- \rightleftharpoons VO^{2+} + H_2O$	0.999
$[AuCl_4]^-/Au$	$[AuCl_4]^- + 3e^- \rightleftharpoons Au + 4Cl^-$	1.00
NO_2/NO	$NO_2 + 2H^+ + 2e^- \rightleftharpoons NO + H_2O$	1.03
Br_2/Br^-	$Br_2(l) + 2e^- \rightleftharpoons 2Br^-$	1.065
NO_2/HNO_2	$NO_2 + H^+ + e^- \rightleftharpoons HNO_2$	1.07
Br_2/Br^-	$Br_2 + 2e^- \rightleftharpoons 2Br^-$	1.08
$Cu^{2+}/[Cu(CN)_2]^-$	$Cu^{2+} + 2CN^- + e^- \rightleftharpoons [Cu(CN)_2]^-$	1.12
IO_3^-/HIO	$IO_3^- + 5H^+ + 4e^- \rightleftharpoons HIO + 2H_2O$	1.14
ClO_3^-/ClO_2	$ClO_3^- + 2H^+ + e^- \rightleftharpoons ClO_2 + H_2O$	1.15
Ag_2O/Ag	$Ag_2O + 2H^+ + 2e^- \rightleftharpoons 2Ag + H_2O$	1.17
ClO_4^-/ClO_3^-	$ClO_4^- + 2H^+ + 2e^- \rightleftharpoons ClO_3^- + H_2O$	1.19

续表

电极电对	电极反应	$\varphi_A^{\ominus}/V$
IO_3^-/I_2	$2IO_3^- + 12H^+ + 10e^- \rightleftharpoons I_2 + 6H_2O$	1.19
$ClO_3^-/HClO_2$	$ClO_3^- + 3H^+ + 2e^- \rightleftharpoons HClO_2 + H_2O$	1.21
O_2/H_2O	$O_2 + 4H^+ + 4e^- \rightleftharpoons 2H_2O$	1.229
MnO_2/Mn^{2+}	$MnO_2 + 4H^+ + 2e^- \rightleftharpoons Mn^{2+} + 2H_2O$	1.23
$ClO_2/HClO_2$	$ClO_2(g) + H^+ + e^- \rightleftharpoons HClO_2$	1.27
$Cr_2O_7^{2-}/Cr^{3+}$	$Cr_2O_7^{2-} + 14H^+ + 6e^- \rightleftharpoons 2Cr^{3+} + 7H_2O$	1.33
ClO_4^-/Cl_2	$2ClO_4^- + 16H^+ + 14e^- \rightleftharpoons Cl_2 + 8H_2O$	1.34
Cl_2/Cl^-	$Cl_2 + 2e^- \rightleftharpoons 2Cl^-$	1.36
Au^{3+}/Au^+	$Au^{3+} + 2e^- \rightleftharpoons Au^+$	1.41
BrO_3^-/Br^-	$BrO_3^- + 6H^+ + 6e^- \rightleftharpoons Br^- + 3H_2O$	1.44
HIO/I_2	$2HIO + 2H^+ + 2e^- \rightleftharpoons I_2 + 2H_2O$	1.45
ClO_3^-/Cl^-	$ClO_3^- + 6H^+ + 6e^- \rightleftharpoons Cl^- + 3H_2O$	1.45
PbO_2/Pb^{2+}	$PbO_2 + 4H^+ + 2e^- \rightleftharpoons Pb^{2+} + 2H_2O$	1.455
ClO_3^-/Cl_2	$2ClO_3^- + 12H^+ + 10e^- \rightleftharpoons Cl_2 + 6H_2O$	1.47
Mn^{3+}/Mn^{2+}	$Mn^{3+} + e^- \rightleftharpoons Mn^{2+}$	1.488
$HClO/Cl^-$	$HClO + H^+ + 2e^- \rightleftharpoons Cl^- + H_2O$	1.49
Au^{3+}/Au	$Au^{3+} + 3e^- \rightleftharpoons Au$	1.50
BrO_3^-/Br_2	$2BrO_3^- + 12H^+ + 10e^- \rightleftharpoons Br_2 + 6H_2O$	1.5
MnO_4^-/Mn^{2+}	$MnO_4^- + 8H^+ + 5e^- \rightleftharpoons Mn^{2+} + 4H_2O$	1.51
$HBrO/Br_2$	$2HBrO + 2H^+ + 2e^- \rightleftharpoons Br_2 + 2H_2O$	1.6
H_5IO_6/IO_3^-	$H_5IO_6 + H^+ + 2e^- \rightleftharpoons IO_3^- + 3H_2O$	1.6
$HClO/Cl_2$	$2HClO + 2H^+ + 2e^- \rightleftharpoons Cl_2 + 2H_2O$	1.63
$HClO_2/HClO$	$HClO_2 + 2H^+ + 2e^- \rightleftharpoons HClO + H_2O$	1.64
MnO_4^-/MnO_2	$MnO_4^- + 4H^+ + 3e^- \rightleftharpoons MnO_2 + 2H_2O$	1.68
NiO_2/Ni^{2+}	$NiO_2 + 4H^+ + 2e^- \rightleftharpoons Ni^{2+} + 2H_2O$	1.68
$PbO_2/PbSO_4$	$PbO_2 + SO_4^{2-} + 4H^+ + 2e^- \rightleftharpoons PbSO_4 + 2H_2O$	1.69
H_2O_2/H_2O	$H_2O_2 + 2H^+ + 2e^- \rightleftharpoons 2H_2O$	1.77
Co^{3+}/Co^{2+}	$Co^{3+} + e^- \rightleftharpoons Co^{2+}$	1.80
XeO_3/Xe	$XeO_3 + 6H^+ + 6e^- \rightleftharpoons Xe + 3H_2O$	1.8
$S_2O_8^{2-}/SO_4^{2-}$	$S_2O_8^{2-} + 2e^- \rightleftharpoons 2SO_4^{2-}$	2.0
O_3/O_2	$O_3 + 2H^+ + 2e^- \rightleftharpoons O_2 + H_2O$	2.07
XeF_2/Xe	$XeF_2 + 2e^- \rightleftharpoons Xe + 2F^-$	2.2
F_2/F^-	$F_2 + 2e^- \rightleftharpoons 2F^-$	2.87
H_4XeO_6/XeO_3	$H_4XeO_6 + 2H^+ + 2e^- \rightleftharpoons XeO_3 + 3H_2O$	3.0
F_2/HF	$F_{2(g)} + 2H^+ + 2e^- \rightleftharpoons 2HF$	3.06

2. 在碱性溶液中

电极电对	电极反应	$\varphi_A^\ominus$/V
$Mg(OH)_2/Mg$	$Mg(OH)_2+2e^- \rightleftharpoons Mg+2OH^-$	−2.69
$H_2AlO_3^-/Al$	$H_2AlO_3^-+H_2O+3e^- \rightleftharpoons Al+4OH^-$	−2.35
$H_2BO_3^-/B$	$H_2BO_3^-+H_2O+3e^- \rightleftharpoons B+4OH^-$	−1.79
$Mn(OH)_2/Mn$	$Mn(OH)_2+2e^- \rightleftharpoons Mn+2OH^-$	−1.55
$[Zn(CN)_4]^{2-}/Zn$	$[Zn(CN)_4]^{2-}+2e^- \rightleftharpoons Zn+4CN^-$	−1.26
ZnO_2^{2-}/Zn	$ZnO_2^{2-}+2H_2O+2e^- \rightleftharpoons Zn+4OH^-$	−1.216
$SO_3^{2-}/S_2O_4^{2-}$	$2SO_3^{2-}+2H_2O+2e^- \rightleftharpoons S_2O_4^{2-}+4OH^-$	−1.12
$[Zn(NH_3)_4]^{2+}/Zn$	$[Zn(NH_3)_4]^{2+}+2e^- \rightleftharpoons Zn+4NH_3$	1.04
$[Sn(OH)_6]^{2-}/HSnO_2$	$[Sn(OH)_6]^{2-}+2e^- \rightleftharpoons HSnO_2^-+3OH^-+H_2O$	−0.93
SO_4^{2-}/SO_3^{2-}	$SO_4^{2-}+H_2O+2e^- \rightleftharpoons SO_3^{2-}+2OH^-$	−0.93
$HSnO_2^-/Sn$	$HSnO_2^-+H_2O+2e^- \rightleftharpoons Sn+3OH^-$	−0.91
H_2O/H_2	$2H_2O+2e^- \rightleftharpoons H_2+2OH^-$	−0.828
$Ni(OH)_2/Ni$	$Ni(OH)_2+2e^- \rightleftharpoons Ni+2OH^-$	−0.72
AsO_4^{3-}/AsO_2^-	$AsO_4^{3-}+2H_2O+2e^- \rightleftharpoons AsO_2^-+4OH^-$	−0.67
SO_3^{2-}/S	$SO_3^{2-}+3H_2O+4e^- \rightleftharpoons S+6OH^-$	−0.66
AsO_2^-/As	$AsO_2^-+2H_2O+3e^- \rightleftharpoons As+4OH^-$	−0.66
$SO_3^{2-}/S_2O_3^{2-}$	$2SO_3^{2-}+3H_2O+4e^- \rightleftharpoons S_2O_3^{2-}+6OH^-$	−0.58
S/S^{2-}	$S+2e^- \rightleftharpoons S^{2-}$	−0.48
$[Ag(CN)_2]^-/Ag$	$[Ag(CN)_2]^-+2e^- \rightleftharpoons Ag+2CN^-$	−0.31
CrO_4^{2-}/CrO_2^-	$CrO_4^{2-}+2H_2O+3e^- \rightleftharpoons CrO_2^-+4OH^-$	−0.12
O_3/HO_3^-	$O_3+H_2O+2e^- \rightleftharpoons HO_3^-+OH^-$	−0.076
NO_3^-/NO_2^-	$NO_3^-+H_2O+2e^- \rightleftharpoons NO_2^-+2OH^-$	0.01
$S_4O_6^{2-}/S_2O_3^{2-}$	$S_4O_6^{2-}+2e^- \rightleftharpoons 2S_2O_3^{2-}$	0.09
HgO/Hg	$HgO+H_2O+2e^- \rightleftharpoons Hg+2OH^-$	0.098
$Mn(OH)_3/Mn(OH)_2$	$Mn(OH)_3+e^- \rightleftharpoons Mn(OH)_2+OH^-$	0.1
$[Co(NH_3)_6]^{3+}/[Co(NH_3)_6]^{2+}$	$[Co(NH_3)_6]^{3+}+e^- \rightleftharpoons [Co(NH_3)_6]^{2+}$	0.1
$Co(OH)_3/Co(OH)_2$	$Co(OH)_3+e^- \rightleftharpoons Co(OH)_2+OH^-$	0.17
Ag_2O/Ag	$Ag_2O+H_2O+2e^- \rightleftharpoons 2Ag+2OH^-$	0.34
O_2/OH^-	$O_2+2H_2O+4e^- \rightleftharpoons 4OH^-$	0.41
MnO_4^-/MnO_2	$MnO_4^-+2H_2O+3e^- \rightleftharpoons MnO_2+4OH^-$	0.588
BrO_3^-/Br^-	$BrO_3^-+3H_2O+6e^- \rightleftharpoons Br^-+6OH^-$	0.61
BrO^-/Br^-	$BrO^-+H_2O+2e^- \rightleftharpoons Br^-+2OH^-$	0.76
H_2O_2/OH^-	$H_2O_2+2e^- \rightleftharpoons 2OH^-$	0.88
ClO^-/Cl^-	$ClO^-+H_2O+2e^- \rightleftharpoons Cl^-+2OH^-$	0.89
$HXeO_6^{3-}/HXeO_4$	$HXeO_6^{3-}+2H_2O+e^- \rightleftharpoons HxeO_4+4OH^-$	0.9
$HXeO_4/Xe$	$HXeO_4+3H_2O+7e^- \rightleftharpoons Xe+7OH^-$	0.9
O_3/OH^-	$O_3+H_2O+2e^- \rightleftharpoons O_2+2OH^-$	1.24

附录十九　我国与其他国家试剂等级对照表

国家或厂牌＼等级	Ⅰ	Ⅱ	Ⅲ
GB(我国国家标准)	优级纯	分析纯	化学纯
HG(原化工部颁标准)	优级纯(一级试剂)	分析纯(二级试剂)	化学纯(三级试剂)
E・MERCK(德国 伊默克厂)	G. R.(保证试剂)	LAB.(实验用) ORG.(有机试剂)	E. P.(特纯) PURE(纯)
DR. THEODOR SCHUGHARAT(德国 狄奥多・叔奎特公司)	A. R.(分析试剂)	REINST(特纯) C. P.(化学纯)	REIN(纯) L. R.(实验试剂)
RIEDEL DEHAEN(AG)(德国 伊・地・亨公司)	P. A.(分析试剂)		PURE
BRITISH DRUG HOUSE(英国 不列颠药品公司)	A. R. S. T. R(点滴试剂)		LRLC(实验试剂)
HOPKIN & WILLIAMS(英国 荷普金・华列姆公司)	A. R.		G. P. R.(一般试剂) PURE
LIGHT(英国 赖埃特厂)	G. R. A. R.	C. P.	PURE L. R.
JUDEX(英国 犹狄克斯厂)	A. R.	C. P.	PURE E. P. PURIFIED(纯净的)
FLUKA(瑞士 费鲁卡厂)	PURISS-PA(分析纯)	PURISS(高纯)	PRACT(实验纯) PUREPURUM(纯)
JAPAN(日本)	特级 G. R. A. R.	一级	E. P. PURE J. P.(日本药局方)
CCCP(俄罗斯)	X. ч.(化学纯) ч. л. A(分析纯)		ч.(纯)
HUNGARY(匈牙利)	G. R. P. A.	P. S. S.(纯标准物质)	E. P.(高纯)
U. S. A.(美国)	A. R. A. C. S. (美国化学协会)	C. P.	
CARLO ERBA(意大利 卡罗・伊巴厂)	R. P.(分析试剂) R. S.(特殊试剂)	LAB	R(纯)
UNION CHIMICUE BELGIUM(比利时 联合化学公司)	P. A. POUR-ANALYSE (分析纯)		PURE TOUT PUR (特纯)

注：表中其他国家试剂相当于同一纵列中的我国试剂等级，但不完全等同。

参 考 文 献

[1] 于涛. 微型无机化学实验. 北京：北京理工大学出版社，2004.
[2] 蔡明招. 分析化学实验. 北京：化学工业出版社，2004.
[3] 张谋真，刘启瑞. 无机化学实验. 西安：西安地图出版社，2003.
[4] 曹凤歧. 无机化学实验与指导. 北京：中国医药科技出版社，2003.
[5] 谷珉珉. 有机化学实验. 上海：复旦大学出版社，1991.
[6] 胡满成，张昕. 化学基础实验. 北京：科学出版社，2001.
[7] 宗汉兴. 化学基础实验. 杭州：浙江大学出版社，2000.
[8] 雷衍之. 化学实验. 北京：中国农业出版社，2004.
[9] 张寒琦，涂家宁. 综合和设计化学实验. 北京：高等教育出版社，2006.
[10] 鲍正荣等. 化学基础实验. 重庆：西南师范大学出版社，2006.
[11] 吴肇亮. 基础化学实验. 北京：石油工业出版社，2003.
[12] 崔学桂. 基础化学实验. 北京：化学工业出版社，2003.
[13] 吉卯祉. 有机化学实验. 北京：科学出版社，2002.